云南大学
周边外交研究丛书

陈松涛 ◎ 著

孟加拉国妇女发展问题研究

中国社会科学出版社

图书在版编目 (CIP) 数据

孟加拉国妇女发展问题研究 / 陈松涛著. —北京：中国社会科学出版社，
2022.6
（云南大学周边外交研究丛书）
ISBN 978 - 7 - 5227 - 0450 - 0

Ⅰ.①孟… Ⅱ.①陈… Ⅲ.①妇女问题—研究—孟加拉国
Ⅳ.①D735.486.8

中国版本图书馆 CIP 数据核字（2022）第 115715 号

出 版 人　赵剑英
责任编辑　马　明
责任校对　蒋佳佳
责任印制　王　超

出　　　版　中国社会科学出版社
社　　　址　北京鼓楼西大街甲 158 号
邮　　　编　100720
网　　　址　http://www.csspw.cn
发 行 部　010 - 84083685
门 市 部　010 - 84029450
经　　　销　新华书店及其他书店

印　　　刷　北京明恒达印务有限公司
装　　　订　廊坊市广阳区广增装订厂
版　　　次　2022 年 6 月第 1 版
印　　　次　2022 年 6 月第 1 次印刷

开　　　本　710×1000　1/16
印　　　张　13
字　　　数　215 千字
定　　　价　76.00 元

云南大学周边外交研究中心
学术委员会名单

主任委员：郑永年

副主任委员：邢广程　朱成虎　肖　宪

委　　　员：（按姓氏笔画排序）

王逸舟　孔建勋　石源华
卢光盛　刘　稚　许利平
李一平　李明江　李晨阳
杨　恕　吴　磊　陈东晓
张景全　张振江　范祚军
胡仕胜　高祖贵　翟　崑
潘志平

《云南大学周边外交研究丛书》
编委会名单

编委会主任：林文勋

编委会副主任：杨泽宇　肖　宪

编委会委员：（按姓氏笔画排序）
孔建勋　卢光盛　刘　稚
毕世鸿　李晨阳　吴　磊
翟　崑

总　序

　　近年来，全球局势急剧变化，国际社会所关切的一个重要议题是：中国在发展成为世界第二大经济体之后，其外交政策是否会从防御转变为具有进攻性？是否会挑战现存的大国和国际秩序，甚至会单独建立自己主导的国际体系？的确，中国外交在转变。这些年来，中国已经形成了三位一体的新型大外交，我把它称为"两条腿，一个圈"。一条腿是"与美、欧、俄等建立新型的大国关系，尤其是建立中美新型大国关系"；另一条腿为主要针对广大发展中国家的发展战略，即"一带一路"；"一个圈"则体现于中国的周边外交。这三者相互关联，互相影响。不难理解，其中周边外交是中国外交的核心，也是影响两条腿行走的关键。这是由中国本身特殊的地缘政治考量所决定的。首先，周边外交是中国在新形势下全球谋篇布局的起点。中国的外交中心在亚洲，亚洲的和平与稳定对中国至关重要，因此能否处理好与周边国家关系的良性发展，克服周边复杂的地缘政治环境将成为影响中国在亚洲崛起并建设亚洲命运共同体的关键。其次，周边外交是助推中国"一带一路"主体外交政策的关键之举。"一带一路"已确定为中国的主体外交政策，而围绕着"一带一路"的诸多方案意在推动周边国家的社会经济发展，考量的是如何多做一些有利于周边国家的事，并让周边国家适应中国从"韬光养晦"到"有所作为"的转变，并使之愿意合作，加强对中国的信任。无疑，这是对周边外交智慧与策略的极大考验。最后，周边外交也是中国解决中美对抗、中日对抗等大国关系的重要方式与途径。中国充分发挥周边外交效用，巩固与加强同周边国家的友好合作关系，支持周边国家的发展壮大，提升中国的向心力，将降低美、日等大国在中国周边地区与国家中的影响力，并化解美国在亚洲同盟与中国对抗的可能性与风险，促成周边国家自觉地对中国的外交政策做出适当的调整。

从近几年中国周边外交不断转型和升级来看，中国已经在客观上认识到了周边外交局势的复杂性，并做出积极调整。不过，目前还没能拿出一个更为具体、系统的战略。不难看出，中国在周边外交的很多方面既缺乏方向，更缺乏行动力，与周边国家的关系始终处于"若即若离"的状态。其中导致该问题的一个重要原因是对周边外交研究的不足与相关智库建设的缺失，致使中国的周边外交还有很大的提升和改进空间。云南大学周边外交研究中心一直紧扣中国周边外交发展的新形势，在中国周边外交研究方面有着深厚的基础、特色定位，并在学术成果与外交实践上硕果颇丰，能为中国周边外交实践起到智力支撑与建言献策的重要作用。第一，在周边外交研究的基础上，云南大学周边外交研究中心扎实稳固，发展迅速。该中心所依托的云南大学国际问题研究院从 20 世纪 40 年代起就开始了相关研究。21 世纪初，在东南亚、南亚等领域的研究开始发展与成熟，并与国内外相关研究机构建立了良好的合作关系，同时自 2010 年起每年举办的西南论坛会议成为中国西南地区最高层次的学术性和政策性论坛。2014 年申报成功的云南省高校新型智库"西南周边环境与周边外交"中心更在中央、省级相关周边外交决策中发挥着重要作用。第二，在周边外交的研究定位上，云南大学周边外交研究中心有着鲜明的特色。该中心以东南亚、南亚为研究主体，以大湄公河次区域经济合作（GMS）机制、孟中印缅经济走廊（BCIM）和澜沧江—湄公河合作机制（LMC）等为重点研究方向，并具体围绕区域经济合作、区域安全合作、人文交流、南海问题、跨界民族、水资源合作、替代种植等重点领域进行深入研究并不断创新。第三，在周边外交的实际推动工作上，云南大学周边外交研究中心在服务决策、服务社会方面取得了初步成效。据了解，迄今为止该中心完成的多个应用性对策报告得到了相关部门的采纳和认可，起到了很好的资政服务作用。

云南大学周边外交研究中心推出的《云南大学周边外交研究丛书》与《云南大学周边外交研究中心智库报告》等系列丛书正是基于中国周边外交新形势以及自身多年在该领域学术研究与实践考察的

深厚积淀之上。从周边外交理论研究方面来看，这两套丛书力求基于具体的区域范畴考察、细致的国别研究、详细的案例分析，来构建起一套有助于建设亚洲命运共同体、利益共同体的新型周边外交理论，并力求在澜沧江—湄公河合作机制、孟中印缅经济合作机制、水资源合作机制等方面有所突破与创新。从周边外交的具体案例研究来看，该套丛书结合地缘政治、地缘经济的实际情况以及实事求是的田野调查，以安全合作、经济合作、人文合作、环境合作、边界冲突等为议题，进行了细致的研究、客观独立的分析与思考。从对于国内外中国周边外交学术研究与对外实践外交工作的意义来看，该丛书不仅将为国内相关研究同人提供借鉴，也将会在国际学界起到交流作用。与此同时，这两套丛书也将为中国周边外交的实践工作的展开提供智力支撑并发挥建言献策的积极作用。

郑永年

2016 年 11 月

前　言

　　马克思、恩格斯充分肯定了妇女在推动社会发展中的作用,指出"没有妇女的酵素就不可能有伟大的社会变革"。妇女进步是人类社会进步的标志,提高妇女地位不仅是改善妇女生存状况的问题,还关系到男性及人类整体的生活品质与生活质量。妇女发展权作为一项不可剥夺的基本人权,是妇女的一项综合性、动态性的人权,与妇女其他各项权利有着明显的区别。妇女不仅是发展的受益者,更是发展的能动者,妇女发展受益的不仅是妇女本身,还有助于促进整个社会的平等发展与可持续发展。

　　自孟加拉国独立以来,为确保妇女的综合发展,政府签署了关于性别平等的一些关键国际机制与承诺,宪法承认并保护妇女权利,制定并实施一系列改善妇女条件的政策和计划、颁布法律关注针对女性的暴力,在妇女发展方面取得了显著的进展,表现在入学方面实现了性别平等、经济参与增加、显著降低了母婴死亡率、在议会和地方政府机构中设置了女性配额等,对妇女的社会态度也发生了较大改变。该国在一些妇女发展的指标方面获得了国际社会的认可,成为全球尤其是南亚地区的一个典型代表。但是,不能简单地认为该国妇女地位发生了根本性的转变,歧视性的社会结构因素仍使她们继续面临教育、就业、营养健康与参政等方面的挑战,妇女的潜力没有得到有效发挥、对国家和社会的贡献没有获得应有的承认,仍是贫困、暴力及危机时期的主要受害群体。

　　妇女的主体性建构是在社会历史、社会实践中逐渐形成的,由于孟加拉国特殊的历史文化背景,妇女的主体性建构有自己的独特路径,不同于西方国家,也不同于大多数发展中国家。将性别议题融入国家发展议程，在法律和政策框架中增加性别敏感性是对性别不平等的一种解构，也是促进妇女发展的关键要素。妇女社会地位的提高与妇女发展不仅是法律问题，还是观念问题、政治问题和经济问题，也取决于妇女自身的觉悟和努力。

本书主要包括八个部分：导论部分主要阐明研究背景，研究价值，国内外研究综述，研究方法、创新点与难点，研究框架。第一章：核心概念：女性主义、妇女发展与妇女赋权；第二章：妇女发展概况；第三章：妇女运动；第四章：妇女发展的推力与阻力；第五章：妇女遭遇的贫困、暴力与气候危机；第六章：疫情下的妇女；结语部分主要对本书的内容进行总结并展望孟加拉国妇女发展的可能路径。

目　　录

导　　论

一　研究背景

　　20 世纪 70 年代以来，妇女问题逐渐成为一个全球性普遍关注和讨论的议题。妇女进步是人类社会进步的标志，作为家庭生活和子女养育的主要参与者、国家经济和社会发展的重要组成部分，提高妇女地位不仅是改善妇女生存状况的问题，还关系到男性及人类整体的生活品质与生活质量，促进妇女全面参与社会发展已经成为国际潮流。自 1995 年联合国第四次世界妇女大会在北京举办以来，全球妇女的社会地位显著提高，性别平等和妇女发展已成为国际社会的重要目标之一。从国际妇女运动和女性主义的发展来看，争取妇女权利的目标经历了不同代际的演变：第一代争取政治权利和市民权利，第二代争取经济权利和社会权利，第三代争取妇女的发展权利，既是对国际妇女运动历史进程的总结，也昭示了未来发展的新走向。[①] 妇女发展权作为一项不可剥夺的基本人权，是妇女的一项综合性、动态性的人权，与妇女其他各项权利有着明显的区别，妇女不仅是发展的受益者，更是发展的能动者，[②] 妇女发展受益的不仅是妇女本身，还有助于促进整个社会的平等发展与可持续发展。

（一）实现性别平等和妇女发展的实质是社会发展问题

　　性别平等是人类平等命题的应有之义，与可持续发展一样，是国

---

　　① 宋建丽：《正义与关怀：女性主义的视角》，厦门大学出版社 2018 年版，第 257 页。
　　② 陈晖：《性别平等与妇女发展：理论与实证》，中国民主法制出版社 2018 年版，第 19 页。

际社会中关乎全人类福祉的关键议题，发展与性别平等形成了紧密相连、相互依存和共同发展的关系。性别平等具有重要意义，有助于提高经济效率和实现其他重要的发展目标，已成为发展的一种重要工具。2012 年《世界发展报告》中特别强调，性别平等是职能经济学，能够从三个途径提高经济效率，改善发展结果：一是消除女性获得与男性同等的教育、经济机会及生产投入品的障碍可以带来生产率的提高，在全球化日益发展的背景下格外重要；二是改善妇女的绝对地位和相对地位有助于实现其他发展目标，包括可以使其子女有更好的未来；三是建立公平的竞争环境，使女性和男性拥有同等的参与社会和政治事务、做出决定、影响政策的机会，有助于促进制度发展，使公共政策更加具有代表性和包容性。[1] 2015 年 9 月联合国通过的《2030 年可持续发展议程》涵盖了经济、社会和环境三大领域，涉及 17 项目标和 169 个具体目标，其中目标 5 是"实行性别平等，增强所有妇女和女童的权能"，"实行性别平等和增强妇女和女童权能将大大促进我们事先所有目标和具体目标。如果人类中有一半人仍然不能充分享有人权和机会，就无法充分发挥人的潜能和实现可持续发展"[2]。亚洲开发银行 2015 年的一份报告指出，缩小性别差距将在亚洲经济体一代人中产生人均 30% 的收入增长。[3] 2020 年 10 月 1 日，习近平总书记在联合国大会纪念北京世界妇女大会 25 周年高级别会议上发表了重要讲话，提出"建设一个妇女免于被歧视的世界、打造一个包容发展的社会"。[4]

　　1985 年联合国第三次世界妇女大会通过的《内罗毕前瞻性战略》指出，妇女占全球总人口一半，如果没有这一群体的积极参与，任何发展都不可能实现，无论在经济生产还是在人口养育中，妇女都是一支重要的生力军，应充分认识妇女在本国及全世界发展中不可替代的

---

① 世界银行：《2012 年世界发展报告：性别平等与发展》，胡光宇、赵冰译，清华大学出版社 2012 年版，第 3 页。

② 《改变我们的世界：2030 年可持续发展议程》第 20 段。

③ Veena Sikri, Jaishri Jethwaney and Ratan Kumar Roy, *Report on the Status of Women in Media in South Asia*, South Asia Women's Network（SWAN），March 2020，p. 15.

④ 《习近平在联合国大会纪念北京世界妇女大会 25 周年高级别会议上发表重要讲话》，访问日期：2021 年 4 月 20 日，中国政府网，http://www.gov.cn/xinwen/2020 - 10/01/content_ 5548947. htm。

作用。1986 年联合国《发展权利宣言》的主旨，发展权既是一项集体人权，也是一种个体权利。20 世纪 90 年代以来，全球和各国发展的不平衡性日益显现，性别不平等是重要体现之一，在全球化背景下，妇女所遭遇的经济剥夺和社会无权利，不只表现为权益问题，更是一个发展问题。1992 年联合国环境与发展大会通过的《21 世纪议程》和 1995 年联合国第四次世界妇女大会通过的《北京行动纲领》都明确肯定了妇女在可持续发展中所发挥的关键作用，指出妇女问题的实质是社会发展问题。国际社会强调妇女发展，是一种"以结果为导向"的路径，妇女作为社会发展不可分割的重要组成部分，已经受到国际社会的普遍重视，当代国际妇女发展理论也越来越关注妇女发展与全球正义的议题，将妇女赋权、能力建设作为通向这一目标的核心，妇女广泛参与经济、政治和社会是赢得自尊的根本性条件，也是实现自身发展的必要前提，才能最终推动人类文明的进步。妇女行使权利、发挥作用已成为实现男女平等的一个至关重要的组成部分。[①]

（二）妇女问题的典型特质

孟加拉国是南亚地区一个人口稠密的国家，根据该国统计局（BBS），2018 年总人口数 1.627 亿，男性 8140 万、女性 8130 万，男女性别比为 100.2∶100，是全球为数不多的男女数量相近的国家之一。[②] 独立以来，孟加拉国为确保妇女的综合发展，政府签署了关于性别平等的一些关键国际机制与承诺，宪法承认并保护妇女权利，制定并实施一系列改善妇女条件的政策和计划、颁布法律关注针对女性的暴力，在妇女发展方面取得了显著的进展，表现在妇女贡献的"可见度"、地理流动性、在入学方面实现了性别平等、经济参与增加、显著降低了母婴死亡率、在议会和地方政府机构中设置了女性配额等，对妇女的社会态度也发生了较大改观。世界经济论坛《2021 年全球性别差距报告》（Global Gender Gap 2021）显示，孟加拉国在缩小性别差距方面处于南亚地区的领先地位。不可否认，数十年来孟

---

① 宋建丽：《正义与关怀：女性主义的视角》，厦门大学出版社 2018 年版，第 258 页。
② Bangladesh Bureau of Statistics（BBS），*Women and Men in Bangladesh：Facts and Figures* 2018，March 2019，p. 13.

加拉国的妇女发展取得了显著进展，但是仍面临诸多挑战，性别不平等依然普遍存在，是该国发展中的一个主要障碍，妨碍着妇女发挥全部的潜力。妇女的主体性建构是在社会历史、社会实践中逐渐形成的，由于孟加拉国特殊的历史文化背景，妇女的主体性建构有自己的独特路径，不同于西方国家，也不同于大多数发展中国家。

独立以来，孟加拉国的主流环境忽略了性别议题，社会传统与准则没有得到实质性的改变，仍存在普遍且根深蒂固的基于性别的歧视，反映在城市和农村，也反映在所有种姓、宗教和族群中，暴力文化广泛存在于家庭、工作场所和公共空间，基于性别的暴力行为高发，宗教复兴和软弱的民主制等，妇女权利时常遭遇冲击。孟加拉国妇女发展问题不仅是妇女自身的问题，也是整个社会的问题，还关系到该国未来的发展。作为发展中国家，该国的妇女问题具有发展中国家的共性；同时具有区域性（南亚）和国别特征，该国属于"典型父权制"国家、主要的宗教群体为穆斯林和印度教徒，面临诸多传统束缚，但是在政治参与领域的表现突出，成为全球妇女参政的一种典型模式。因此，该国妇女问题具有典型性研究的价值，但是在世界妇女研究或国别研究中很是薄弱。本书主要从发展角度梳理孟加拉国妇女的发展状况，描述妇女的普遍经历、指出存在的主要问题，从而提炼其独特国别性特征。

（三）妇女研究在南南合作和"一带一路"建设研究中仍是个薄弱领域

2019 年 3 月 20 日，联合国秘书长古特雷斯在第二届南南合作高级别会议（BAPA + 40）开幕式上高度肯定了南南合作在实现可持续发展与应对全球变暖方面发挥的关键作用，指出为实现《2030 年可持续发展议程》，必须克服包括性别平等在内的五项挑战[1]，强调"性别平等与每一个人都息息相关，许多事实证明，妇女参政比例提升有助于改善社会福利、增加发展支出；让妇女获得土地和贷款能够

---

[1] 五项挑战分别是：国家内部及国与国之间的不平等不断加剧、应对气候变化的需求日益紧迫、发展中国家如何优化城市基础设施、性别平等、多边主义必须更好地适应南南合作的全新模式。

带来丰收；而受过教育的女童则将为社区做出更大的贡献，摆脱长期贫困的处境。"① 近年来，面向南南合作和"一带一路"建设的妇女研究在宏观政策与实践领域发展快速，同时，知识体系建设、学科建制设置及微观具体研究项目的推进等方面却相对滞后，需要与"实践场域"紧密结合。② 推进中国的妇女/性别研究亟须开拓全球视野，将性别视角纳入中国海外的发展实践中，提出新的研究议题、培育新的问题意识，将性别文化交流作为一个重要的民生和民心建设抓手，为南南合作"一带一路"建设提供助力。

二　研究价值

（一）学术价值

一是为妇女研究提供有价值的实证资料、补充发展中国家的研究路径。孟加拉国的妇女发展问题并非单独存在于"真空"中，既有国际妇女发展的共性，也有区域性和国别性特征。通过对该国案例的分析，以国别的特殊视角和经验案例进一步丰富妇女研究、国别区域研究等相关学科的研究。研究国别妇女问题需要准确把握特定国家的历史、文化和法律政策环境，国别和地区层面的经验可以发挥一定的国际影响，研究孟加拉国妇女发展问题对其他国家和地区也具有一定的参照意义。近年来，很多领域的研究存在研究重点下移的趋势，即重视对基础资源的收集整理并将其作为研究的重要部分，以此凸显实证支撑的作用。在具体议题上，妇女议题是个较好的同时也是没有获得足够重视的领域；在国家角色的塑造上，性别平等、妇女发展议题是个积极正面的导向领域。

二是为探索构建具有全球视野的中国妇女/性别研究提供实证经

---

① 《古特雷斯：南南合作对应对气候变化与实现可持续发展"至关重要"》，访问日期：2020 年 9 月 20 日，联合国经济和社会事务部网站，https：//www.un.org/development/desa/zh/news/intergovernmental-coordination/south-south-cooperation-2019.html。

② 徐秀丽、孙清波：《南南合作给妇女/性别研究带来的机遇与挑战》，《妇女研究论丛》2021 年第 1 期。

验。中国的妇女/性别研究作为一个学术领域开始于 20 世纪 80 年代
中期，是在中国社会转型、国际社会推动、社会性别视角的运用等综
合背景下发展起来的。[①] 在中国，"妇女研究"（women's research）与
"妇女学"（women's studies）这两个概念通常混淆使用，杜芳琴认为
两者既有区别又有联系，"妇女研究"主要研究现实的妇女状况和问
题，为决策提供理论依据；"妇女学"主要由学术界发起，从学术领
域和知识改造入手，解构、分析男权中心的知识体系如何建构、如何
传承性别不平等和其他等级表现等。[②] 在社会经济发展、妇女问题频
繁凸显的时代背景下，中国的妇女研究带有较强的实用性和现实性特
点，既缺少对问题根源的深层探究和系统分析，也较少研究宏观理
论，与国际研究主流的交流和接轨还存在很大差距。[③] 本书通过对孟
加拉国妇女发展问题的研究，为探索构建具有全球视野的中国妇女/
性别研究提供实证经验。

（二）应用价值

一是加深对孟加拉国的了解，服务于国家外交。学术研究的意义
在于研究的观点或视角是否具有启示意义，或者能否为现实问题提供
正确与否的答案。从古代的丝绸之路到现代的外交关系，中孟之间已
有长久的历史交往。1975 年 10 月，两国正式建交，至 20 世纪 80 年
代中期，中国已成为该国最坚定的国际朋友；2010 年，两国宣布建
立和发展全面合作伙伴关系；2016 年，习近平主席出访孟加拉国，
将双边关系提升至战略合作伙伴。两国多年来相互尊重、理解和支
持，在一系列重大国际和地区性问题上看法基本一致，在政治、经
济、军事、文化等各个领域进行了卓有成效的合作。孟加拉国是南亚
地区第一个积极响应"一带一路"倡议的国家、也是沿线的关键国
家。从妇女议题层面加强对该国的认识和了解，有助于进一步密切双

---

① 刘伯红：《中国妇女研究十年回顾》，《中华女子学院学报》2005 年第 4 期。
② 杜芳琴：《将社会性别纳入高等教育和学术主流——"发展中国的妇女与社会性别
学"课题介绍》，《妇女研究论丛》2003 年第 4 期。
③ 唐雪琼、朱竑、王浩：《从国家社科基金资助情况看中国女性研究的发展态势》，
《妇女研究论丛》2008 年第 5 期。

边关系，服务国家的周边外交。

二是加强性别文化交流、助推南南合作与"一带一路"建设。随着南南合作和"一带一路"建设的不断深入，性别平等与妇女发展受到越来越多的关注，探讨妇女群体如何将自身发展融入南南合作与"一带一路"建设中，充分发挥妇女和妇女组织的作用。妇女问题是个国际性的共同问题，全球化时代的世界相互联系、密不可分，妇女发展问题既是世界的也是中国的，加强妇女国际合作、推动性别文化交流，为构建合作共赢的新格局提供助力。

三　国内外研究综述

（一）妇女研究现状

妇女是人类社会发展的重要参与者和人口增长的主要实施者，由于长期以来的性别偏见和学术界以男性为主的学者群体特征等因素，妇女一直呈现出"失语者"的身份，近代妇女很少作为被关注的主流群体出现在世界各地的社会活动中，直至 20 世纪 60 年代西方女权运动的爆发。妇女地位与妇女发展已成为全球经济和社会发展的重要组成部分，也是衡量一个国家社会文化发展水平的重要标尺。妇女研究作为一个学术研究领域，20 世纪六七十年代首先在欧美各国出现。80 年代，妇女解放运动和女性主义思潮催生了作为专门研究领域的妇女研究，随着新妇女解放运动的广泛传播及联合国"妇女十年"（1975—1985）的影响，尤其是现代化浪潮对第三世界的冲击，第三世界的妇女问题开始进入学术研究视野，妇女研究由此成为一个全球性现象。①

1. 妇女研究的主要议题

妇女研究属于社会科学的研究范畴，具有抽象性和具体性，从抽象性的角度看它属于文化哲学范畴，根本任务是解决妇女的世界观和

---

① 闵冬潮：《文化差异与主客体的研究偏颇——谈对第三世界妇女的研究》，《妇女研究论丛》1993 年第 1 期。

方法论问题，各个学科所展开的研究都以此为基点，也决定了妇女研究的普遍性和一般性原则，并进一步构成了妇女研究的宗旨性和目的性。从具体性的角度看，妇女研究体现出交叉学科的特点，由于其研究对象、涉及学科的多元化等，决定了这一研究的特殊性。① 妇女研究的内容大致包括：一是以女性为研究对象进行分门别类的研究，如妇女史、妇女文学、妇女社会学等，这类构成了妇女研究的主流，从事这类研究的大部分是女性学者。二是出现在一些新兴边缘学科中的妇女研究，如人口学、社会学、性学、发展研究和婚姻家庭研究等，由于妇女研究的渗透，促使边缘学科的研究从宏观走向微观，从综合性的论述走向具体的议题。三是妇女研究产生了方法论革命，渗透在各个人文科学领域，破除了抽象的"人"的神话，提出了"有性的人"这一全新视角，② 强调用性别分析方法解构社会生活中一系列"人"的问题。③ 1995 年世界妇女大会在《北京行动纲领》中，将妇女研究划分为 12 个重大的关切领域：贫困问题、妇女的教育和培训、妇女健康、针对妇女的暴力、妇女与武装冲突、妇女参与经济、妇女平等与决策和管理、提高妇女地位的机制、妇女的人权、妇女与大众传媒、妇女与环境、女童。④ 妇女研究在当代逐渐从"边缘学科"走向"显学"，在研究议题方面，广泛涉及女性主义理论、性别平等、女性就业与地位、女性生育与教育、女性与经济、女性文学、女性人口与性别角色、性别与惯习、性问题、女性地理等；在研究对象方面，从女性整体到女性群体再到女性特殊群体的细化；在研究视角方面，由女人及"人"，扩展至男男女女的"个人"，并促生了社会生活乃至科学领域中的一场全方位革命。⑤

　　2. 妇女研究的不同学科视角

　　女性主义思潮对人文社会科学产生了极其深远的影响，不同人文

---

　　① 寇征、周春燕：《妇女研究方法及学科建设》，《社会科学论坛》2002 年第 9 期。

　　② 李小江：《妇女研究的缘起、发展及现状——兼谈妇女学学科建设问题》，《陕西师范大学学报》（哲学社会科学版）1998 年第 4 期。

　　③ 唐雪琼、朱竑、王浩：《从国家社科基金资助情况看中国女性研究的发展态势》，《妇女研究论丛》2008 年第 5 期。

　　④ 黄河：《妇女/性别研究的缩影及发展理路》，《中华女子学院学报》2020 年第 6 期。

　　⑤ 李小江：《女性/性别的学术问题》，山东人民出版社 2005 年版，第 3 页。

社会科学日益重视对女性主义研究，形成了专门的交叉边缘领域及学科，极大推动了对妇女问题的研究进程。二战结束以来，在人类学、社会学、人口学统计学和经济学领域中的性别议题经验研究取得了丰硕的成果，性别议题起初限定于人类学领域的定性研究，20世纪70年代出现于社会学和人口学中，80年代对性别议题的研究从关注妇女地位转向更好理解性别不平等的根源。进入90年代，经济学为解释性别差距试图创建更好的理论模式，通过宏观和微观层面的数据来加以验证，与人口学统计学和社会学中强调决策和控制的概念框架具有天然的联系，性别议题尤其是与发展相关的内容成为一个交叉学科。[1] 妇女问题涉及诸多领域和学科，社会学、经济学、历史学、人类学、人口学、政治学、地理学、教育学、国际关系等学科都涉足其中，对妇女问题的研究都实现了各自领域内的突破，同时也逐渐显现出不同学科的视角、思路和方法的内在局限性。[2]

在整个妇女问题研究中，妇女史研究占有重要地位，如同一块基石，为各门妇女学科的建设提供了丰富的资料和坚实的支撑论据。[3] 20世纪60年代末70年代初，英美等国大学中的妇女学者开始对妇女问题进行学术性探讨，史学家率先提出以历史上的妇女为研究对象，目的是揭示妇女在历史和社会发展过程中的地位、状况、作用和贡献，在当时是一种不同于传统学科的新的研究方法。之后，生物学、人类学、社会学等其他学科从不同角度介入妇女问题研究，逐步形成了系统的研究理论和方法，其影响也波及其他研究领域。[4] 80年代，随着地理学的社会与文化转向，[5] 女性主义地理学兴起，一些学者开始关注社会性别视角下的人地关系，以此重构女性身份和生

---

[1]　Anju Malhotra, Sidney Ruth Schuler and Carol Boender, "Measuring Women's empowerment as a variable in International Development", this paper was commissioned by the Gender and Development Group of the World Bank, June 28, 2002, p. 21.

[2]　王天玉：《西南地区的妇女发展与社会稳定问题研究》，中国社会科学出版社2020年版，第22页。

[3]　李小江：《女性/性别的学术问题》，山东人民出版社2005年版，第86页。

[4]　尚晓层：《妇女研究的国际化趋势概述》，《河北师范大学学报》（社会科学版）1998年第4期。

[5]　姚华松、黄耿志、薛德升：《国内外女性主义地理学研究述评》，《人文地理》2017年第2期。

存空间。①

　　人类学。西方人类学家从该学科诞生之初就开始关注妇女群体，人类学对妇女角色与地位的研究经历了三个阶段：第一个阶段是性别角色差异研究（20 世纪 30—70 年代），性别角色是人类学早期对妇女进行研究的主要内容，尝试描述妇女在不同社会文化背景下所扮演的角色；第二个阶段是妇女地位影响因素研究（20 世纪 70—80 年代），妇女地位问题的复杂性促使人类学家不断反思研究视角和理论方法；第三个阶段是妇女地位解释路径研究（20 世纪 80 年代以来），由于人类学研究中长期存在性别缺失与偏见，不少研究者开始尝试从妇女地位的形成过程来寻求解释，产生了多种更加复杂的理论和思考，原有的研究结论也受到质疑和批判。②

　　国际关系。在一个很长的时期里，国际关系被认为是一个性别中立的领域，女人被隐藏在国际关系之外，③ 原因在于国际关系领域的社会性别观念深受现实主义理论的影响，男性女性的等级划分同现实主义理论中的国际国内"高级政治"与"低级政治"等二元对立彼此呼应，人们习惯于把国际和国内事务的"高级政治"和"低级政治"分别称为"男性的"和"女性的"。此外，国家作为国际社会的唯一行为体始终主导着国际关系学的理论与实践，将关注的焦点集中在国与国之间的权力争夺和安全困境之上，国家中心主义理念导致女性被严重地边缘化。④ 冷战结束和全球化的深入发展，"全球治理"逐步成为国际关系中的一个重要话题，全球治理的主体不仅有各国政府，还包括各种政府间组织和国际非政府组织，妇女非政府组织是其中的一支活跃力量，积极关注各种全球性问题的解决并极力敦促将社会性别意识纳入决策主流。女性主义学者对国际关系的看法主要借助于妇女非政府组织参与和推动全球治理的行为，妇女非政府组织产生于 19 世纪中叶，当时妇女还未获得参政权，试图通过非政府组织的

---

① 曾通刚、赵媛、杨永春、贺容：《中国妇女发展脆弱性：测度、时空演化及驱动机制》，《人文地理》2019 年第 5 期。

② 王天玉：《西南地区的妇女发展与社会稳定问题研究》，中国社会科学出版社 2020 年版，第 19—21 页。

③ 王逸舟：《西方国际政治学：历史与理论》，上海人民出版社 1998 年版，第 617 页。

④ 胡传荣：《国际关系、全球治理和妇女非政府组织》，《妇女研究论丛》2006 年第 5 期。

形式对政府政策施加影响。20 世纪 80 年代以来，妇女非政府组织的数量迅速增加并积极参与环境保护、和平运动等与全球治理相关的事业，在全球范围形成了松散的网络，关注的议题也由女性本身及其传统角色延伸出来的家庭、慈善事业等扩展到人口、环境、技术、能源、人权等事关整个人类命运和前途的重大问题，女性积极自觉地投身国际事务，不再仅仅局限于争取与男性平等的权利。① 女性主义国际关系理论源自女性主义自觉的批判主义立场，与马克思主义、历史唯物主义、后现代理论等公共构成了一个松散的国际关系理论批判阵营，对政治权力的载体、目标和话语等进行了深刻反思，主要从资源、支配、授权等路径尝试对政治权力进行重构。②

（二）国外研究综述

国外对孟加拉国妇女议题的研究较为广泛，总体可归纳为以下几个方面。

一是探讨孟加拉国性别不平等及对国家社会经济发展的影响。结合具体案例分析了该国性别不平等的根源，指出性别不平等在很多方面影响了国家的综合发展尤其是农村家庭的发展；③ 强调制度在减少性别差距中的重要作用，政府承诺性别平等和性别主流化的目标，但是政策声明与政府实现这些目标的实践方面存在较大差距。④ 关于该国妇女经济参与和经济赋权的研究集中关注制农业部门对女性劳动力的大规模雇用以及小额信贷对妇女生活的影响。⑤

二是梳理了该国妇女运动和妇女组织的发展演变历程。孟加拉国的妇女运动根植于社会中，总体目标包括消除针对妇女的暴行、

---

① 胡传荣：《国际关系、全球治理和妇女非政府组织》，《妇女研究论丛》2006 年第 5 期。

② 张萍：《国际关系理论中的个人—女性主义视角下的国际关系主体再探讨》，《山东女子学院学报》2021 年第 2 期。

③ Md. Asaduzzaman, Mohammad Shajahan Kabir and Mirjana Radovic Markovic, "Gender Inequality in Bangladesh", *Journal of Women's Education*, 2015, No. 3 - 4, pp. 54 - 64.

④ Baby Parveen, "Gender Responsive Budgeting in Bangladesh: An Assessment of Challenges and Opportunities in Health Sector", Dhaka, June, 2010.

⑤ James Heintz, Naila Kabeer and Simeen Mahmud, "Cultural norms, economic incentives and women's labor market behaviour: Empirical insights from Bangladesh", *Development Studies*, 2018, Vol. 46, No. 2, pp. 266 - 289.

为生殖权利抗争、争取政治和经济赋权、抵制宗教附属关系并确保公共角色。妇女运动涉及争取合法权利、挑战现存话语、增加代表性、推动政策的改变，最重要的是挑战压迫性父权制社会的思维定式。该国的妇女组织跟随着妇女运动和女性主义的发展步伐，一些主要组织在不同时期的斗争目标有所差异，重点关注了妇女组织的"非政府组织化"（NGOization）现象，主要受到国际捐助机构和非政府组织的影响，对妇女运动和妇女组织的发展是一种新的挑战。①

　　三是分析了孟加拉国的妇女赋权。孟加拉国妇女占全国人口的一半，一项研究根据2007年孟加拉国人口和健康调查（Bangladesh Demographic and Health Survey，BDHS）数据分析了妇女赋权的本质、程度和影响因素，指出如果妇女赋权地位得不到提高将阻碍该国的发展。② 讨论了该国公共讨论中妇女赋权观念和叙述的演变轨迹，综合比较了妇女组织、国际捐助机构、该国主要政党和非政府组织对"赋权"的认知及运用。③ 结合国家与非政府组织实施的具体项目对妇女赋权的影响，大多以由格莱珉银行（Grameen Bank）和孟加拉国农村促进委员会（Bangladesh Rural Advancement Committee，BRAC）实施的小额信贷（Micro-finance）为例，从理论和实证经验方面论证了小额信贷项目对妇女赋权的影响，形成两种相互批判的观点：一种观点认为小额信贷项目作为国家发展项目之一，改善了妇女的生活水平，是妇女赋权的一种可行工具；④ 另一种观点认为小额信贷项目是资本主义进入最贫困世界的一个有害入口，对妇女综合赋权的作用有

---

① Tania Haque and Abu Saleh Mohammad Sowad，"Impact of NGOization on Women's Movement Organizations：A Critical Analysis from Bangladesh Perspective"，*Social Science Review*，Vol. 33，No. 2，December 2016.

② Gowranga Kumar Paul，Dhaneswar Chandro Sarkar and Shayla Naznin，"Present Situation of Women Empowerment in Bangladesh"，*International Journal of Mathematics and Statistics Invention*，Volume 4，Issue 8，October，2016，pp. 31 – 38.

③ Sohela Nazneen，Naomi Hossain and Maheen Sultan，"National Discourses on Women's Empowerment in Bangladesh：Continuities and Change"，DS Working Paper 368，July 2011.

④ Isahaque Ali and Zulkarnain A. Hatta，"Women's Empowerment or Disempowerment through Micro-finance：Evidence from Bangladesh"，*Asian Social Work and Policy Review*，Vol. 6，2012，pp. 111 – 121.

限甚至根本不能为妇女赋权，而可能成为控制她们的一种工具。①

　　四是总结了孟加拉国妇女的不利处境，包括基于性别的暴力和危机时期（气候危机、新冠肺炎疫情）的遭遇。在孟加拉国，针对女性的暴力普遍存在，包括家庭暴力、童婚、公共场所的性骚扰、强暴等，提出社会学家、决策者、非政府组织需要运用广泛的性别、阶级、种族、性等分析来理解所有暴力形式的根源及打击这些行为的政治措施。② 童婚是对人权的严重违反，南亚估计有 2.85 亿的儿童新娘，性别不平等是导致这一现象并使其长期存在的重要根源，家庭可能将童婚作为缓解经济困境、保护人身安全及维护家庭荣誉和义务的一种途径，童婚的分析对象包括孟加拉国本国和一个特殊的群体：来自缅甸的罗兴亚人。③ 孟加拉国是最易遭受气候危机的国家之一，全球暖化、海平面上升、气候多变等影响着该国的生存与发展，妇女比男性更易遭受短期出现的气候事件和长期气候变化的影响和冲击，从性别维度来理解适应策略的重要性。④ 该国同样遭受了新冠肺炎疫情（COVID-19）的冲击和影响，采取性别化分析疫情期间的封锁措施对妇女的影响，指出妇女和女孩在获取信息和健康、教育、保护及生计支持等方面存在挑战，疫情恶化了现存的性别不平等，妇女成为最受影响的群体。⑤

（三）国内研究综述

　　中国学界对孟加拉国的研究不多，妇女问题受到的关注更少，内容包括：

---

　　① Iman Bibars, "Microcredit and Women's Empowerment: A Case Study of Bangladesh", *Book Reviews*, *Gender & Development*, Vol. 20, No. 1, March 2012, p. 195.

　　② Nidhi Tandon, "New South Asian Feminisms: Paradoxes and Possibilities", *Book Reviews*, *Gender & Development*, Vol. 21, No. 2, 2013, pp. 419 – 421.

　　③ *Child Marriage in Humanitarian Settings in South Asia: Study Results from Bangladesh and Nepal*, UNFPA APRO and UNICEF ROSA, 2020.

　　④ Nilufar Ahmad, "Gender and Climate Change in Bangladesh: The Role of Institutions in Reducing Gender Gaps in Adaptation Program", *Social Development Working Papers*, A summary of ESW report No. P125705 Paper No. 126/March 2012, World Bank.

　　⑤ "COVID-19 Bangladesh Rapid Gender Analysis", Gender in Humanitarian Action (GIHA) Working Group, May 2020.

一是对南亚女性参政现象的总体研究，孟加拉国作为个案包含其中。在发展中国家政治领域，男性与女性之间的地位、代表性存在较大的悬殊。第二次世界大战后，南亚次大陆出现了众多女性执政者和杰出女性政治家，但并不表明这些国家女性普遍参政意识强和参政率高，也不代表妇女的普遍参政。① 以孟加拉国、印度和巴基斯坦为例，探讨了妇女参与公共行政部门的情况，虽然三国政府致力于推动妇女参与公共事务及女性官员的晋升，但现实情况存在较大落差，女性官员，尤其是高级女性官员的数量仍旧非常少，初级女性职员在未来的职业道路中也充满各种障碍。②

二是研究南亚国家的社会性别预算与女性社会救助制度，孟加拉国同样作为研究案例之一。南亚地区的性别预算行动大多由政府主导，与政府计划相互促进，并选择适合国情的性别预算工具，同时也存在女性决策者缺失、参与者作用不到位、性别不平等现象严重等问题。③ 南亚国家重视对女性的社会救助，根据各国国情形成了不同的政策安排以减少女性贫困，结合三个南亚国家的案例，即印度母亲安全计划、孟加拉国微型金融借贷计划和巴基斯坦贝·布托收入支持计划，具体分析了南亚地区女性洪水救助的政策安排，总结了基本特征、成效及挑战。④

三是单独以孟加拉国为研究个案，关注少女性骚扰和乡村妇女发展项目中的"信息女士"议题。在孟加拉国，性对未婚青少年而言是个禁忌，他们可以很容易地从视频、手机短片和色情杂志中获得关于性、性爱愉悦和浪漫等信息，形成了一种特有的对青春期女孩（12—18 岁）的性骚扰形式，即"夏娃戏弄"。这些行为加重了性别不平等。⑤ 全球范围内信息与传播技术的更新换代使南方国家乡村妇

① 刘曙雄、曾琼：《南亚女性执政及源头参与》，《南亚研究》2009 年第 4 期。
② 赛义达·拉兹纳·卡比尔：《关于孟加拉国、印度和巴基斯坦三国妇女在公共事务中的领导地位之比较研究》，和红梅译，《东南亚南亚研究》2015 年第 1 期。
③ 马蔡琛、张莉：《南亚地区的社会性别预算改革及其对中国的启示——基于印度、巴基斯坦和孟加拉国的考察》，《南亚研究》2014 年第 4 期。
④ 张浩淼、田华丽、秦嘉：《南亚地区女性社会救助政策的经验与启示》，《西部发展研究》2017 年第 1 期。
⑤ 《孟加拉国特有的对少女性骚扰的背景因素》，《中国计划生育学杂志》2014 年第 2 期。

女成为信息化社会中的边缘群体，研究了 20 世纪 90 年代中期以来一些国际发展组织与孟加拉国政府和非政府组织开展了多项 ICT 赋权南方乡村妇女的发展实践，分析了该国"信息女士"作为"信息中介"为乡村提供信息与传播技术接入服务的赋权模式，总结"信息女士"在行动者网络建构、主体性培育和独立自主可持续赋权机制等方面的经验，全球不公正的政治经济和传播结构导致了南方国家乡村妇女在发展中面临信息、知识与技能贫困等问题，需要在一个更加符合发展正义的政治经济与全球传播新框架内解决。①

总体而言，国内外相关研究成果为本书研究提供了可供参考的理论分析框架和实证资料。国外研究涉及的内容相对广泛，但是没有综合呈现出该国妇女发展的整体概况、存在的主要障碍和问题，还处于"细化"和"碎化"的状态。目前国内对孟加拉国妇女问题的研究过于单薄，无论是妇女研究学界或者国别区域研究都没有将妇女问题作为一个单独的议题进行系统深入的研究，无论在基础性和前瞻性研究方面都存在较大的空间，基础性研究方面表现为对孟加拉国妇女问题缺乏系统、整体的梳理，并由此影响了前瞻性研究。本书旨在对现有研究的不足进行补充。

四　研究方法、创新点与难点

（一）研究方法

妇女发展问题自 20 世纪 70 年代以来成为人们关注和争论的重要问题之一，当代妇女问题与国际社会发展动态、经济全球化、国家发展、家庭与社区、劳动力参与、子女教育、社会保障等问题息息相关，不仅包括文化、性别和认可问题，还包括与经济、再分配、平等、权利和暴力等相关问题，还深刻融入公民社会和国家中。② 鉴于

---

① 冯剑侠：《全球南方视角下的 ICT 赋权与乡村妇女发展——以孟加拉国"信息女士"项目为个案》，《妇女研究论丛》2019 年第 4 期。

② ［英］西尔维亚·沃尔拜：《女权主义的未来》，李延玲译，社会科学文献出版社 2016 年版，第 19 页。

妇女问题的复杂性和跨学科特性，本书在研究中除了采用交叉学科的方法外，还有以下三种研究方法：

文献研究法。文献资料是开展系统、科学研究的必要前提。文献资料能客观展示历史及现实的发展过程，从中发现存在的具体问题，充分展现研究对象的现实状态，并能有效勾连研究对象及其所处社会环境各要素之间的密切联系。本书将结合历史及现实资料，清晰勾勒孟加拉国妇女发展的脉络，总结存在的问题与障碍。差别性、本土性以及解决具体问题上，

比较研究法。妇女不是一个单独或单纯的群体，在特定背景下与阶级、宗教、族群等密切结合，客观上形成与男性的差异、妇女群体内部的差异等，妇女问题研究也不是一个独立的领域，要准确把握和了解妇女发展的真实状况，需要进行不同时期、不同性别、不同地域、不同宗教和阶级群体的比较，妇女发展中客观存在着群体差异，对不同社会阶层妇女发展进行比较，对妇女权利及发展状况进行比较，对男女两性之间以及女性内部之间的实践差距进行比较，由此才能呈现问题的本质，解释问题的共性与个性、差异性与本土性等。

社会性别分析法。社会性别形成了独立的研究领域，并构建了独特的研究方法。性别分析法是一种发展与实践研究的方法，强调运用社会性别分析法解释和考察妇女问题，广泛运用于与性别问题相关的各种分析领域，性别分析不只是分析妇女状况，还探讨男性和女性的社会属性及其相互关系与作用，分析过程涉及社会生活中的男性和女性共同建构的社会、政治、经济及文化关系的总体。① "社会性别"逐渐走出了女性研究的领域，成为国际学术界尤其是社会学领域中一个重要的常识性概念和理论范式，被用来作为阐释和分析社会现象的一种基本方法和重要工具，并形成了"哈佛框架"、"摩塞框架"、"朗维框架"、以人为本计划、妇女赋权框架、社会分析法等。②

（二）创新点

一是研究内容的创新。在全球女性主义发展的背景下，不同地区

---

① 林志斌、李小云：《性别与发展导论》，中国农业大学出版社2001年版，第88—90页。
② 于海燕编著：《世界社会林业发展概论》，中国科学技术出版社2007年版，第25页。

和国家因经济社会发展存在差距，也因文化传统的差异导致妇女问题的复杂性与多样性。孟加拉国属于发展中国家，"典型父权制"国家，伊斯兰国家，独立以来该国妇女在政治领域的参与表现突出等，是国别妇女研究的一个典型样本，但是现有的国内外研究对孟加拉国妇女问题的研究处于"细化"和"碎化"的状态，研究内容过于单薄，在基础性和前瞻性研究方面都存在较大的空间。本书以20世纪70年代以来国际妇女运动的发展及孟加拉国独立以来经济社会的变迁为背景，系统梳理、完整呈现孟加拉国独立以来妇女发展的整体概况、真实反映该国妇女在生活方式和思想意识方面的变化并指出存在的主要障碍和问题，研究内容将为妇女研究提供发展中国家的研究路径，也为中国的妇女/性别研究提供国别视野。

二是研究视角的创新。妇女问题不是一个独立存在的研究领域，妇女的发展进步与特定国家的文化传统、宗教准则和发展进程紧密结合。本书将孟加拉国的妇女发展问题作为该国社会发展总问题的一部分，通过总结妇女发展概况、归纳妇女发展的推力与阻力、阐述妇女遭遇的贫困暴力及气候危机、探究妇女发展的整体建构机制，从经验和理论建设的层次上厘清妇女发展与社会经济发展的逻辑关系，将性别放置于快速变化的社会和经济综合背景下，也作为观察该国社会发展变化的一个崭新切入点。

（三）研究难点

妇女研究本身面临中层理论建构的困难。从现实到理论是一个归纳、演绎的过程，更是一种知识上的挑战。妇女生存与发展的制约因素极为复杂，妇女研究首先开始于对妇女问题的简单碎片化解释，其次走向具有综合性特征的"关涉妇女的社会理论"，但是对妇女问题的研究不能仅仅停留于结构分析，还需要在此基础上致力于建构一个中层理论，在历史脉络中针对不同的情境进行理论反思，不仅要对制度层面进行分析，还需要在微观领域寻找妇女在实践中发挥决定作用的主要变量并研究这些变量间的关系，以此建构一个逻辑自洽、具有较强解释力的中层理论。[①]

---

① 黄河：《妇女/性别研究的缩影及发展理路》，《中华女子学院学报》2020年第6期。

　　孟加拉国有四大宗教：伊斯兰教、印度教、佛教和基督教，其中伊斯兰教为国教，信徒占比高达 88.3%，其次是印度教徒，占 10.5%。不同宗教对妇女地位、传统角色、行为规范的要求和形塑不同，不能武断地进行一般性的概括，本着主体性、代表性的原则，在本书中主要选取伊斯兰教来阐述宗教对妇女的建构作用。

　　在资料和数据收集方面存在困难，因受新冠肺炎疫情的影响，短期内无法到孟加拉国进行实地考察。在数据方面，本书主要引用权威机构的数据，如孟加拉国不同政府部门的统计、一些国际组织和研究机构在该国开展的调查研究报告、权威新闻媒体的报道等，力求数据的可靠性，以确保研究内容的真实和客观。

五　研究框架

　　本书以孟加拉国独立以来妇女发展问题为研究对象，综合运用历史学、社会学、经济学、人类学等学科的原理，通过全面系统地梳理、客观完整呈现独立以来孟加拉妇女的发展概况，具体通过教育参与、经济参与、政治参与和营养健康四个维度来具体展示，突出她们自身发展的同时对国家发展做出的巨大贡献。辩证地看待妇女社会地位改善的同时仍面临的结构性的困境，归纳该国妇女发展进程中的推力因素与阻力因素，以此揭示妇女发展与传统文化、宗教及国家法律政策机制之间的关系。

　　本书包括导论、正文（共六章）和结语三部分。

　　导论。主要阐述本书的研究背景、研究价值、国内外研究现状综述、研究方法与创新之处、研究难点及研究基本框架。

　　第一章核心概念：女性主义、妇女发展与妇女赋权。女性主义、妇女发展和妇女赋权是妇女研究的核心概念，三者之间不是毫无关系的独立存在，女性主义是妇女研究的一项重要内容；国际妇女运动和女性主义发展到第三阶段开始专注于妇女的发展权利，既是对妇女运动历史进程的总结，也昭示了其未来的发展走向；赋权既是妇女发展的目标、也是实现妇女发展的一种途径。除了梳理三个概念的学理脉络，还阐述了在孟加拉国语境下各自获得的认知与运用。

第二章妇女发展概况。发展权是妇女的一项基本人权，是综合的、动态的，结合国际现有的衡量标准，主要从教育参与、经济参与、政治参与、营养健康四个维度全面展示孟加拉国妇女发展的总体概况。

第三章妇女运动。妇女运动是妇女意识觉醒及妇女发展的重要部分。孟加拉国的妇女运动发端于殖民时期，从时间纵向上可划分为五个阶段，每个阶段有不同的斗争目标和议题；妇女运动伴随着妇女组织的发展壮大并具有"非政府组织化"（NGOization）的特征；总结近年来妇女运动面临的新挑战，如代际之间的行为差异、年轻成员的招募及宗教的反弹等。

第四章妇女发展的推力与阻力。妇女的主体性建构是在社会历史、社会实践中逐渐形成的，由于孟加拉国特殊的历史文化背景，妇女的主体性建构具有独特的路径。推力方面，主要从国家政策层面及非政府组织两个层面进行分析；阻力方面主要结合父权制和宗教来进行阐述。

第五章妇女遭遇的贫困、暴力与气候危机。孟加拉国妇女发展取得成效的同时，依然面临着结构性的困境，尤其她们所遭遇的贫困、暴力与气候危机。一是在孟加拉国的贫困中，"贫困有一张女性的面孔"，妇女构成贫困人口中最弱势的部分；二是针对妇女的暴力行为广泛存在，包括家庭暴力和童婚等，而受害者获得的保护和援助不足；三是从气候危机的角度分析妇女的不利处境，该国是全球最易遭受气候变化的国家之一，频繁的气候事件加剧了妇女的弱势。

第六章疫情下的妇女。疫情（COVID-19）是二战以来人类社会的全球健康事件和最大的挑战，被女性主义者称为"女性主义的灾害"。疫情同样对孟加拉国产生了严重的冲击，从性别视角分析疫情对妇女的影响，包括失业、贫困、暴力等。

结语。对本书的研究内容、研究观点进行总结，孟加拉国妇女发展取得了成效，但同时也面临结构性的阻力与障碍；妇女对公共领域的全面参与与发展之间是一种积极正面的关系，政府需要采取措施促进妇女的发展。

第 一 章

核心概念：女性主义、妇女 发展与妇女赋权

女性主义、妇女发展和妇女赋权是妇女研究中的核心概念，三者之间不是毫无关系的独立存在。女性主义是妇女研究的一项重要内容；国际妇女运动和女性主义发展到第三阶段开始专注于妇女的发展权利，既是对妇女运动历史进程的总结，也昭示了其未来的发展走向；赋权既是妇女发展的目标，也是实现妇女发展的一种途径。

第一节　女性主义

一　女性主义的发展演变

女性主义（Feminism）又称为女权主义，发端于 18 世纪的法国资产阶级大革命，标志着人类社会进入了全面向父权制挑战以实现人类男女平等的"均权时代"。女性主义是一种社会思潮和社会运动，标志着女性有意识研究自身的开端，并尝试探索解放自身的可能性和具体路径。① 女性主义的发展大致经历了三个阶段：18 世纪至 19 世纪末期，女性主义致力于争取选举权和被选举权并批判父权制社会；19 世纪至 20 世纪中期，针对女性受到压迫的事实，尝试从女性自身寻找根源并提出相关的设想，致力于争取政治、经济权利，以期获得平等的社会地位；20 世纪中期以来，女性主义开始将重点转向深层次的学理思考，直接推动了女性主义主要流派的产生。② 女性主义发

① 宋建丽：《正义与关怀：女性主义的视角》，厦门大学出版社 2018 年版，"自序"。
② 巩辰：《国际关系理论的"终结"或"重生"？——基于女性主义世界政治研究的再思考》，载王逸舟、张小明、庄俊举主编《国际关系理论前沿问题和新的路径》，上海人民出版社 2018 年版，第 350—351 页。

展的三个阶段存在共同性，即为女性的权力/权利和自由平等公正发声，相应的政治实践贯穿于不同阶段的政治经济社会发展。①

　　源自西方的女性主义以实现性别平等为目的，是女性意识的觉醒，在不同的发展阶段和不同的理论框架中，女性意识的觉醒包含了三方面内容：一是承认女性在社会中受到压迫的不平等；二是分析女性不平等社会地位的本质和根源；三是致力改善女性社会地位，实现性别平等，其中的主题是女性解放。女性主义理论在自身的展开过程中逐渐找到一个可以参照的概念，父权制，用于说明历史上随母权社会衰落而出现的存续两千多年的男性长者占统治地位的社会体系。②女性主义从开始就不是一种声音的代名词，而是充满了多种理论诉求的一个领域。③随着女性对维护自身权利、争取独立、向往平等的意识逐步增强，女性主义研究逐渐兴起，是女性主义运动在学术领域的拓展，因时代、地域及理论背景的差异演化出不同的流派，通常可以分为自由女性主义（18 世纪下半叶至 20 世纪 60 年代）、激进女性主义（20 世纪 60 年代）、社会主义女性主义（20 世纪 60、70 年代）。西方国家在 20 世纪六七十年代掀起了第二次规模宏大的女性主义运动浪潮，涌现出大量的女性组织。女性主义理论越发呈现多元理论背景的状况，出现了一系列女性主义理论分支，如后现代女性主义、精神分析女性主义、生态女性主义及第三世界女性主义等。④不同理论流派的共同目的在于探索女性受压迫和性别不平等的根源，考察女性在不同社会领域中的角色、经历和利益等。⑤女性主义是一种意识形态、一种行动主义，也是看待世界的一种方式，⑥从知识基础、价值

---

　　① ［英］西尔维亚·沃尔拜：《女权主义的未来》，李延玲译，社会科学文献出版社 2016 年版，第 65 页。

　　② ［澳］马尔科姆·沃特斯：《现代社会学理论》，杨善华、李康等译，华夏出版社 2000 年版，第 268 页。

　　③ 宋建丽：《正义与关怀：女性主义的视角》，厦门大学出版社 2018 年版，"自序"。

　　④ 张妮妮、康敏、李鸽：《女性经验的生态隐喻：女性生态主义研究》，北京大学出版社 2018 年版。

　　⑤ 巩辰：《政治权力的反思与重构——基于女性主义国际关系理论视角》，《太平洋学报》2014 年第 5 期。

　　⑥ Tania Haque and Abu Saleh Mohammad Sowad， "Impact of NGOization on Women's Movement Organizations：A Critical Analysis from Bangladesh Perspective"，*Social Science Review*，Vol. 33，No. 2，December 2016，p. 29.

体系、话语体系、意识形态、方法论、组织结构、社会工作、社会福利等社会范畴提出了全面的质疑，由此引发了妇女研究的热潮，案例研究和理论研究都取得了丰硕成果。①

　　总体而言，女性主义并不代表性别差异，不是一种理论，而是很多不同派别的混杂、融合了多种流派的女权或妇女知识运动，其总体思想基本上都主张性别是所有社会结构与社会组织的基础，承认女性不平等的现实，诉求和目标是理解女性的从属地位、解放女性，争取在选举、教育和就业等领域与男性平等的权利。女性主义运动一直与家庭议题相联系，主要挑战"家庭可以脱离经济、政治以及其他男性权力系统而被理解"这一概念，强调弥合家庭的公共与私人领域的分离局面的紧迫性，② 女性主义存在明显的理论局限，不论马克思主义女性主义、自由主义女性主义或激进女性主义都缺乏对第三世界女性的关注，而且忽略了殖民时代殖民地女性的经历和视角；③ 女性主义也批评市场的包容性观念，认为不平等破坏了经济关系但并未得以解决。近年来，女性主义世界政治研究得到进一步发展：一方面女性主义世界政治研究仍从属于政治学；另一方面，女性主义也开始跻身于全球化的学科叙事当中。④ 第三世界的女性主义是从反对西方殖民主义与种族霸权的斗争中发展起来：一方面抗争既有种族文化及反殖民运动的父权建制；另一方面坚持反殖民主义的斗争。⑤《经济发展中的妇女角色》一书从劳动市场的性别分工视角入手，为研究第三世界妇女在发展过程中的问题开辟了一条新途径。第三世界妇女是西方

---

　　① 唐雪琼、朱竑、王浩：《从国家社科基金资助情况看中国女性研究的发展态势》，《妇女研究论丛》2008 年第 5 期。

　　② 杨企光：《发展型家庭生活教育：理论、实践与制度创新》，上海交通大学出版社 2017 年版，第 55 页。

　　③ 巩辰：《国际关系理论的"终结"或"重生"？——基于女性主义世界政治研究的再思考》，载王逸舟、张小明、庄俊举主编《国际关系理论前沿问题和新的路径》，上海人民出版社 2018 年版，第 351 页。

　　④ 巩辰：《国际关系理论的"终结"或"重生"？——基于女性主义世界政治研究的再思考》，载王逸舟、张小明、庄俊举主编《国际关系理论前沿问题和新的路径》，上海人民出版社 2018 年版，第 353—354 页。

　　⑤ 郑新蓉、杜芳琴主编：《社会性别与妇女发展》，陕西人民出版社 2000 年版，第 168 页。

发明和赋予的一个种类，通过全球发展讨论和实践，影响了全球南方的政府和非政府发展计划，全世界的女权主义者都认为，争论的实质其实是维护某个父权制的领导地位以保持其在权力上的政治规划，妇女也被用作少数民族、国家和宗教边界的再生产者。全球化带来的社会变迁对妇女的社会地位产生了较大影响：一方面，全球化使妇女得以进入之前许多对其关闭的角色与社会领域，由此缩小了男性世界与女性世界在社会构建中的距离；另一方面，全球化对当代"归属政治"的影响，最终在许多地方形成多种新的保守主义和族群文化，从根本上扩大了男性与女性构建的差别以及两性在社会中的总体权力关系。①

20 世纪 70 年代，促进女权主义发展的工作者们首先提出了一个全球性的倡议，性别主流化（gender mainstreaming）原则，从本质上讲是一个具有争议性的概念和实践，涉及当代人们对女性主义的某个重要方面进行的重新创造、重新建构及重新定位。② 1985 年《内罗毕前瞻性战略》首次使用"社会性别主流化"一词，1997 年联合国经社理事会对其进行定义：指在各个领域和各个层面上评估所有计划的行动（包括立法、政策、项目方案）对妇女和男子所产生的影响。作为一种战略，它使对妇女和男子的关注和经验成为设计、实施、监督和评判政治、经济及社会领域所有政策和方案的有机组成部分，从而使妇女和男性能平等受益。③ 联合国已将社会性别主流化确定为促进性别平等的全球战略，其目标是改变不平等的社会和体制结构，使之对妇女和男子双方都平等和公正。性别主流化是女性主义策略的一种新形式，既是性别化的政治实践和政策实践的新形式，也是新的性别化策略的理论发展，作为一种实践，是一个促进性别平等的进程和工具；作为一种理论形式，则是一个修正重要概念的过程，其目的是使人们更充分了解这个性别化的世界，而非建构一种独立的性别理论。④ 性

---

① ［英］妮亚·余娃－大卫：《妇女、全球化和社会变迁》，《思想战线》2009 年第 5 期。
② ［英］西尔维亚·沃尔拜：《女权主义的未来》，李延玲译，社会科学文献出版社 2016 年版，第 126 页。
③ 转引自闫冬玲《浅论社会性别主流化与社会性别预算》，《妇女研究论丛》2007 年第 1 期。
④ ［英］西尔维亚·沃尔拜：《女权主义的未来》，李延玲译，社会科学文献出版社 2016 年版，第 126 页。

别主流化与国家制度化中现有的权力结构相联系，在全球范围内的发展并不均衡，其进程受到经济环境、政治环境及社会环境的影响，由于国情的差异，各国的实践也不相同。

二　孟加拉国背景下的女性主义

在殖民和后殖民时代，孟加拉国"新女性"（new woman）身份的社会建构在一段时间内成为女性主义理论化的一个主题。孟加拉国妇女形象的转型，从早期反殖民主义和民族主义时期，中产阶级妇女被认为是精神和家庭的缩影，本质上是印度文化的非西方内核。孟加拉国新女性形象的建构，把女权主义者的团结观念和妇女反性别暴力结合起来。在民族主义背景下，理想的妇女形象被建构为精英，与更贫困阶级的未受过教育、受压迫和落后的妇女形成强烈的对比，也不同于崇尚性解放、现代和不道德的西方妇女形象。具有不同的适应性，跨越了阶级领域及城市农村的界限。有学者指出，新女性在孟加拉国背景下是"分层的"（layered），是很多女性群体的混合体，反殖民和民族主义者代表是受尊敬的中产阶级妇女，发展和现代化的讨论建构了当代新女性，而新女性的建构服务于描述国内和西方—全球女性主义取得的更大进步，国内/地方妇女置于受害者和救世主的相互冲突地位。[①] 当代孟加拉国的妇女议题与发展和全球女性主义的进步描述相关，并受其形塑。在这些描述中，贫困妇女受当地父权宗教和文化行为的压迫，通过融入全球资本主义发展计划中得以提升，如制衣业和非政府组织，分别代表了经济领域和社会领域，在全球重构下得以推进，妇女作为经济能动者进入公共空间。非政府组织的发展壮大也使中产阶级受益，培养了专业人员和骨干。新专业阶层被认为是开明的、受过高等教育的城市精英，包括男性和女性，在民族国家自由民族主义使命和 NGO 领导下的发展计划的人道主义使命下工作，社会变革的地方代表和发展的受益者，构成了一种新的依附类型。妇女组织的模式由这种依附形塑，造就了女性主义者和其他女性相互竞

① Sonia Amin, "The new woman in literature and the novels of Nojibur Rahman and Rokeya Sakhawat Hossein", in Firdous Azim and Niaz Zaman (eds.), *Infinite Variety: Women in Society and Literature*, Dhaka: University Press Limited, 1994, pp. 137 – 140.

争的身份。① 穆斯林妇女成为宗教受害者的描述，成为固定标准存在于大众媒体、政策领域和大多数学术研究中，在民主和伊斯兰法邂逅后，女性主义转型为改革者的角色。

20世纪七八十年代，孟加拉国的女性主义处于自发状态，主要关注独立后的妇女议题。与此同时，大多数人并不理解什么是女性主义，一些人认为是仇视或惩罚男性，倾向于认为女性主义是关于使妇女成为主导的性别。② 该国的女性主义，不能认定为简单或单个框架，也不能代表南亚地区女性主义的特征。③ 孟加拉国女权主义者通过保护妇女权利的法案来探索人的安全问题，使妇女可以获得司法体系的援助。女权主义者支持世俗背景下的女性教育和公共角色，绝大多数伊斯兰国家的女性主义者在女权模式下开展工作，吸引了与政治有关联的精英家庭，精英地位和西方教育使她们能接触到跨国网络和全球平台，在自己国家内充当改革者的角色，通常被标榜为西方的，脱离了当地准则的影响。在争取妇女权利和自由时，伊斯兰社会的女性主义者不得不跨越危险的政治线路，孟加拉国政府强调在一个伊斯兰国家框架妇女平等的公民权目标，但是立法上的条款远不能确保女性平等。政府有所保留地签署了消除所有形式歧视妇女公约，该国的伊斯兰政党1988年以来在议会没有成功通过一个亵渎法案。孟加拉国的家庭法庭免除了穆斯林私法。但是在农村地区，神职人员在法庭控制之外实施非正式的伊斯兰法，2001年被最高法院宣布为非法，但是，神职人员拥有社会权力，其裁决与农村社区在精神上是捆绑的。女权主义者的任务是确保宗教不能约束妇女的法律权利。④

---

① Elora Halim Chowdhury, "Feminism and its 'other': Representing the 'new woman' of Bangladesh", *Gender*, *Place and Culture*, Vol. 17, No. 3, June 2010, pp. 301 – 318, 302.

② Tania Haque and Abu Saleh Mohammad Sowad, "Impact of NGOization on Women's Movement Organizations: A Critical Analysis from Bangladesh Perspective", *Social Science Review*, Vol. 33, No. 2, December 2016, p. 33.

③ Tania Haque and Abu Saleh Mohammad Sowad, "Impact of NGOization on Women's Movement Organizations: A Critical Analysis from Bangladesh Perspective", *Social Science Review*, Vol. 33, No. 2, December 2016, p. 35.

④ Dina M. Siddiqi, "Transnational Feminism and 'Local' Realities: The Imperiled Muslim Woman and the Production of (in) Justice", *Journal of Women of the Middle East and the Islamic World*, Vol. 9, 2011, p. 76.

第二节　妇女发展

一　妇女发展的概念

社会发展不仅包括经济发展，也包括政治、文化、环境、人口、妇女等方面的综合发展。在 20 世纪对发展的讨论中，存在一个明显的缺失：社会科学、决策者在研究西方社会或非西方社会时，都使构成人类社会一半的女性"无影无踪"；经济学家讨论就业或社会政策的形成、社会学家讨论"家庭"，同样都忽略了妇女的身影。进入 20 世纪 90 年代，对发展研究的一个重要突破是逐渐认识到妇女的重要性，她们是第三世界社会经济发展中人数众多、承担了重要工作但仍被忽视的群体。妇女发展成为发展研究的一个分支，是社会发展的一种社会性别分析视角，是在人的发展框架下来确定促进妇女发展需要做的事情，探讨与此相关的理论问题，使之在逻辑和内涵上更加清晰。妇女发展研究具有深厚的国际背景，源于主流社会发展的路径和全球妇女运动，先后出现了三种理论范式：20 世纪 70 年代的"妇女参与发展"（Women in Development，WID）、20 世纪 70 年代后期的"妇女与发展"（Women and Development，WAD）、20 世纪 90 年代以来的"社会性别与发展"（Gender and Developmeng，GAD）。[①]

（一）妇女参与发展

国际发展学会华盛顿特区妇女委员会最早提出并使用"妇女参与发展"的概念，认为妇女全面融入经济、政治和社会生活有助于改善其处境并纠正男女之间的各种不平等关系。这一范式是在现代化理论影响下妇女研究与发展研究相结合而形成的一种实践性理论体系，强调妇女对现行社会结构的适应和争取更加公平的发展机会，主张将女性融入更多发展进程，重点关注提高妇女对社会生产劳动的参与度。1975 年，世界银行设置了"妇女参与发展"的顾问一职，早

---

① 王天玉：《西南地区的妇女发展与社会稳定问题研究》，中国社会科学出版社 2020 年版，第 31 页。

期的措施包括培训援助项目中的性别意识，增强妇女在发展中角色的敏感性，1987 年建立了"妇女参与发展"分部并宣布将"妇女参与发展"作为一个特别行动重点计划。在"妇女参与发展"的理论之下，形成了四种推动妇女参与发展的模式：福利政策模式、效率政策模式、公平政策模式和反贫困政策模式。这一范式的不足之处在于，对"发展"的理解单纯视为经济增长，片面追求经济效益，简单依靠就业来扩大妇女的收入，没有触及男女之间的权力关系问题，也没有触动传统的社会性别分工模式，很难使发展中国家的女性实现经济独立。[①]

（二）妇女与发展

20 世纪 70 年代后半期，第三世界和原殖民地国家的女性主义者开始发声，有效提升了发展中国家和欠发达国家在妇女发展领域的参与水平。埃丝特·博斯拉普（1910—1999）1970 年出版的《妇女在经济发展中的角色》为"妇女与发展"理论奠定了基本的理论框架，是这一理论的里程碑之作。作者指出，第三世界的妇女一般在农业上扮演生产粮食的重要角色，但是现代化将她们从这种传统的生产功能中排除，各类发展计划并没有改善她们的生活，反而削弱了她们在经济发展中的机会和地位，使其贡献显得无足轻重。[②] 新马克思主义女性主义学者提出"妇女与发展"理论，认为妇女是发展进程不可或缺的组成部分，对社会经济发展发挥着重大作用，但是，妇女的经济贡献特别是家庭劳动没有被货币化，也没有获得社会认可。"妇女与发展"的范式以阶级分析为立足点，主张实现国际结构的平等可改善女性的不平等状况，阶级的解放将直接导致男女平等的实现，但是混淆了社会性别概念与阶级概念，也忽略了阶级内部男女之间存在的不平等；将发展中国家的妇女视为一个同质性群体，没有注意到妇女之间因阶级、种族、族裔、地区及文化等差异所形成的等级与权力关系，而这些因素正是妇女实际社会地位的建构来源。[③] "妇女与发展"

---

① 曾璐：《国际发展援助中妇女发展的目标分析——以范式变迁与制度安排为视角》，《妇女研究论丛》2010 年第 6 期。

② 马元曦主编：《社会性别与发展译文集》，生活·读书·新知三联书店 2000 年版，第 69 页。

③ 曾璐：《国际发展援助中妇女发展的目标分析——以范式变迁与制度安排为视角》，《妇女研究论丛》2010 年第 6 期。

理论认为以男性为主的社会性别制度难以改变，妇女发展必须另辟蹊径，大多数采取非政府组织开展的小型项目来帮助妇女获得工作机会、增加经济收入，以此提升这一群体的权利和地位。20 世纪 80 年代后期，"妇女与发展"问题的研究进入一个新的时期，重点剖析妇女与发展进程的关系，不仅仅包含两性关系的平等，更为重要的是性别双方在发展进程中均衡受益，不是盲目追求"平等"，而是如何在社会的整体发展中将妇女引入发展序列，为她们寻求一条真正能够实现"发展"的路径，学者们开始研究妇女第三世界妇女在发展进程中被边缘化的问题，女权主义发展组织要求把妇女纳入发展进程。[1] 西方激进的女性主义者从性别与发展的角度，侧重从男女的社会差异及不平等的发展机会来批评现行发展规划及发展目标对妇女的忽视，认为不仅妇女需要发展，而且强调妇女发展本身就是发展的重要内容，任何发展规划和发展目标都应包括妇女发展及消除男女不平等的内容。[2] 对"妇女与发展"范式的研究多集中在社会学、人口学和经济学等学科领域。

　　性别不平等是一个政治和社会文化建构的客观现实问题，追求性别平等思潮的全球化大致经历了两个阶段：一是去殖民化之前西方的女性主义思潮，二是去殖民化以后在西方女性主义思潮的继续发展和进入发展中国家的女性主义思潮。去殖民化之前，西方的女性主义思潮主要可以分为宗教领域的性别启蒙和世俗领域的女性主义思潮及其运动。去殖民化以后，进入发展中国家的女性主义逐渐与发展主义思潮结合，形成了所谓的"妇女与发展"的议题。在当代，"妇女与发展"实践主要受到西方女性主义、发展主义和发展中国家地方文化主义的影响，这一理论范式在发展中国家的框架内包含了妇女基本权益、妇女经济收入及妇女与贫困这三个相互联系的内容，并在实践中呈现出复杂性特征，需要通过去除理论范式和框架的预设来理解性别问题的文化多样性。"妇女与发展"是针对发展中国家在发展中赋权的理论体系和实践框架，对于充分发挥妇女的能动性、提升妇女的地

---

① 陈晖：《性别平等与妇女发展：理论与实证》，中国民主法制出版社 2018 年版，第 1 页。

② 陈静：《当代中东妇女发展问题研究》，西北大学，博士学位论文，2003 年，"前言"。

位有着积极的意义，这一范式虽然针对的是发展中国家妇女的现实，但在不同的发展社会文化语境下产生了一系列的实践困境。①

（三）社会性别与发展

20 世纪 90 年代以来，随着"社会性别研究"的兴起，有学者开始从社会性别的视角探讨两性关系、性别平等以及妇女与发展的终极目标，"妇女与发展"理论逐渐转变为"社会性别与发展"，是对女权主义的重新定位，更加深入和透彻地理解妇女受压迫的根源，把女性境遇放在整个社会的政治、经济和文化机制中加以考察。"社会性别与发展"是在发展进程用"社会性别"取代"妇女"作为分析范畴，以此揭示男女的社会角色及不平等的社会性别关系，着眼于改变男女两性在家庭内和社会中的不平等权力机构，强调妇女是发展过程和社会变迁的能动性主体，承认妇女不是一个同质性的范畴，需要多样性的女性主义来反映不同妇女群体的诉求；② 不再盲目崇拜以经济增长为目标的西方现代化模式，开始重视个体的发展。③ 这一理论范式的分析视角并不囿于妇女本身，也不是单纯从阶级角度出发，而是将重点放在不平等社会性别关系的构建及其对男女两性的特定角色、责任和期望的指派等方面。这一理论将妇女发展的解决路径从先前的政治、法律等层面逐渐结合到国家的发展决策进程中，在国家政策与发展规划中也出现了性别视角。

与"妇女参与发展"和"妇女与发展"相比，"社会性别与发展"不仅吸取了发展中国家妇女群体的自主发声，还将妇女发展放置于纷繁复杂的国际格局中，这一理论较多受到西方社会主义思潮的影响，是从性别关系的角度来审视发展问题，注重从性别不平等的社会、政治结构中寻求解决方案。在"社会性别与发展"理论的推动下，妇女发展问题的社会关注度显著提高，妇女群体与社会结构之间的紧密联系得到认可，其主观能动性和知识谱系同样受到重视。有学

① 徐进、李小云、武晋：《妇女和发展的范式：全球性与地方性的实践张力——基于中国和坦桑尼亚实践的反思》，《妇女研究论丛》2021 年第 2 期。

② 胡玉坤、郭未、董丹：《知识谱系、话语权力与妇女发展——国际发展中的社会性别理论与实践》，《南京大学学报》（哲学·人文科学·社会科学版）2008 年第 4 期。

③ 曾璐：《国际发展援助中妇女发展的目标分析——以范式变迁与制度安排为视角》，《妇女研究论丛》2010 年第 6 期。

者指出，妇女拥有重叠的、相互矛盾的和相互作用的一系列复杂身份，面临复杂的需求和问题，与妇女和发展相关的研究、分析和决策，需要澄清三对关系的重要性：一是性别不平等对社会性别分工的重要影响；二是社会性与其他不平等现象（资源、权力和影响等）之间的交错；三是形成妇女生活的背景、妇女与发展的具体历史和条件、妇女自身的意识及权利。这三对关系与历史和社会中起作用的普遍和公共经验的重要性是同等的。①

在孟加拉国的整个发展议程中，妇女发展讨论与1971年独立以来国家的发展努力相联系，在早期，妇女发展成为国家发展的一个整体部分，其概念受国际国内的综合影响而处于发展演变中，很多妇女组织更多关注妇女发展而不是妇女赋权，对妇女发展的理解强调团结和集体赋权。②

二　妇女发展的衡量指标

妇女地位通常以法律权利、受教育程度、经济独立、赋权、结婚年龄、健康和生育、在家庭及社会中的角色等方面来进行衡量，妇女地位暗示了与男性地位的对比，也是社会正义层面的一个重要反映。二战结束以来，大多数国家的妇女发展和赋权取得了较大进步，如获得了基本的政治、经济和社会权利，宪法中规定了两性平等的原则，在投票、上学和工作等方面的限制有所改善。尽管如此，没有一个国家实现了性别平等，无论富国还是穷国，性别不平等仍是每个国家长期存在的不平等形式。

进入20世纪90年代，国际社会开始探讨衡量性别平等、妇女地位、妇女发展与赋权的标准，1991年联合国出版的《世界妇女状况：趋势和统计数据》首创了反映妇女状况的指标和指标体系。最具权威和代表性的是联合国开发计划署（UNDP）于1995年在《人类发

---

① 马元曦主编：《社会性别与发展译文集》，生活·读书·新知三联书店2000年版，第21页。

② Sohela Nazneen, Naomi Hossain and Maheen Sultan, "National Discourses on Women's Empowerment in Bangladesh: Continuities and Change", IDS Working Paper 368, July 2011, p. 18.

展报告》中首次使用两个指标来考察世界妇女地位，即性别发展指数（Gender Development Index，GDI）和性别赋权措施（Gender Empowerment Measure，GEM），为测量妇女发展水平提供了参考。[①] 其中，性别赋权措施的关键议题包括妇女的经济机会受诸多因素的限制如劳动市场的歧视、获得市场相关的培训有限、文盲率高并承担了繁重的家庭劳动。在联合国的倡导及推动下，联合国教科文组织（UNESCO）、世界经济论坛（World Economic Forum，WEF）、经济合作与发展组织（OECD）等相继提出一系列性别平等（发展）指数，包括一些单一指标，如性别平等指数（Gender Equality Index，GEI），多指标集成，如全球性别差距指数（Global Gender Gap Index，GGGI）、社会制度和性别指数（Social Institutions and Gender Index，SIGI）、性别不平等指数（Gender Inequality Index，GII）等。2010 年的《人类发展报告》引入了性别不平等指数（GII），用于反映性别不平等的三个维度：生殖健康（测量依据是产妇死亡率和青少年生育率）、赋权（测量依据是妇女所占的议会席位及两性获得的中等教育状况）和经济行为（测量依据是男女的劳动力市场参与率）。2014 年的《人类发展报告》采用了新的标准，即性别发展指数（Gender Development Index，GDI），用于比较人类发展指数中男女两性的比率，主要关注三个维度：健康（通过男女人均寿命来测量）、教育（通过儿童预期入学年份和 25 岁及以上成年人的平均入学年份来测量）、对经济资源的掌控（通过男女预估的人均 GNI 来测量）。2019 年，《人类发展报告》提出社会性别规范指数（Gender Social Norms Index，GSNI），包含了政治、教育、经济和身体健康四个测量维度。2020 年的《人类发展报告》首次使用性别不平等指数（GII），用于衡量妇女在健康、教育和经济方面的赋权，报告指出，近年来性别不平等的综合进展态势缓慢，按照当前的趋势，缩小经济机会方面的性别鸿沟可能需要 257 年，妇女面临的障碍包括家庭的双重转型、公共运输系统中的性骚扰、工作场所的歧视和多层隐藏的限制等；政府女

---

① 杨菊华、王苏苏：《国际组织性别平等指数及其对中国的启示》，《妇女研究论丛》2018 年第 4 期。

性领导人的数量少于 5 年前, 193 个国家和地区中只有 10 位女性, 相比之下, 2014 年有 15 位。①

2006 年世界经济论坛制定了全球性别差距指数 (GGGI), 包括四大测量维度: 经济参与和机会 (Economic Participation and Opportunity)、教育获得 (Educational Attainment)、健康与生存 (Health and Survival)、政治赋权 (Political Empowerment)。2021 年《全球性别差距报告》选取了 156 个国家和地区的数据, 指出全球性别差距是 68%, 要实现全球性别平等需要花费 135.6 年。② 在四个指标中, 政治赋权的性别差距最大, 需要花费 145.5 年, 在 156 个国家和地区中, 妇女在 35500 个席位中仅占 26.1%, 3400 名部长中女性仅占 22.6%。经济参与和机会的性别差距排在第二, 全球缩小了 58% 的差距。在教育获得指标方面, 全球缩小了 95% 的差距, 37 个国家实现了平等教育。健康和生存指标缩小了 96%, 但是新冠肺炎病毒的冲击使现有的成就面临极大的不确定性。③

第三节　妇女赋权

妇女赋权是妇女研究中的一个核心概念, 最早出现于贫困社区的妇女群体中, 起初是为了减贫, 早在 20 世纪上半叶就吸引了学术界的研究兴趣。1995 年, 第四次世界妇女大会通过的《北京宣言》和《北京行动纲领》成为妇女赋权的全球关键性政策文件, 导致了妇女研究议题的转移, 即从 "妇女地位" 和 "性别不平等" 转向 "性别平等" 和 "为妇女赋权"。2000 年, 联合国将性别平等和妇女赋权列入《千年发展目标》, 妇女赋权随即成为各国社会经济发展的优先

---

① UNDP, "Tackling Social Norms——A Game Changer for Gender Inequalities", 2020 Human Development Perspectives, 访问日期: 2021 年 4 月 20 日, http://hdr.undp.org/sites/default/files/hd_perspectives_gsni.pdf。

② World Economic Forum, "Global Gender Gap Report 2021: Insight Report", March 2021, p. 5.

③ World Economic Forum, "Global Gender Gap Report 2021: Insight Report", March 2021, p. 5.

目标之一，主要基于两个假设：社会正义是人类福利的重要组成部分，妇女赋权是实现其他发展目标的途径。①

一　关于妇女赋权的讨论

（一）妇女赋权是个复杂概念及多维度的进程

赋权是发展领域的一个流行词，特指对减贫及边缘化群体（如妇女）的政治包容，赋权意味着援助个体、群体以促进或恢复其社会功能的能力，解决自身问题并创造适宜的社会条件。② 赋权理论认为发展不能自动为妇女带来公正，妇女是发展的能动者而非被动接受者，发展的首要目标是妇女赋权，而妇女赋权的最终目标是妇女拥有与男性平等的权利与资源。③ 通常认为，妇女赋权内涵复杂，对其进行研究的首要任务是概念化，学界存在一定的共识，集中于赋权意味着什么、如何实现赋权等方面。西方女性主义思想和实践的核心是妇女赋权问题，④ 20 世纪 90 年代以来，西方女性主义学者从人本主义出发，将权力关系引入妇女与发展的分析框架，从而使妇女发展的内涵延伸至妇女赋权，为探索妇女发展路径及有效模式提供了一种全新视角。⑤ 在妇女赋权的定义中往往包含了"选择"、"控制"和"权力"等词语，赋权的基本定义来源于 Naila Kabeer 提出的"战略性生活选择"（strategic life choices），指的是影响一个人生活轨迹及自主

---

① Anju Malhotra and Sidney Ruth Schuler and Carol Boender, "Measuring Women's empowerment as a variable in International Development", this paper was commissioned by the Gender and Development Group of the World Bank, June 28, 2002, p. 3, https://www.ssatp.org/sites/ssatp/files/publications/HTML/Gender-RG/Source% 20% 20documents/Technical% 20Reports/Gender% 20Research/TEGEN5% 20Measuring% 20Women% 27s% 20Empowerment% 20ICRW% 202002. pdf.

② Isahaque Ali and Zulkarnain A. Hatta, "Women's Empowerment or Disempowerment through Microfinance: Evidence from Bangladesh", *Asian Social Work and Policy Review*, Vol. 6, 2012, p. 116.

③ 郭夏娟：《女性赋权何以可能？参与式性别预算的创新路径》，《妇女研究论丛》2015 年第 2 期。

④ 徐进、李小云、武晋：《妇女和发展的范式：全球性与地方性的实践张力——基于中国和坦桑尼亚实践的反思》，《妇女研究论丛》2021 年第 2 期。

⑤ 李强、许松：《走向增权的妇女发展西方妇女增权理论研究述评》，《南京人口管理干部学院学报》2010 年第 3 期。

做出选择的相应能力，包括婚姻、教育、就业和孩子生育等多方面的决策，妇女赋权的逻辑是促进妇女在生活中重要方面的选择能力，强调进程及人的能动性。① 妇女赋权具备了三个基本要素：一是赋权的核心，指妇女有机会选择某种行动，如有机会平等参与某些决策；二是通过各种制度与社会关系将资源平等分配给妇女；三是妇女执行活动后取得的成就，包括潜能的实现程度。②

妇女赋权是个多维度的社会经济进程，被定义为实现权力和机会的扩展，赋权不仅能使妇女获得控制外在资源（如人力、资金和知识）的能力，还有内在能力的不断增长、自信和观念意识的转变。③ 赋权进程有三个确定性特征：一是能动性，即决定目标并实施的能力或者有能力控制生活的不同方面；二是获得并控制资源，即妇女从多重关系中获得的物质、人力和社会资源，资源决定着赋权进程的轨迹；三是妇女生活的背景因素（婚姻、家庭财产、家庭决策模式等）决定了她能获得的机会和选择。④ 从实现路径来看，"赋权"一词在联合国机构文件中多用于支持某种类型的政策和干预策略，强调在发展中促进社会包容作为个体赋权的路径，女权主义则强调促进个体及妇女群体的赋权。妇女赋权的核心战略是实现集体赋权，是妇女集体行动和政府行为的必然结果，也是现代化和民主化的关键因素。⑤ 赋权有助于解决结构性问题，打破公共和私

---

① Anju Malhotra and Sidney Ruth Schuler and Carol Boender, "Measuring Women's empowerment as a variable in International Development", this paper was commissioned by the Gender and Development Group of the World Bank, June 28, 2002, https://www.ssatp.org/sites/ssatp/files/publications/HTML/Gender-RG/Source%20%20documents/Technical%20Reports/Gender%20Research/TEGEN5%20Measuring%20Women%27s%20Empowerment%20ICRW%202002.pdf.

② Naila Kabeer, "Gender Equality and Women's Empowerment: A Critical Analysis of the Third Millennium Development Goal", *Gender & Development*, Volume 13, Issue 1, 2005, pp. 13 – 24, 14 – 15.

③ Gowranga Kumar Paul, Dhaneswar Chandro Sarkar and Shayla Naznin, "Present Situation of Women Empowerment in Bangladesh", *International Journal of Mathematics and Statistics Invention*, Volume 4, Issue 8, October 2016, pp. 31 – 38, p. 31.

④ Simeen Mahmud, Nirali M. Shah, Stan Becker, "Measurement of Women's Empowerment in Rural Bangladesh", *World Development*, Vol. 40, No. 3, 2012, pp. 610 – 619, p. 611.

⑤ 薇兰婷·M. 莫哈丹：《女性主义、法律改革和中东北非的妇女赋权运动：研究、实践和政策相结合》，黄觉译，《国际社会科学杂志》（中文版）2008 年第 2 期。

人领域的界限，对于边缘化和遭遇不平等对待的群体而言，或者通过社会动员，或者国家主动对法律和公共政策进行改革来实现赋权，同时还伴随着长时段的社会发展和变化。[①] 妇女赋权依赖于国家的文化、社会、经济和政治背景，不仅是经济和政治权力的重新安排，还包括社会价值观的改变，客观上要求相应的社会结构变革，包括传统性别准则和政策法律等。

第三世界妇女赋权的路径"更多依赖于第三世界妇女的女权主义文章和基层组织，而不是第一世界妇女的研究"，吸取了社会主义和后现代女权主义这两种对立观点的有益之处，同时也提倡要扎根于南半球女性和男性的特殊发展经历中。[②] 妇女赋权是发展中国家决策者关心的议题之一，妇女与男性一起融入发展进程并参与经济活动成为发展规划的重要环节。亚洲及太平洋经济社会委员会（ESCAP）指出，亚太地区要实现妇女赋权，需关注 12 个关键领域：贫困、教育和培训、健康、暴力、武装冲突、经济、权力与决策、促进妇女进步的政策机制、人权、媒体、环境和女童。近年来，亚太地区国家在 3 个关键领域取得了进展，即强化国内政府和治理的性别平等、针对对妇女和儿童的暴力制定应对措施及促进妇女的政治参与。[③]

（二）妇女赋权的测量存在理论及现实困难

妇女赋权的范围广泛涉及社会、经济、政治、儿童健康或福利、家庭幸福、妇女健康、家庭及社区中个体的精神进步等。[④] 学界通常将妇女赋权的领域分为经济赋权、社会赋权和政治赋权三个层面，其中，政治赋权是核心，是指女性在决策机构中有公平参与

---

① 瓦伦迪娜·M. 莫甘达姆、鲁西·桑福特娃：《测量妇女赋权——妇女的参与以及她们在公民、政治、社会、经济和文化领域内的权利》，毕小青译，《国际社会科学杂志》（中文版）2006 年第 2 期。

② 马元曦主编：《社会性别与发展译文集》，生活·读书·新知三联书店 2000 年版，第 76 页。

③ ESCAP, *Gender Equality and Women's Empowerment in Asia and the Pacific*, Perspectives of Governments on 20 Years of Implementation of the Beijing Declaration and Platform for Action, 2015, p. 3.

④ Isahaque Ali and Zulkarnain A. Hatta, "Women's Empowerment or Disempowerment through Microfinance: Evidence from Bangladesh", *Asian Social Work and Policy Review*, Vol. 6, 2012, p. 112.

机会，其意见能在决策中得到体现，从而对社会产生影响。[①] 1995
年，联合国发布的《人类发展报告》首次使用性别赋权措施（Gen-
der Empowerment Measure，GEM）来考察世界妇女地位，将经济参
与和决策、政治参与和决策、占有经济资源作为三个重要的赋权领
域。[②] 近年来，发展行为体采纳经济赋权来突出资源对妇女赋权的
重要性，指的是妇女有能力享受权利，控制资源、财产、收入及时
间并从中受益，管理风险并改善其经济地位和福利，[③] 对经济赋权
的广泛讨论通常带有更高目标的赋权维度和性别平等。妇女赋权中
的决策维度包括经济决策和家庭决策，其中，经济决策指的是妇女
有能力分享或控制家庭经济问题的决定过程，参考依据是通过妇女
参与决定家庭日常所需的货币开支；家庭决策则指妇女有能力参与
形成并实施对家庭事务决定的程度，参考依据是妇女在自身和孩子
健康方面的决策。[④]

　　学界一致认为有必要在发展议题中讨论妇女赋权的构成要素和测
量标准，一方面承认妇女赋权概念复杂、难以进行量化；另一方面又
产生了多种测量模式。绝大多数针对妇女赋权的经验研究并不测量赋
权的进程要素，在测量方面还存在方法论的挑战，成为近年来社会学
领域的一个新现象。赋权的意义、结果和目标在不同文化、地区、社
会和政治背景下的表现不同，世界银行及其他主要发展机构至今仍未
制定出公认的方法对妇女赋权的程度进行测量并观察其发展变化。妇
女赋权常见的测量维度有两个：一个是妇女的绝对幸福，测量依据是

---

① Augusto Lopez-Claros and Saadia Zahidi, *Women's Empowerment: Measuring the Global Gender Gap*, Geneva Switzerland: World Economic Forum, 2005, p. 20.

② 瓦伦迪娜·M. 莫甘达姆、鲁西·桑福特娃:《测量妇女赋权——妇女的参与以及她们在公民、政治、社会、经济和文化领域内的权利》，毕小青译，《国际社会科学杂志》(中文版) 2006 年第 2 期。

③ Pushpita Saha, Saskia Van Veen, Imogen Davies, Khalid Hossain, Ronald van Moorten and Lien van Mellaert, "Paid Work: The Magic Solution for Young Women to Achieve Empowerment? Evidence from the Empower Youth for Work Project in Bangladesh", *Gender & Development*, Vol. 26, No. 3, 2018, p. 556.

④ Gowranga Kumar Paul, "Dhaneswar Chandro Sarkar and Shayla Naznin, Present Situation of Women Empowerment in Bangladesh", *International Journal of Mathematics and Statistics Invention*, Volume 4, Issue 8, October 2016, pp. 33 – 35.

识字率和受教育程度、健康和营养、劳动力参与、避孕措施的使用、流动性、财产拥有权等；另一个是妇女的相对幸福，是促进家庭内部妇女地位（相对男性地位而言）的一个进程，涉及妇女在家庭内部的决策权、控制家庭财产和贷款等。[1]

妇女赋权测量的主要难点表现在四个方面。一是赋权进程不能直接观察，只能通过一些指标来间接了解，而大多数经验研究中所使用的指标并非建立在概念的共识基础上。二是赋权进程的多维度特征，性别不平等存在于不同维度（社会、经济、政治、和心理）和妇女生活的不同领域，将资源转化为能动性的因果路径不同。三是社会背景的关键作用，不同背景下妇女赋权的路径不同，同一背景下所有妇女的赋权经历也不相同，这些关键变量挑战着测量指标的一致性与兼容性。以南亚地区为例，传统社会准则严格限制妇女出现在公共领域，迁移自由因此成为赋权的一个来源，妇女离开家庭外出工作或者带孩子去医疗机构就诊是其能动性的一种表现。四是数据不足影响了妇女赋权测量框架的总体进展，缺乏来自大多数发展中国家相关指标按性别分列的统计数据，而在已收集到的数据中，彼此间的关联性又不大。[2]

从妇女赋权的现有研究来看，家庭层面的微观研究在概念扩展、背景框架及特定测量指标方面取得了显著成果；中观层面的研究缺乏经验证据，也缺乏对政策和项目实施对妇女赋权的成效研究；宏观层面的研究最为薄弱，尤其是对能动性的测量，并由此导致妇女赋权未能形成一个完整的概念框架。[3]

---

[1] Isahaque Ali and Zulkarnain A. Hatta，"Women's Empowerment or Disempowerment through Microfinance：Evidence from Bangladesh"，*Asian Social Work and Policy Review*，Vol. 6，2012，pp. 112 – 113.

[2] Anju Malhotra and Sidney Ruth Schuler and Carol Boender，"Measuring Women's empowerment as a variable in International Development"，this paper was commissioned by the Gender and Development Group of the World Bank，June 28，2002，https：//www. ssatp. org/sites/ssatp/files/publications/HTML/Gender-RG/Source% 20% 20documents/Technical% 20Reports/Gender% 20Research/TEGEN5% 20Measuring% 20Women% 27s% 20Empowerment% 20ICRW% 202002. pdf.

[3] Isahaque Ali and Zulkarnain A. Hatta，"Women's Empowerment or Disempowerment through Microfinance：Evidence from Bangladesh"，*Asian Social Work and Policy Review*，Vol. 6，2012，p. 112.

二　孟加拉国妇女赋权的认知话语

在 20 世纪 80 年代，受国际妇女赋权讨论的影响，孟加拉国开始强调妇女的解放、进步、地位和处境等，但在当时，还没有任何一个行为体（主要政党、妇女组织、非政府组织）使用"妇女赋权"一词，更多使用权利、自由、进步等词语。进入 21 世纪，妇女赋权在该国已成为一个确立的概念，不同行为体开始广泛使用并通过政策干预和项目实施来促进妇女赋权。

（一）主要政党的认知：将妇女赋权融入发展议程

20 世纪 80 年代，性别平等和妇女赋权的理念进入孟加拉国的政党讨论中，三个主要政党孟加拉人民联盟（Awami League，AL）、孟加拉民族主义党（Bangladesh Nationalist Party，BNP）和伊斯兰大会党（Jamaat-e-Islami）将赋权进程解读为线性模式，在宪章、选举宣言和招募成员的出版物中都提到妇女地位、妇女需求及妇女权利，与女性主义的关键诉求相吻合，因对妇女议题的认可而受到好评。三大政党将妇女赋权的观念融入发展议程中，从各自的政治立场加以阐释，在语言表述和关注点等方面有所差异，暗示着妇女赋权的多重来源，如妇女地位如何与民族主义及现代化进程相联系、国际和国家发展话语、性别与发展讨论、伊斯兰法基础上（Sharia-based）的权利话语及国内妇女运动提出的诉求等。同时也关注私人领域的不平等，声明将采取措施消除性别不平等，通过小额信贷、法律改革、公共服务和就业等，但是不强调妇女集体赋权或社会结构的改变。①

孟加拉人民联盟和孟加拉民族主义党使用"妇女赋权"（*narir khomotoyon*）的表述，关注传统和非传统的妇女议题，如产妇健康护理、女孩教育、政治参与、公共场合针对妇女的暴力和特定家庭暴力形式（如与嫁妆相关的暴力）、女性制衣工人的安全需求、寡妇和老年妇女的福利需求等，肯定了妇女在私人和公共部门的作用，但在家庭领域仍强调妇女的生育角色。伊斯兰大会党在其选举宣言和政策文

---

① Sohela Nazneen, Naomi Hossain and Maheen Sultan, "National Discourses on Women's Empowerment in Bangladesh: Continuities and Change", IDS Working Paper 368, July 2011, pp. 23 – 24.

件中从未使用"妇女赋权"一词，代之以"妇女权利"，其妇女议程设置在伊斯兰法基础（*Sharia*-based）之上，从综合的观点来看待妇女议题，涉及社会保障、社会运动、公共健康、生育控制和营养等，政策建议按照"对妇女及其权利的充分尊重"原则，确保在伊斯兰框架内给予妇女最高的权利和尊严，认为男女之间是互补关系，却避而不谈如何解决男女间的性别不平等。[①]

（二）代表性妇女组织的认知：强调集体变化、团结和包容性

独立以来，孟加拉国的妇女组织不断涌现，规模从 10—15 人的小型组织到全国性组织，目标和愿景各异，妇女组织受到国际妇女议题的强大影响，也继承了 20 世纪初期以来国内女性主义的传统。孟加拉妇女议会（Bangladesh Mohila Parishad，BMP）[②]、支持妇女（Naripokkho，NP）[③]、妇女互助（Women for Women，WFW）[④] 是三个最具代表性的全国性妇女组织，对"赋权"一词持谨慎态度，而是借助歧视、不平等、剥夺、剥削和压迫等概念来解释本国妇女的地位与处境，对"赋权"的定义结合了政治权力运作模式和妇女生活的复杂性，将性别歧视的本质重叠化和多层面化，承认个体及群体经历和能动性的重要意义，认为个体意识导致了集体行为，而集体行为有助于建立妇女与其他弱势群体的团结，从而推进更广泛的社会转型。妇女组织对妇女赋权的独特理解表现为强调集体变化、团结和包容性，将变革的需求合法化，承认赋权的实现路径不是线性的，一个领域的

---

① Sohela Nazneen, Naomi Hossain and Maheen Sultan, "National Discourses on Women's Empowerment in Bangladesh: Continuities and Change", IDS Working Paper 368, July 2011, pp. 22 –23.

② Bangladesh Mahila Parishad（Women's Council of Bangladesh），成立于 1970 年，是孟加拉国最早及最大的妇女组织，致力于实现妇女的人权、妇女赋权和性别平等，愿景是建立一个非公社型的、民主的、基于平等的、理性的、人道主义的社会和国家；其使命是通过改变结构性的父权社会准则、习俗、歧视妇女和女童的规则与行为实现男女平等。

③ Naripokkho（Pro-Women）成立于 1983 年，致力于促进妇女权利，反对针对妇女的暴力、歧视和不公正，属于激进人权主义组织，该组织的目标是"在家庭、社会和国家中建立妇女作为有尊严的人和有权利的公民""通过建立抵制暴力、歧视和非正义来促进妇女的权利和利益"，愿景是通过确保切实的社会平等和正义来实现妇女的解放。

④ Women for Women 建立于 1973 年，从事妇女研究和政策支持研究，将自身定义为"为妇女赋权和促进性别平等的组织"，提升"带有促进妇女地位观点的性别议题"的意识，还关注"妇女处于不利地位的相关议题"。

进步可能因部分权利的缺失而受到影响，如家庭平等的缺失将破坏其他领域的平等。三大妇女组织均关注针对妇女的暴力议题，认为政治参与有助于改变妇女地位并增加与男性平等的权利，是一种以权利为基础的方式（rights-based approach），[①] 结合了国际人权框架和相关联合国公约及宣言的宗旨，如《消除对妇女一切形式歧视公约》和《儿童权利公约》等。

在实现妇女赋权的路径方面，Bangladesh Mohila Parishad 认为赋权的发生是作为更广泛社会变革的一部分，妇女赋权是国家发展和民主化的标志，完整的民主社会能确保妇女平等参与所有层面的决策。Naripokkho 在相关文件中将妇女权利称为"我们的权利"，认为妇女无论身处哪个阶级，在家庭、社会和国家中的地位和遭遇类似，妇女地位是个集体性的建构，不是一个独特的个体，大多数的发展干预仅能使个体获益，妇女为自己发声也是赋权的一种途径。[②]

（三）国际援助方与非政府组织（NGOs）的认知：关注贫困与个体赋权

孟加拉国自 1971 年独立后一直是主要的国际援助对象国，外来援助构成该国综合发展的一个催化剂，1971—2010 年共获得双边、多边援助 525.98 亿美元，年均 13 亿美元，[③] 很多国际援助都带有一定的附加条件，对该国社会经济发展产生了潜移默化的影响。20 世纪 70 年代以来，性别和发展议程进入国际援助的话语体系，大多数援助方都具有一定的性别立场，尽管在文件中没有清晰明确的表述。20 世纪 80 年代，围绕"妇女参与发展"（WID）的讨论，国际援助机构在项目设计中强调妇女能为国家的发展"做什么"，如世界银行、英国国际发展部（DFID）、美国援助组织（USAID）及瑞典国际发展合作署（SIDA）等。作为孟加拉国主要的多边援助机构之一，

---

① Sohela Nazneen, Naomi Hossain and Maheen Sultan, "National Discourses on Women's Empowerment in Bangladesh: Continuities and Change", IDS Working Paper 368, July 2011, p. 18.

② Sohela Nazneen, Naomi Hossain and Maheen Sultan, "National Discourses on Women's Empowerment in Bangladesh: Continuities and Change", IDS Working Paper 368, July 2011, pp. 16 – 18.

③ Anisul M. Islam, "Foreign Assistance and Development in Bangladesh", *Recent Economic Thought Series*, Vol. 68, 1999, p. 211.

世界银行通过提供贷款、政策建议、进行援助协调等参与该国的经济发展进程。21世纪以来，世界银行将妇女赋权确定为减贫的关键构成要素和发展援助的首要目标，将性别意识融入孟加拉国的农村发展与生计项目中，开展了女性中等教育奖学金计划、小学教育、健康部门和社区生计项目等。① 在国际援助方的强大影响下，孟加拉国围绕妇女赋权的观念与国际发展同步，妇女赋权议程更多被认为是援助推动的结果，忽略了国内因素如政党、妇女组织和NGOs的作用。

20世纪80年代以来，国际援助促进了孟加拉国NGOs部门的快速发展，在国家公共产品供应和分配低效的状态下，NGOs被视为政府职能的一种替代和补充，广泛提供医疗、非正式教育、法律援助、小额信贷、社会保障、农业发展、安全水资源和卫生设施等服务。NGOs对妇女赋权的讨论强调社会正义和平等，项目设计立足于促进个体赋权、尤其是经济赋权，也是对妇女赋权的一种线性解，通过为妇女提供技能培训、提高性别意识等措施来促进性别平等，重点关注贫困妇女，妇女作为服务对象或工作人员参与其中。NGOs还资助了一些妇女组织并进行集体动员，但是不愿意对妇女赋权采取更多的结构性措施，担心被指控为西方的、反伊斯兰的。② 有学者批评NGOs是新的"赞助者"（patrons），维持了一种新的"庇护关系"（clientelist），没有从根本上动摇父权制的社会结构，也没有形成能确保妇女赋权的机制。③

以"培训、教育、行动"（PROSHIKA）④ 为例，该组织使用

---

① World Bank, *Country Assistance Strategy for the People's Republic of Bangladesh for the Period FY 11-14*, Report No. 54615-BD, July 30, 2010, p. 33.

② Sohela Nazneen, Naomi Hossain and Maheen Sultan, "National Discourses on Women's Empowerment in Bangladesh: Continuities and Change", IDS Working Paper 368, July 2011, pp. 21–22.

③ Lamia Karim, "Demystifying Micro-Credit: The Grameen Bank, NGOs, and Neoliberalism in Bangladesh", *Cultural Dynamics*, Volume 20, Issue 1, 2008, p. 19.

④ PROSHIKA成立于1976年，是三个孟加拉文单词的缩写，培训（training, *proshikkhan*）、教育（education, *shikkha*）和行动（action, *kaj*）。该组织的愿景是建立一个有经济竞争力、社会正义、环境安全和真正民主的社会，致力于为贫困人口赋权，通过赋权将穷人组织起来并使其意识到贫困的根源，动员资源、增加收入和就业、提高应对自然灾害的能力，以此构建广泛的、可持续发展的进程。PROSHIKA自成立以来，约有1200万的贫困人口通过不同的创收活动实现了脱贫。目前在59个分县的24213个村庄、2110个城市贫民窟运营200个地区发展中心，涉及的对象包括来自农村和城市的贫困人口，其中女性约92.6万人。

"妇女赋权"一词，其赋权议程注重"免于贫困"（freedom from poverty）和人的发展，在国家关于减贫、人的发展、妇女赋权讨论的影响下，该组织在项目设计和实施中将减贫作为一项核心议程，强调贫困人口的参与和社区组织的作用，将妇女赋权的优先化目标包含在性别平等的特定行为中，通过教育、健康、创收、技能培训等措施提升贫困妇女的权利意识和自信，认为家庭和社区是赋权的重要场域，妇女参与家务决策和社区行为是赋权的结果。该组织在报告中大量列举了妇女物质条件改善或社区地位提升的案例，表明妇女在不同维度的需求得以满足。PROSHIKA 还关注家庭和社区中广泛存在的暴力行为，在根除基于性别暴力的讨论中强调赋权，主张通过法律培训和为受害者提供法律援助来加以预防和应对。

　　孟加拉国主要政党、代表性妇女组织、国际援助方及 NGOs 对妇女赋权的认知带有不同的政治含义和目标，使妇女赋权形成了多重的话语轨迹，涉及广泛领域和议题，包括妇女地位和权利、妇女的不平等处境和遭遇的暴力、贫困妇女、社会公正等；在赋权路径方面主张个体/私人领域、集体行为、社会结构的变革等。不同行为体对妇女赋权的认知存在共识，对妇女赋权的定义立足于妇女的经济地位，关注贫困妇女。贫困仍是孟加拉国最大的国情，按照国际贫困线标准（1.9 美元/天），2016 年该国贫困人口 2330 万（贫困率为 14.8%），男性贫困率为 14%、女性贫困率为 15%。[1] "贫困有一张女性的面孔"，性别和贫困之间相互作用、彼此强化，在援助话语中隐含着孟加拉国妇女是"贫困的孟加拉国妇女"的简写，减贫意味着妇女的经济赋权，[2] 而经济赋权是实现社会及政治领域赋权的必要前提。妇女赋权直接与妇女的经济地位相联系，或者妇女赋权与妇女经济地位构成了一种因果关系，在发展讨论和政策干预中，贫困妇女的独立收入等同于赋权。[3] 有学者认为孟加拉国妇女生活中所有突出的问题均

　　① World Bank Group, *Poverty & Equity Brief: South Asia*, April 2020, p. 4. www. world-bank. org/poverty.

　　② Sohela Nazneen, Naomi Hossain and Maheen Sultan, "National Discourses on Women's Empowerment in Bangladesh: Continuities and Change", IDS Working Paper 368, July 2011, p. 31.

　　③ K. M. Rabiul Karim, Maria Emmelin, Line Lindberg and Sarah Wamala, "Gender and Women Development Initiatives in Bangladesh: A Study of Rural Mother Center", *Social Work in Public Health*, Vol. 31, No. 5, 2016, p. 371.

是赋权的来源，广泛包括妇女被低估的经济贡献、教育鸿沟、财产继承权、结婚年龄、嫁妆、离婚权利、性取向、出生等级、政治意识和针对妇女的暴力等 10 个方面。① 在赋权的实现路径方面，强调妇女赋权是政策因素及个体因素的共同结果，在政策因素中教育是首要的，个体因素则包括智力、个性、参与决策进程的能力、个人储蓄、健康意识、道德特征等。②

---

① Gowranga Kumar Paul, Dhaneswar Chandro Sarkar and Shayla Naznin, "Present Situation of Women Empowerment in Bangladesh", *International Journal of Mathematics and Statistics Invention*, Volume 4, Issue 8, October 2016, p. 32.

② Mohammad Samiul Islam, "Women's Empowerment in Bangladesh: A Case Study of Two NGOs", Bangladesh Development Research Working Paper Series (BDRWPS), September 2014, p. 3.

第 二 章

妇女发展概况

　　大多数发展专家及女性主义活动家一致认为孟加拉国妇女自
1971 年独立以来在性别平等方面取得了显著进展，不同的经济社会
发展指标表明该国在增加妇女教育、医疗卫生、劳动市场的参与等方
面表现突出，在缩小性别差距方面取得了南亚地区最好的成绩。21
世纪以来，孟加拉国妇女的经济贡献逐渐得到了认可，尤其是在农业
部门和制造业部门（制衣业）。根据世界经济论坛的全球性别差距指
数（GGGI），孟加拉国 2006 年的得分是 0.627，排名第 91 位，2020
年得分 0.726，在全球 153 个国家中排名第 50 位，2021 年在全球
153 个国家排在第 65 位，是南亚地区成绩最好的国家，也是全球唯
一一个过去 50 年（1970—2020）女性统治时间超过男性的国家，在
政治赋权指标方面排在全球第 7 位（见表 2.1）。结合相关国际测量
标准，对孟加拉国妇女发展状况的量化主要基于四个方面：教育参
与、经济参与、政治参与、营养与健康。

表 2.1　　　　　　　孟加拉国不同年份性别差距指数对比

	2006 年		2020 年		2021 年	
	得分	排名	得分	排名	得分	排名
全球性别差距指数	0.627	91	0.726	50	0.719	65
经济参与及机会	0.423	107	0.438	141	0.418	147
教育获得	0.868	95	0.951	120	0.951	121
健康与生存	0.950	113	0.969	119	0.962	134
政治赋权	0.267	17	0.545	7	0.546	7

　　资料来源：World Economic Forum，"Global Gender Gap Report 2021：Insight Report"，
March 2021。

第一节 教育参与

教育是妇女实现综合社会地位的一个关键因素，也是衡量妇女社会经济地位的一项重要指标，妇女受教育情况不仅影响自身的社会角色与地位，对子女和家庭的发展也具有重要意义。人力资本理论认为，教育和就业是个人收入最重要的两个决定因素，教育是对人力资本的投资，有助于提高劳动力的生产力。经济学认为，教育可提高妇女地位、收入数量和收入分配的质量，而从社会观点来看，教育使妇女更关心生活质量和生活标准，女性教育水平的提高对降低婴儿死亡率具有明显的效应，表现为生育更少的孩子、更好地养育孩子。[1] 教育是一种有意识提高妇女地位的有效途径，通过识字教育为妇女提供了更广阔的空间、广泛的信息来源、接触更多的社会观念和价值。在全球大多数地区，男童女童实现了初等教育的平等，有证据表明，女孩一旦有机会接受教育，学习成绩往往比男孩更好。与此同时，妇女在科学、技术、工程和科学领域的代表性仍然不足，在这些专业的毕业生中女性仅占35%。[2]根据世界经济论坛《2021年全球性别差距报告》，全球在教育获得指标方面缩小了95%的差距，37个国家实现了教育平等。[3]

一 教育参与取得的进展

独立后，在新国家建立一个"有教养"（educated）社会的愿景得到了孟加拉国大部分人的认同及精英的支持。[4] 多年来，该国教育

---

① Mohammad A. Hossain and Clement A. Tisdell, "Closing the Gender Gap in Bangladesh: Inequality in Education, Employment and Earnings", *International Journal of Social Economics*, Vol. 32, No. 5, 2005, p. 441.

② 《妇女承担大量无偿家务劳动 进入劳动力市场的妇女不足50%》，访问日期：2021年4月20日，联合国经济和社会事务部网站，https://www.un.org/development/desa/zh/news/statistics/women-report-2020.html。

③ World Economic Forum, "Global Gender Gap Report 2021: Insight Report", March 2021, p. 5.

④ World Bank, *Whispers to Voices: Gender and Social Transformation in Bangladesh*, Bangladesh Development Series Paper, No. 22, March 2008, p. 5.

部门的性别平等取得了巨大进步,自 20 世纪 80 年代开始,政府致力于发展初级教育,提出"全民教育"(Education for all)、"送你的儿子和女儿去上学"(Send your sons and daughters to school)等口号,针对贫困儿童实施"教育食品援助"(food-for-education)项目,有效推动了入学率,之后实现了初等教育的免费。1974—1998 年,女孩的小学入学率增加了 200%、中学入学率增加 700%、职业学院的入学指数增加了 2300%、本科入学率增加 230%。[①] 1995 年,中学女生占比 46.97%,相比男生的 53.03%。[②] 至 20 世纪 90 年代末,该国实现了小学和中学教育的性别平等,文盲的性别差距也在缩小,2005—2018 年,在小学净入学率(Net Enrolment Ratio,NER)方面,男孩和女孩的数量逐年增加。2005 年,女孩净入学指数达 90.1%,2018 年增加至 98.16%,男孩净入学率分别是 84.6%、97.55%。[③] 2018 年,在初等和中等教育中女孩和男孩的入学率分别是 1.10 和 1.20,高等教育中的性别平等指数是 0.70,相比 2005 年的 0.52,[④] 2021 年,该国妇女识字率为 71.2%(男性 76.7%),在不同阶段教育中的入学率分别是:小学 93.7%(其中男性 91.5%)、中学 72.3%(其中男性 61.1%)、高等教育 17%(其中男性 24%)。[⑤]

　　孟加拉国是南亚地区第一个实现小学教育男女平等的国家,得益于有效的公共政策、资源分配和来自政府及非政府部门的强大资助与参与。该国努力减少不同层级教育的性别鸿沟,尤其是初级教育、年轻人的识字率和中级教育的入学率,所取得的进展高于全球平均水

---

　　① 　Mohammad A. Hossain and Clement A. Tisdell,"Closing the Gender Gap in Bangladesh:Inequality in Education,Employment and Earnings",*International Journal of Social Economics*,Vol. 32,No. 5,2005,p. 442.

　　② 　Bangladesh Bureau of Statistics(BBS),*Gender Based Education*,Policy Brief,Issue 01,June 2020,p. 4.

　　③ 　Bangladesh Bureau of Statistics(BBS),*Gender Based Education*,Policy Brief,Issue 01,June 2020,p. 1.

　　④ 　Shamsul Alam,"Women empowerment and SDGs in Bangladesh—Part Ⅱ",March 9,2020,访问日期:2021 年 4 月 20 日,https://thefinancialexpress. com. bd/views/reviews/women-empowerment-and-sdgs-in-bangladesh-part-ii-1583767570。

　　⑤ 　World Economic Forum,"Global Gender Gap Report 2021:Insight Report",March 2021,p. 113.

平。政府制定了《2010 年国家教育政策》，教育部门的目标是使所有国民（无论种姓、宗族和性别）实现平等接受优质教育和培训的机会。该国学制为小学 5 年、中学 7 年、大学 4 年，小学教育属于义务教育，所有 6—10 岁的孩子均可免费入学，学校有供餐计划，并为学生和当地民众提供安全用水、减少灾害风险、蔬菜种植等方面的知识。孟加拉国教育领域的发展，尤其是中等教育中女孩的入学率相比其他低收入国家而言是最显著的成就，支持女孩教育的政策和措施成功减少了辍学率并支持女孩继续学习。20 世纪 90 年代，政府实施女生中学津贴项目（Female Secondary School Stipend Program，FSSSP），为她们提供 12 年免费教育津贴、免费发放教育材料和建立教育支持信托基金，导致了女生入学率的显著提升，城市和农村的差距也随之减少。高等教育津贴计划重点关注缩小高等教育中的性别差距，为 40% 的女生和 10% 的男生提供奖学金，鼓励学生尤其是来自贫困家庭的女孩学习理工科，间接提升了理工科女生的数量。[1]

20 世纪 80 年代以来，孟加拉国政府、国际组织、国际国内非政府组织相继开展了家庭生活教育活动，以此弥补因正规学校教育缺失所带来的社会经济不平等，主要对象是成人文盲与青少年，如非正规教育计划（Non-Formal Education Program）、普及扫盲继续教育项目（Popularize Literacy Continuing Education Program）、技术援助项目（Technical Assistance）、青少年家庭生活教育项目（Adolescent Family Life Education）等。针对妇女的教育不断扩展，为她们提供不同类型、不同级别的技能培训以及对女性友好的环境与基础设施等，在第一个五年计划（1975—1980）期间，社会福利部开始推行职业培训项目，地方政府与农村发展部推行大众教育项目（Mass Education Program），后来在世界银行的援助下转变为妇女合作社项目（Women's Co-Operatives Program）。

教育的推广和普及在孟加拉国农村地区产生了实质性的影响，催生了新的农村景象，女孩们成群结队步行或骑自行车上学，当问及教

---

① "Gender and Social Protection in South Asia: An Assessment of the Design of Non-contributory Programme", Brasília and Kathmandu: International Policy Centre for Inclusive Growth and UNICEF Regional Office South Asia, 2019, p. 28.

育如何使她们的生活不同于母辈时，通常的回答是教育帮助她们
"找到一种声音"（find a voice），允许她们有"发言权"（have a
say），可以说大声"说"（speak），并"有人聆听"（to be listened
to）。传统上，女孩的价值是沉默和顺从，一个温顺的女孩在婚姻市
场有较高的价值。20 世纪 80 年代中期以来，出口导向制衣业的发展
对女性劳动力的巨大需求，要求至少是小学教育程度，对女孩的教育
产生了积极的回报，她们有机会进入劳动力市场并获得稳定的收入，
促使贫困家庭有动力让女儿上学。教育也潜移默化改变着女孩与家庭
和长辈之间的关系，提高了结婚年龄，挑战着根深蒂固的传统价
值观。

二　教育领域仍存在性别不平等

　　孟加拉国在教育领域的性别不平等表现为多方面的现实因素影响
了妇女受教育机会，大多数研究指出贫困是主要根源，直接和间接的
教育成本超越了贫困家庭的能力，孩子们需要承担一定的家庭责任，
首先落在女孩身上，贫困家庭没有足够的动力将女孩送到学校完成正
规教育。在现实中，贫困儿童无论性别，能继续读书的比例较小，根
据 2008 年的一项研究，在整个中学阶段，贫困家庭只有 10% 的入学
率，富裕家庭的入学率是 70% 。[1] 大多数城市和农村的传统观念认为
正规教育有相悖于一般的社会和宗教准则，可能妨碍女孩履行传统的
角色。性别入学率的差异因素包括性别歧视、种姓、阶级、宗教和族
群差异，维持女孩的良好名声、早婚早孕等导致了女孩辍学率高于男
孩，还包括学校的地点和基础设施，如缺乏女教师和女学生专用的卫
生设施等。[2]

　　孟加拉国大多数低收入的妇女仍在使用不安全和非正规的储蓄方
式，如将现金放在家中，很难为将来存钱、支付学费、获得贷款并负
担医疗和保险。存钱对妇女尤其重要，因妇女依赖男性养家，缺乏保

---

　　① World Bank, "Whispers to Voices: Gender and Social Transformation in Bangladesh",
Bangladesh Development Series Paper, No. 22, March 2008, p. 9.
　　② "Status of Women in Bangladesh", 访问日期：2021 年 4 月 20 日，https://www. as-
signmentpoint. com/arts/social-science/status-women-bangladesh. html。

障体系，如果丈夫去世或者被抛弃，她们比男性更易遭受健康危机和
死亡。该国仅有35%的妇女拥有银行账号，占该国数字金融用户的
18%，[①] 阻碍妇女融入数字金融的是低流动性，英语水平低，金融知
识缺乏，需要相关的指导和培训。

第二节　经济参与

一　全球妇女的经济参与现状

1970年，埃丝特·博斯拉普的著作《妇女在经济发展中的作用》
指出发展中国家的妇女在经济发展中发挥着极为重要的作用。[②] 20世
纪七八十年代以来，历史见证了市场对女性劳动力的新偏好，特别是
制造业及服务业形塑了劳动力的女性化特征，由此颠覆了工业资本主
义时期关于劳动性别分工的论断。[③] 经济增长和促进经济增长的政策
都会增加女性的就业，同时减少无报酬家务劳动和非正规劳动，有助
于提升女性的经济独立，并因此减少经济领域及其他领域存在的性别
不平等现象，进而产生刺激经济增长的正效应。[④]

妇女参与劳动力市场是全面社会经济地位提升的要素，妇女就业
有助于增加其社会经济地位、健康和福祉，长远来看是减贫及促进性
别平等的一个重要因素。联合国经济和社会事务部（UNDESA）2020
年10月发布的《2020年世界妇女：趋势和数据》报告显示，全球处
于工作年龄的妇女（16—64岁）进入劳动力市场的比例不到50%，
这一数字在过去的25年里间几乎没有变化，根源在于妇女承担了大
量无偿家务和护理工作，限制了她们的经济潜力。《无力击碎玻璃天
花板》报告指出，2019年，全球担任管理职位的女性仅有28%，这

---

① "Digital Finance is Empowering Women in Bangladesh", April 8, 2018, 访问日期：
2021年4月20日，https：//borgenproject. org/digital-finance-is-empowering-women-bangladesh/。
② 林志斌、李小云：《性别与发展导论》，中国农业大学出版社2001年版，第21页。
③ 宋建丽：《正义与关怀：女性主义的视角》，厦门大学出版社2018年版，第
239页。
④ ［英］西尔维亚·沃尔拜：《女权主义的未来》，李延玲译，社会科学文献出版社
2016年版，第60页。

一比例与 1995 年几乎相同。① 世界经济论坛《2021 年全球性别差距报告》显示，经济参与领域的性别比例从 2019 年的 57.8% 增加至 2010 年的 58%，熟练专业人才中妇女所占比例不断增加并缓慢推动着薪资平等，但是妇女在领导职位的比例仅有 27%，国际社会追求性别平等的努力仍面临巨大挑战，疫情影响导致劳动力市场中的性别差距扩大。② 该报告认为经济领域的性别差距存在多种原因，包括担任管理或领导职位的女性比例长期偏低、工资停滞不前、妇女劳动力参与度和收入水平低下等。妇女在经济参与领域面临三大不利因素：一是在零售和白领文员等这些最易受到自动化影响的职位上，女性比例更高，淘汰概率也更高；二是在一些工资涨幅最大的技术主导行业中，女性员工的数量少、且主要处于中低收入岗位，自 2008 年金融危机以来工资基本处于停滞状态；三是社会上缺乏提供家庭照料的服务和融资渠道等，在很大程度上限制了女性的职业机会和前景。消除未来职场中性别差距的最大挑战可能是女性在新兴职业中的比例偏低，如"云计算"职业中只有 12% 的专业人员是女性，"工程"（15%）和"数据和人工智能"（26%）等相关职业中的女性比例同样不容乐观。报告指出，各国政府想要消除未来职场中的性别差距，需要加大行动力度为女性提供必要的培训技能，使她们能胜任需求量最大的职位，但是，即便女性具备了所需的技能组合，未必能获得同等的就业机会。③

对大多数国家而言，对妇女工作和经济贡献进行量化既是挑战，也没有得到特殊的重视，男女有不同的就业轨道，妇女对家庭的贡献没有货币化，家庭外的工作、临时就业或在危机时期的工作等，标准的劳动力调查通常无法准确掌握这些动态。近年来，一些研究关注南

---

① 《妇女承担大量无偿家务劳动 进入劳动力市场的妇女不足 50%》，访问日期：2021 年 4 月 20 日，联合国经济和社会事务部网站，https://www.un.org/development/desa/zh/news/statistics/women-report-2020.html。

② World Economic Forum，"Global Gender Gap Report 2021：Insight Report"，March 2021，p. 5.

③ 世界经济论坛公众参与部 Kirsten Salye：《〈2020 年全球性别差距报告〉发布：实现全球性别平等，我们需要再等 100 年》，访问日期：2021 年 4 月 20 日，世界经济论坛中文网，https://cn.weforum.org/press/2019/12/gggr20。

亚地区农业工人的女性化特征，很多农业工作（如家畜和牛奶业部门）依赖妇女和儿童完成，低薪或无报酬，工作条件恶劣，也不包含在国家职业保障和管理体制中。一些学者认为，妇女参与农业工作对国家经济做出了显著贡献，但不能解释为经济赋权。在大多数发展中国家，妇女对劳动力市场的参与仍处于初步阶段，集中在非报酬的家庭劳动、农业及相关职业、家庭自营企业等，近年来妇女参与专业和技术类工作的数量不断增加，但绝大多数处于低薪地位。相关研究表明，妇女劳动力参与（Women Labour Force Participation，WLFP）受到结构因素的影响，广泛包括年龄、婚姻状况、教育状况和技能、性别和文化准则、移民身份、家庭负担、获得的公共服务及基础设施、劳动力市场为妇女提供"体面工作"的可能性等。[1] 性别化的劳动分工具有复杂的意义，涉及妇女生活选择、生活方式、妇女社会地位、受教育程度及所能获得的体面工作等，限制妇女们进入劳动力市场的根源之一是承担了不成比例的无偿家务工作，包括照顾孩子、做饭、清扫、取水和收集柴火等，是性别准则、贫困、市场和社区认同的互动结果。[2]

二　孟加拉国妇女的经济参与

1974 年，孟加拉国妇女劳动力参与率只有 4.1%（城市地区为 4.5%，农村地区为 3.6%）。1982 年以来，随着经济结构的调整，包括减少或取消定量限制和关税、扩大出口等，对劳动力市场造成了综合影响，妇女劳动力的参与率显著增加，主要就业部门包括制衣业、茶和咖啡加工、化肥制造、药品、木材和软木塞产品等。根据 1989 年劳动力和人力调查（Labour and Manpower Survey），妇女占所有就业的 41% 以上，达到一个峰值，源于对劳动的定义进行了扩展，将农村妇女日常的饲养家禽家畜、加工大米、制作和保存食物也包括

---

① Anweshaa Ghosh，"Recognizing Invisible Work：The Women Domestic Workers' Movement in Bangladesh"，*Asian Journal of Women's Studies*，2021，p. 2.

② "Gender and Social Protection in South Asia：An Assessment of the Design of Non-contributory Programme"，Brasília and Kathmandu：International Policy Centre for Inclusive Growth and UNICEF Regional Office South Asia，2019，p. 22.

在内，大大增加了女性劳动力的数量。在扩展定义下，1991 年和 2000 年妇女分别占所有就业的 39.2% 和 58.2%，而在未扩展定义下，这一比例分别为 17.62% 和 21.26%。① 20 世纪 90 年代以来，孟加拉国妇女从事工薪工作的数量逐渐增长，1995—2003 年间，妇女就业增加了 1.5 倍，与经济增长同步，妇女有偿雇用 60% 集中在城市地区，主要从事制衣工人、教师、医务工作者、自雇和家庭企业等，制造业部门容纳了一半的妇女劳动力。②

根据孟加拉国 2005 年住户收支调查（Household Income and Expenditure Survey，HIES），该国整体劳动力的增长开始于 21 世纪，妇女的有偿就业在 2000—2005 年间显著增加，年均增长 4.3%。③ 2008 年，世界银行统计有 200 万妇女受雇于制衣业，还有大量妇女进入公共部门就业（如教育和医疗部门），60% 的小学教师是女性。④ 妇女劳动参与率从 2010 年的 29.85% 增加至 2019 年的 36.37%，但是仍远远低于男性的 81.85%（见表 2.2）。根据国际劳工组织（ILO）《全球就业与社会展望：2020 年趋势》，2019 年孟加拉国妇女劳动力市场的参与率为 36.3%，男性为 81.4%，妇女失业率从 2018 年的 6.6% 下降至 2019 年的 6.2%，妇女在商业、公司董事会中担任领导和组织决策中的职位非常有限。⑤ 根据《2021 年全球性别差距报告》，该国妇女劳动 1969 万人，占劳动力总数的 32%，妇女劳动力的参与率是 38.5%（男性为 84.2%），15—64 岁的女性失业率 6.78%。⑥ 由于

① Mohammad A. Hossain and Clement A. Tisdell，"Closing the Gender Gap in Bangladesh：Inequality in Education，Employment and Earnings"，*International Journal of Social Economics*，Vol. 32，No. 5，2005，pp. 443 – 444.

② World Bank，"Whispers to Voices：Gender and Social Transformation in Bangladesh"，Bangladesh Development Series Paper，No. 22，March 2008，p. 9.

③ Sohela Nazneen，Naomi Hossain and Maheen Sultan，"National Discourses on Women's Empowerment in Bangladesh：Continuities and Change"，IDS Working Paper 368，July 2011，p. 7.

④ ADB，*Country Gender Assessment：Bangladesh*，Mandaluyong City，Philippines：Asian Development Bank，2010，p. viii.

⑤ "UN report：Bangladesh's Gender Wage Gap Lowest in the World"，March 8th，2020，访问日期：2021 年 4 月 20 日，https：//www. dhakatribune. com/bangladesh/2020/03/08/un-report-bangladesh-s-gender-wage-gap-lowest-in-the-world.

⑥ World Economic Forum，"Global Gender Gap Report 2021：Insight Report"，March 2021，pp. 113 – 114.

工业化与城市化，该国城市地区的女性就业率高于农村地区，大多数微观研究发现，妇女的就业率高于政府机构的调查结果。① 孟加拉国智库"政策对话中心"（Centre for Policy Dialogue）的一项研究表明，如果将妇女的无偿工作货币化，数额是妇女从事有偿工作的 2.5—2.9 倍。②

表 2.2　　　　　　2010—2019 年孟加拉国男女工作年龄
人口（15—59 岁）的劳动参与率　　　单位:%

年份	女性占比	男性占比
2010	29.85	83.19
2011	30.34	82.64
2012	30.84	82.08
2013	31.34	81.52
2014	31.85	80.96
2015	32.37	80.39
2016	32.88	79.83
2017	35.86	81.43
2018	36.25	81.48
2019	36.37	81.85

资料来源：世界银行，http：//data.worldbank.org/indicator/SL.TLF.CACT.FE.ZS? locations = BD.20。

进入 21 世纪，妇女工作的增加快于男性，一个关键的要素是教育，尤其是中等教育。在妇女劳动力参与方面，孟加拉国在整个亚洲处于领先地位，妇女的就业范围逐渐多样化，进入以前主要由男性主

① World Bank，"Whispers to Voices：Gender and Social Transformation in Bangladesh"，Bangladesh Development Series Paper，No.22，March 2008，p.56.
② Nusrat Nasim Meraji，"The fight for women's rights in Bangladesh"，September 19，2018，访问日期：2021 年 4 月 20 日，https：//theasiadialogue.com/2018/09/19/the-fight-for-womens-rights-in-bangladesh/。

导的领域如医院、建筑、农业、保安、执法、移民工人等，男性和女性在制造业部门的比例相近，在制衣业部门女性占了80%—85%。妇女从事有偿工作的重要性可归纳为减少了对农业的依赖，转向更高生产力的活动。随着女大学生数量的增加，城市地区越来越多的妇女进入正规部门和私人部门（如通信和银行），在达卡和其他城市，妇女每天上下班的"可见"情景增加，公共观点也发生了改变，即什么是对妇女可能的、适当的。2019年开展的一项研究表明，女大学生的职业期望是教师、护士、海员、办公室职员、不同行业的工作人员、秘书和官员；期望从事的行业是制衣、手工制作和玩具、果冻和冷饮行业。[1]

（一）制衣女工

全球经济的发展为孟加拉国制衣业提供了机会，《多边纤维贸易协定》（Multi-Fiber Trade Agreement）使该国获得了纺织品贸易的特许权，20世纪70年代后期以来，制衣业逐渐发展并成为主要的出口行业及最大的外汇收入来源，也催生了庞大的产业链，涉及纺织品、配件、打包材料等，为数百万妇女创造了正规就业机会，她们成为该国制衣部门保持国际竞争力的廉价劳动力支柱。1986年，制衣业雇用了7600名女工，1996年女工数量达到476000名，10年间增长了60倍。[2] 2016—2017财年妇女就业的第二大部门是制造业部门（15.4%），主要是制衣业（见表2.3）。新一代的制衣女工打破了家庭束缚和社会控制，离开村庄、家庭去赚取收入、寻找自身价值，其生活随之发生了巨大变化，有偿雇用提升了经济能力，在婚姻和家庭支出方面有了更多的选择和自由，增加了在家庭决策中的发言权，制衣工厂的工作经历和习得的技能还为妇女提供了从事与纺织业相关的生意机会，更多女性希望自己赚钱并让孩子获得更好的教育。[3]

---

① Bangladesh Bureau of Statistics（BBS），*Gender Based Employment and Wage*，Policy Brief Issue 02，May 2021，p. 6.

② Mohammad A. Hossain and Clement A. Tisdell，"Closing the Gender Gap in Bangladesh：Inequality in Education，Employment and Earnings"，*International Journal of Social Economics*，Vol. 32，No. 5，2005，pp. 439 – 453，446.

③ ［孟］Shamsun Nahar Ahmed：《就业与妇女的能力：以孟加拉成衣制造业为例》，中国农业大学，博士学位论文，2014年，"摘要"。

表2.3　　　　　　孟加拉国一些主要产业部门的性别雇用率　　　　单位：%

产业	2013 年		2015—2016 年		2016—2017 年	
	女性	男性	女性	男性	女性	男性
农业、林业与渔业	53.3	41.7	63.1	34	59.7	32.2
矿业与开采	0.1	0.5	0	0.2	0	0.2
制造业	22.5	13.9	14.9	14.2	15.4	14
建筑业	1	4.8	1.1	7.5	1.4	7.5
批发与零售；汽车修理	4.6	16.4	2.5	18	3.4	19
运输和仓储	0.7	8.8	0.7	10.7	1.1	11.9
教育	4.2	2.8	4.8	3.1	4.8	3.1

资料来源：*Labor Force Survey*, Bangladesh, 2013, 2015 –2016, 2016 –2017。

（二）农村妇女

孟加拉国有85%的妇女生活在农村，妇女们承担着家庭主妇和赚取收入的双重角色，传统体制、受教育程度低、失业、营养不良和贫困等制约了她们的生产潜力，处于不平等和不利的处境。在该国，妇女外出工作受到社会传统和宗教的限制，大部分农村妇女是无报酬的家庭工人，妇女在农村地区的经济行为包括农作物收获后的加工、饲养家畜家禽、家庭农业、园艺、选种和储藏、食品加工、制衣和手工等。妇女构成了农业部门主要的劳动力，作为农业工人及个体粮食生产者，但是很多人没有足够的土地和先进的农业工具。

长期以来，妇女的农业活动对 GDP 的贡献没有得到客观的评估和认可，2003 年 1—4 月，有学者考察了农村妇女赋权的内容及影响因素，收集了 156 名受访者的数据，通过三个维度的六项关键指标，结果表明：83%对经济的贡献低，44%获取资源的程度低，93%没有财产权，73%有限参与家庭决策，43%的不具有性别意识，72%具有一定应对家庭冲击的能力。[1] 2014 年的 1—6 月，在迈门辛县萨德

---

[1]　Shahnaj Parveen1 and Ingrid-Ute Leonhäuser, "Empowerment of Rural Women in Bangla-desh: A Household Level Analysis", Conference on Rural Poverty Reduction through Research for Development and Transformation, Deutscher Tropentag-Berlin, 5 – 7 October 2004, 访问日期：2021 年 4 月 20 日，https://citeseerx. ist. psu. edu/viewdoc/download? doi = 10. 1. 1. 464. 7620&rep = rep1 &type = pdf。

尔乡的 5 个村庄开展了一项研究，选取 85 个家庭样本考察性别不平等及其对农村家庭社会经济发展的影响，贫困家庭主要从事农业，妇女参与不同的农业和非农活动，平均家庭规模是 5.58 人，家庭户主中从事农业的占 52%、16% 经营生意、32% 从事服务业。研究发现，性别不平等客观存在并影响着农村家庭的发展，妇女在家庭收入和教育中没有平等机会，她们不允许外出工作，更容易遭受贫困，承担更多的农活和家务劳动，包括打扫、照看孩子、负责一家人的饮食等，妇女对家庭收入的贡献占 88%，在婚姻、儿女教育、购买医疗设备、使用避孕和参与非政府组织等方面的决策率很低。[1] 性别不平等在孟加拉国农村地区长期存在的主要原因包括传统性别角色、性别社会化、贫困和获无权获得土地等，剥夺了妇女的经济机会及所需的社会服务。

20 世纪 90 年代以来，孟加拉国的农村经济经历了显著的结构变迁，妇女角色逐渐脱离了家务劳动。手机使妇女接触一个新的信息世界，如天气警报、给家禽接种疫苗、识别牛群的疾病及治疗、学习新的耕种技术等。根据该国 2012 年、2015 年、2017 年和 2019 年的农业统计，农业部门男女日工资在 2010—2011 财年至 2018—2019 财年间逐渐增加，性别工资差距也从 40.52% 下降至 28.9%。[2]

（三）移民女工

移民流动提供了一种证据，即个体的决定如何促进更大的社会变化模式。妇女的流动性受受教育程度和家庭氛围的直接影响，参与工作是衡量妇女流动性的指标之一，流动性使妇女拥有了自我发展的必要途径，长期来看，流动性、迁移的自由对减少生育率具有一定的积极效应。[3] 独立以来，在经济、社会和气候环境等多方面因素的综合推动下，孟加拉国的国内与国际人口流动问题日益凸显，妇女迁移是

---

[1] Md. Asaduzzaman, Mohammad Shajahan Kabir and Mirjana Radovic Markovic, "Gender Inequality in Bangladesh", *Journal of Women's Edecation*, 2015, No. 3 – 4, pp. 55 – 56.

[2] Bangladesh Bureau of Statistics（BBS）, *Gender Based Employment and Wage*, Policy Brief Issue 02, May 2021, p. 6.

[3] Saadia A. Tasneem, Aahir Mrittika, Umama Zillur and Zahra Zillur, "The Women's Movement in Bangladesh Throughout the Years", April 6, 2020, 访问日期：2021 年 4 月 20 日，https：//www. thedailystar. net/in-focus/news/the-womens-movement-bangladesh-throughout-the-years-1889908。

为了逃避贫困和寻求就业机会。

孟加拉国的国内移民以农村向城市的流动最为显著,一定程度上促进了农村地区的减贫与城市化进程,迁移到城市谋生对很多农村贫困家庭和非贫困家庭是重要的,对男女同样重要,在迁移人口中,60%以上是寻求更好生计条件的迁移、14%是因气候灾害导致的迁移。在性别结构上,20世纪90年代以来首都达卡及其他城市地区的纺织业和制衣业对女性工人需求的增加,女性在流动人口中的比例不断上升。绝大多数妇女属于非周期性的迁移(占63.5%),之后是日工/周工和季节工(11.5%)。① 妇女在农村地区的选择性小,基本是农业工人,城市地区则为妇女提供了更广阔的劳动力市场和更多的经济机会,通过就业、获得收入使她们改善生存环境。超过一半的妇女迁移是为了寻求更好的生计,贫困和非技能的主要从事非正规部门的低薪工作。

独立后,孟加拉国于1976年开始推动劳务输出,为促进海外就业,2001年12月成立了侨民福利和海外就业部。1976—2018年间,共有1220万人迁移到国外就业(每年75万—83万人),遍及151个国家,2018年,约35%的孟加拉国移民进入沙特阿拉伯,其次是马来西亚和卡塔尔。② 该国的海外劳务采用合同制形式,期限为2—3年,工人在合同到期后返回母国,绝大部分来自农村的贫困群体,输出地主要是库米拉、吉大港、婆罗门巴里亚、坦盖尔和达卡等地区。在劳工群体中,男性劳工年龄限制为18—45岁、女性限制在25—40岁,近年来主要集中于25—35岁的群体。在技能层次上,46.52%的移民属于无技术或低技术工人、15.15%是半技术工人、34%是技术工人、专业人士仅占1.84%。③

孟加拉国也是全球侨汇收入最多的10个国家之一,1976—2020年,侨汇累计达2318亿美元,主要来自海湾国家的低技术短期劳工。

---

① 陈松涛:《孟加拉国的人口流动问题》,《东南亚南亚研究》2015年第2期。

② UNICEF, *Developing Skills in Youth to Succeed in the Evolving South Asian Economy: Bangladesh Country Report*, 2019, p. 3.

③ 《关于孟加拉国海外劳工与侨汇的调研》,访问日期:2021年11月16日,中国驻孟加拉国大使馆经济商务处网站,http://bd.mofcom.gov.cn/article/ztdy/202108/20210803192282.shtml。

1976 年的侨汇仅有 4900 万美元，2010 年增加至 109.9 亿美元，增长了 200 倍，2019—2020 财年，侨汇逆势上涨 18.4%，达 217 亿美元，占 GDP 的 6.3%。与官方发展援助（ODA）和外来直接投资（FDI）相比，侨汇是仅次于制衣业的第二大外汇收入来源，1976—2010 年间，其数额一直超过外来直接投资，1995 年以来超过官方发展援助，2010 年，侨汇分别是官方发展援助的 6 倍、外来直接投资的 11 倍。海外劳工通常将其平均收入的 32% 汇回国，相当于人均 GDP 的 2 倍，男性劳工人均汇款 20 万塔卡（约合 2500 美元），女性劳工人均汇款 8 万塔卡（约合 1000 美元）。侨汇占移民家庭总收入的 60%—70%，接收汇款的家庭越贫困，侨汇所产生的减贫效应就越大。[①]

　　2003 年以前，单独迁移的女性劳工受到严格限制，1991—2003 年间数量还很小，只占移民总数的 1%，2004 年政策放松后所占比例上升至 4%，2015 年增加至 19%，[②] 相对于其他移民大国，女性移民数量还很低。男性传统上占移民流动的主导，妇女的比例在上升，15—25 岁群体中妇女占了绝大多数。2012 年有 37304 名妇女在海外就业（男性移民 560886 人），2017 年增加至 121940 人（同期男性移民数量为 874086 人），妇女移民增长了 2.27 倍。[③] 2019 年，合法移民中有 57% 前往沙特，18000 名有证女性移民中，超过 10000 名在沙特，绝大多数是家务工人。根据人权组织的观察，由于根深蒂固的性别、宗教和种族歧视，沙特的家务工人类似奴隶。政府制定了很多法律和政策保护国内外的女性移民，主要包括：2002 年《招募代理及执照规定》（Recruiting Agents Conduct and Licence Rules）、2011 年《国民技能发展政策》（National Skills Development Policy）、2013 年《海外就业与移民法》（Overseas Employment and Migrants Act）、2015 年《家务工人保护与福利政策》（Domestic Worker Protection and Welfare Policy）和 2016 年《移民福利及海外政策》（Expatriates Welfare and Overseas

---

　　① 《关于孟加拉国海外劳工与侨汇的调研》，访问日期：2021 年 11 月 16 日，中国驻孟加拉国大使馆经济商务处网站，http://bd.mofcom.gov.cn/article/ztdy/202108/20210803192282.shtml。

　　② UN Women, *Country Overview: Women and Migration in Bangladesh*, 2018, p. 3.

　　③ Bangladesh Bureau of Statistics (BBS), *Gender Based Employment and Wage*, Policy Brief Issue 02, May 2021, p. 7.

Employment Policy）等。孟加拉国的海外劳动力形成了两种叙事版本：一种是成功的，外出务工赚取外汇，显著改善了家庭经济情况；一种是作为劳动力市场上弱势的廉价商品，遭受了剥削和非人性的待遇。2019年，至少有800名女性劳工在遭受折磨和性暴力后从沙特返回，这些妇女难以获得法律保护及社会援助。根据达卡机场的报告，2016—2019年，有410具女性移民的遗体运回国内，最多的来自沙特（153具），其次是约旦（64具）和黎巴嫩（52具）。[①]

孟加拉国独立以来，该国妇女的经济机会在增加，尤其是城市地区的制衣业和其他出口导向的行业、公路修建与维护、社会林业、贸易和服务部门等，随着妇女参与经济机会的增加、家庭外的流动和相对稳定的收入逐渐推动着社会性别观念和社会准则的转变。

三　孟加拉国妇女经济参与的困境

在劳动力市场中，供需决定了妇女就业率低于男性，在供应一方，妇女劳动力的市场参与依赖于很多社会经济因素，包括家庭收入、年龄、婚姻状况、受教育程度、家庭抚养比等。在需求一方，妇女就业依赖于企业层面的性质、技术要求和地点等，还有一些部门议题影响妇女对特定经济活动的参与。[②]孟加拉国妇女的劳动力参与在南亚地区是最高的，突出表现在制衣业部门雇用了数百万的妇女。与此同时，需要强调的是仍有大量妇女劳动力集中于非正式、低工资和不安全的工作中。该国妇女整体因受教育程度低、技能层次低，通常从事低报酬、非正规部门的工作，集中在就业的金字塔低端，是廉价劳动力的来源。很多就业妇女缺乏正规的合同保障和社会保障，是劳动力市场中的弱势群体，受到不公正的对待，在不同部门没有获得与男性平等的机会，在危机时期及危机后时期妇女的遭遇更为不利。在就业方面，孟加拉国存在的重要问题不仅是失业还有就业不足（每周

①　"No country for Bangladeshi women", December 28, 2020, 访问日期：2021年9月1日，https://www.thedailystar.net/opinion/news/no-country-bangladeshi-women-1966953。

②　Mustafa K. Mujeri, "Women's economic empowerment and future development of Bangladesh", January 10, 2021, 访问日期：2021年4月20日，https://thefinancialexpress.com.bd/views/views/womens-economic-empowerment-and-future-development-of-bangladesh-1609856560。

工作时间不足 35 个小时），其中，就业不足率为 35%。2010—2017
年，该国失业率增加至 6.4%，在南亚国家中是最高的，失业率不平等
地分布在社会阶级和性别群体中，失业的年轻女性是男性的 4 倍。[①]

　　孟加拉国的劳动力市场依然存在高度的性别固化，认为女性适合
从事的职业包括教育、护工、家务工、家庭规模的作坊等。妇女承担
了家庭及非正规部门的工作，正规部门（公共和私人）通常受雇于
"女性密集的产业"如制衣、虾加工业和医药部门，女性工人的向上
流动是有限的。国际劳工组织（ILO）2010 年针对孟加拉国开展的劳
动力调查指出，该国 89% 的劳动力集中在非正规部门，如农场、市
场、集市摊位、商品交易等，妇女收入低是因为不承担生产性工作，
因受教育程度低，不具备讨价还价的能力，也不能胜任多种技能的
工作。[②]

　　家务工作是孟加拉国高度女性化的非正规部门，门槛低，不要求
妇女的受教育程度和技能，家务工人来自贫困地区、贫困家庭，这是
妇女在达卡市最容易找到的工作形式之一，家务工作还具有灵活性，
可以是钟点工或住家工人，主要在私人家庭承担家务活和老幼病残的
护理工作。家务工人收入低，没有法律和社会保障，面临遭遇各种暴
力的高风险。全球缺乏可靠的与家务工人相关的数据，孟加拉国也不
例外，该国统计局 2006 年的劳动力调查估计这一群体的总量为 33.1
万，2010 年的劳动力调查没有涉及这一行业，家务工人权利网络
（Domestic Workers RightsNetwork，DWRN）2011 年估计该国有 200 多
万的家务工人。[③] 国家统计数据中缺失关于家务工人的数据导致相关
妇女组织、社会权利团体等很难准确把握这一行业的实际情况，无法
针对家务工人提出适当的诉求和社会援助。2015 年，政府出台《家
务工人和保护政策》，承认家务工人为工人，但是没有规定最低工
资，该政策也没有得到任何劳动法的承认。

　　① UNICEF, *Megatrends in South Asia: A Report by The Economist Intelligence Unit for
UNICEF ROSA*, 28 February 2020, p. 324.

　　② Bangladesh Bureau of Statistics（BBS）, *Gender Based Employment and Wage*, Policy
Brief Issue 02, May 2021, p. 2.

　　③ Anweshaa Ghosh, "Recognizing Invisible Work: The Women Domestic Workers' Move-
ment in Bangladesh", *Asian Journal of Women's Studies*, 2021, p. 3.

在发展中国家，一个明确的事实是妇女在很多领域落后于男性，不平等的本质和程度在不同国家差异较大，与国家经济体系的基础和结构相关，最显著的案例是性别的工资不平等，同工不同酬，女性的平均工资少于男性，主要源于劳动力市场的性别分割（不同技能职业的客观差距）和性别歧视（男性占优势而女性被低估）。在南亚地区，男女之间的平均性别收入差距是47%，即从事同种工作，女性的收入仅相当于男性的47%，相比北美地区，男女之间的性别收入差距是63%。[①] 全球最低生活工资联盟（Global Living Wage Coalition）为孟加拉国城市地区制定的最低生活工资为16000塔卡（188美元），[②] 但是很多部门达不到这一标准。以制衣业为例，2019年该部门将最低月工资提高至8000塔卡（94美元），每周工作40个小时，但在一些调查中，大多数受访者的月收入是5000塔卡（59美元）。农村与城市地区参加工作的女性通常获得比男性更低的收入，尽管国家劳动法规定同工同酬，2016—2017财年，男女工人的月薪差距为10.51%（见表2.4）。该国统计局2019年针对制造业的调查发现，制衣业部门60%的女工薪水少于男性工人。[③]

表2.4　　　　　孟加拉国不同年份平均月收入的性别对比　　　单位：千塔卡

年份	妇女	男性	共计	月薪差距（%）
2013	11.1	11.6	11.5	4.50
2015—2016	12.1	13.1	12.9	8.26
2016—2017	12.3	13.6	13.3	10.51

资料来源：*Labor Force Survey*, Bangladesh, 2013, 2015 – 2016, 2016 – 2017。

---

① Salma Ahmed and Pushkar Maitra, "Gender Wage Discrimination in Rural and Urban Labour Markets of Bangladesh", *Oxford Development Studies*, Vol. 38, No. 1, March 2010, pp. 83 – 112, 83.

② Women in Informal Employment: Globalizing and Organizing (WIEGO), *The Costs of Insecurity: Domestic Workers' Access to Social Protection and Services in Dhaka, Bangladesh*, WIEGO Policy Brief No. 19, October 2020, p. 3, http://www.isstindia.org/publications/1611298235_pub_WIEGO_PolicyBrief_N19_Bangladesh_for_Web_compressed.pdf.

③ Bangladesh Bureau of Statistics (BBS), *Gender Based Employment and Wage*, Policy Brief Issue 02, May 2021, pp. 1 – 2.

第三节　政治参与

一　南亚地区妇女的政治参与现状

社会准则是理解性别不平等的核心，全球将近有 50% 的人口认为男性能更好地从政，40% 以上的认为男性能更好地管理生意。[1] 根除针对妇女的歧视长期以来是国际社会发展及呼吁良治的一个标语，在持续不断的国内和国际妇女运动压力下，一些发展中国家逐渐在公共事务中设定了性别配额，在父权制和男性主导的社会结构中对促进妇女权利具有重大意义。20 世纪 70 年代，全球范围内妇女在政府机构中的代表性还很低，大多数国家没有组建妇女政党，当时对妇女与政治的研究集中于妇女在这些领域的边缘化议题。[2] 在政治参与方面，女权主义者的目标是增加妇女的参与度，以此来消除政治权力分配中的性别不平等，在实践中，人们通常将这一目标理解为通过增加妇女在政治决策中的比例，以及在政府中创建能够支持女权主义各项议题发展的政策性机构或"性别体系结构"，有助于使女性实际拥有与男性相同的民主话语权。[3] 围绕妇女参与政治领域重要性的讨论，有三种代表性的观点：一是正义论，认为妇女构成了人口的一半，有权拥有一半的席位；二是经验论，由于妇女的经历不同于男性，在政治领域中必须体现这一群体的代表性；三是利益集团论，表现为男女之间存在部分冲突的利益，男性不能完全代表女性。[4] 有研究指出，

[1] UNDP, *Tackling Social Norms——A Game Changer for Gender Inequalities*, 2020 Human Development Perspectives, p. 1, http://hdr.undp.org/sites/default/files/hd_perspectives_gsni.pdf.

[2] Pranab Panday and Linda Che-lan Li, "Women's Political Participation in Bangladesh: Role of Women's Organizations", *International Journal of Public Administration*, 37: 724 – 736, 2014, p. 727.

[3] ［英］西尔维亚·沃尔拜：《女权主义的未来》，李延玲译，社会科学文献出版社 2016 年版，第 62 页。

[4] Pranab Panday and Linda Che-lan Li, "Women's Political Participation in Bangladesh: Role of Women's Organizations", *International Journal of Public Administration*, 37: 724 – 736, 2014, p. 724.

如果女性在高级管理岗位中的比例超过25%，她们得到晋升的机会、参与公共事务的比例将随之增加，并在其中扮演更为积极有效的角色。①

大多数发展中国家依然存在浓厚的性别歧视，妇女对政治领域的参与度仍处于较低水平。根据《2021年全球性别差距报告》，南亚地区有8.6亿妇女，数十年来在性别差距方面缩小了2/3，过去14年中（2006—2020年）南亚地区取得的进展最大（6%），但是还需要71年才能消除性别差距，四个领域中存在较大反差，其中政治赋权指标处于领先地位（38.7%），仅次于西欧（40.9%），是该地区得分最好的一个指标，但是女性在内阁和议会中的代表，该地区的得分与其他发展中地区持平，孟加拉国（第50位）是南亚地区排名最高的国家。②

南亚地区一直不缺乏女性政治家的身影，女性高端参政的标志性开端是1960年班达拉奈克夫人当选斯里兰卡总理，成为该国历史上乃至世界上第一位女总理。在她之后，南亚其他国家陆续出现女性执政者，如印度前总理英迪拉·甘地（第一位被世界媒体称为"世界上最有权势的女人"）、巴基斯坦前总理贝娜齐尔·布托（伊斯兰世界第一位女总理）、斯里兰卡总统库马拉通加夫人、孟加拉国的卡莉达·齐亚（Khaleda Zia，1991—1996年及2001—2006年担任总理）和谢赫·哈西娜（Sheikh Hasina，1994—2001年、2009年以来担任总理）。进入21世纪，新的女性领导人包括2007年7月宣誓就职的印度第一位女总统普拉蒂巴·帕蒂尔，尼泊尔2015年10月第一次选举女议长马加尔及第一位女总统比迪亚·德维·班达里。南亚女性执政者与女性政治家的涌现，对改善本国女性处境、提高女性地位起到积极的推动作用，也为更多的女性更广泛地参与政治活动提供了可能。③纵观战后南亚历史，妇女当政似乎已成为某种传统，这些女性

---

①　［孟］赛义达·拉兹纳·卡比尔：《关于孟加拉国、印度和巴基斯坦三国妇女在公共事务中的领导地位之比较研究》，和红梅译，《东南亚南亚研究》2015年第1期。

②　"Performance by Region", The Global Gender Gap Index 2020，访问日期：2021年4月20日，https：//reports. weforum. org/global-gender-gap-report-2020/the-global-gender-gap-index-2020/performance-by-region-and-country/。

③　刘曙雄、曾琼：《南亚女性执政及源头参与》，《南亚研究》2009年第4期。

政治家的优秀表现为世界政坛带来了一股清新之风，她们拥有自身独特的领袖魅力，均受过良好的教育，能审时度势、顺应民意，大多具有显赫的政治家族背景，体现了南亚独特的历史背景与政治文化传统。① 南亚国家实行的民主选举制度，一端连着近代西方政治文明，另一端连着传统的家族政治，女性当权者主要借助家族势力进入政坛，是精英政治的一种特殊形式，也是家族政治的产物。

　　有学者将亚洲女性治国总结为"寡妇和孤女政治"、政治替代者（political surrogates），② 绝大部分女性从政的直接原因是家族政治领袖遇害（被暗杀或被政治谋杀）。作为政治家族的成员，妇女在政治上的巨大角色被认为是"例外"（exceptional）事件，成为领导人是因家族的关系而不仅是个人能力，并不确保普通妇女在公共生活中的显著进步。③ 南亚国家父权制根深蒂固，大部分女性政治家并不因为女性身份就具有平等的社会性别意识，也没有导致更加关注女性权利，她们附和并接受父权制的权力结构模式，遵循性别主导家族的准则来履行职责，并不积极主动地挑战南亚父权制社会中所盛行的男权主义、等级制度和性别歧视，该地区一直存在结构暴力、直接暴力和文化暴力，并没有因为女性领导人的出现而有所缓解。④ 南亚地区歧视妇女的现象至今十分严重，认为政治舞台是男性的领域，女性不应涉足，极端保守势力甚至认为女性参政是不守"妇道"的表现。由于历史和经济等方面的原因，南亚普通妇女投身政治的欲望普遍较低，参政素质和能力也不甚理想，她们必须面对来自传统与现实等方面的制约与挑战，决定了女性从政之路狭窄且艰难。⑤ 战后以来，南亚次大陆出现了众多女性执政者和杰出的女性政治家，但并不意味着

---

　　① 《尼泊尔选出首位女总统 南亚政坛为何频频"巾帼当政"》，环球网，https://world. huanqiu. com/article/9CaKrnJR2Pa，访问日期：2020 年 3 月 20 日。

　　② 李英桃：《社会性别视角下的国际政治》，上海人民出版社 2003 年版，第 144 页。

　　③ Pranab Panday & Linda Che-lan Li，"Women's Political Participation in Bangladesh：Role of Women's Organizations"，*International Journal of Public Administration*，Vol. 37，2014，p. 729.

　　④ 范若兰：《暴力冲突中的妇女——一个性别视角的分析》，时事出版社 2013 年版，第 266 页。

　　⑤ 肖莎、王义桅：《巾帼当政：南亚政坛的奇特现象》，载上海国际问题研究所主编《1996 年国际形势年鉴》1996 年版，第 22 页。

该地区妇女普遍参政的情况发生了实质性的改观，也不表示这些国家女性普遍参政的意识强和参政率高，该地区还远未形成有利于妇女参政的社会理想环境。

二 孟加拉国妇女的政治参与

世界经济论坛《2021年全球性别差距报告》指出，在四个指标中，政治赋权的性别差距最大且迄今为止进展最为缓慢的领域，需要花费145.5年才能实现政治上的性别平等。在156个国家和地区中，妇女在35500个议会席位中占比26.1%，在3400名部长中女性仅占22.6%。[1] 2020年，孟加拉国在妇女政治赋权方面排名全球第7，在议会中妇女有50个席位（占比20.9%）、在地方政府方机构中有12000个代表名额（占比25%），担任部长的女性比例是7.7%。[2] 2020年，该国大约有190名女性军官参与了世界各地的维和任务。[3] 1991年，孟加拉国选举了第一位女性总理卡莉达·齐亚，之后是谢赫·哈西娜，过去30年，两位女性领导人领导了两大政党（孟加拉人民联盟和孟加拉民族主义党），在穆斯林社会中释放了强大的信息，即领导能力与性别无关，更多的女性被选举为国会议员，成为部长及地方政府机构的代表，该国见证了妇女在政治中史无前例的声音，[4] 成为全球妇女参与政治的一种典型模式。哈西娜总理1994年上台后制定了法律条款，规定在地方政府中选举妇女，任命妇女担任行政、警察和军队系统中的官员，史无前例地任命了第1位女性担任最高法院的上诉庭法官。除了政治领导权，该国通过吸收更多有资格

---

① World Economic Forum, "Global Gender Gap Report 2021: Insight Report", March 2021, p. 5.

② World Economic Forum, "Global Gender Gap Report 2021: Insight Report", March 2021, p. 113.

③ 《孟加拉国近年来的成就》，访问日期：2020年3月20日，孟加拉国驻华大使馆网站，https://www.bdembassybeijing.org/%E5%AD%9F%E5%8A%A0%E6%8B%89%E5%9B%BD%E8%BF%91%E5%B9%B4%E6%9D%A5%E7%9A%84%E6%88%90%E5%B0%B1/? lang = zh-hans。

④ Nusrat Nasim Meraji, "The fight for women's rights in Bangladesh", September 19, 2018, 访问日期：2021年4月20日，https://theasiadialogue.com/2018/09/19/the-fight-for-womens-rights-in-bangladesh/。

的妇女进入司法、行政、国防和外交部门的上层位置打破玻璃天花板。

1947 年以来孟加拉国妇女获得了投票权，尽管存在广泛的社会歧视，独立以来妇女没有脱离公共和政治生活，政府采取措施增加了妇女参与国家行政管理和政策制定的机会，宪法赋予妇女享受平等就业的权利，不仅确保了与男性平等的就业权利，也承认有必要在政治领域中为妇女保留一定比例的职位。1982 年以后，妇女开始参加文职官员考试。按照孟加拉国的相关规定，在第 I 类和第 II 类的公务员系统①中为女性预留 10% 的席位，在第 III 类和第 IV 类公务员系统中固定为女性预留 15% 的席位。② 2014 年，妇女在公务员中所占的比例为 36.9%，2017 年增加至 37.1%。③

1972 年，孟加拉国政府在 315 个议会席位中为妇女预留了 15 个名额，1973 年选举了第一位女性议员，1994 年和 2001 年在妇女议会中的比例分别为 10.3%、9.1%。1994 年，妇女占了政府部门部长位置的 8%，1999 年增加至 9.5%。④ 2008 年，在 300 个议会席位中，妇女占 18.6%，2013 年增加至 20%。⑤ 2018 年，第 17 次宪法修正案为未来 25 年预留了 50 个议会席位给妇女代表，并首次在选举委员会设立了妇女选举委员。

总体上，1997 年以前，孟加拉国妇女在政治领域的参与还很微弱。联合国妇女 10 年（1976—1985）结束后，该国的政治领域依然是男性主导的，无论从数量、在政党等级中的位置、在国家立法和其

---

① 孟加拉国公务员级别划分为四类：I 类、II 类、III 类和 IV 类，划分标准是根据责任等级、培训资格和薪酬范围等。

② 转引自［孟］赛义达·拉兹纳·卡比尔《关于孟加拉国、印度和巴基斯坦三国妇女在公共事务中的领导地位之比较研究》，和红梅译，《东南亚南亚研究》2015 年第 1 期。

③ UN Women, *COVID-19 Bangladesh Rapid Gender Analysis*, Gender in Humanitarian Action (GIHA) Working Group, May 2020, p. 23.

④ Mohammad A. Hossain and Clement A. Tisdell, "Closing the Gender Gap in Bangladesh: Inequality in Education, Employment and Earnings", *International Journal of Social Economics*, Vol. 32, No. 5, 2005, pp. 439–453, 449.

⑤ Sameer Khatiwada, "A quiet revolution: Women in Bangladesh", ILO, 29 January 2014, 访问日期：2021 年 4 月 20 日，https://www.ilo.org/global/about-the-ilo/newsroom/comment-analysis/WCMS_ 234670/lang--en/index.htm。

他政治结构的存在和影响力等方面。1986 年，5 个政党推选出 15 名妇女候选人，1991 年 16 个政党推选出 40 名妇女候选人。[①] 1976 年，政府颁布《地方政府条例》（Local Government Ordinance），在地方政府结构的最低层级——村议会（Union Parishad，UP）和村级机构（Gram Sarkar）中提名 2 名妇女，1983 年《地方政府（村议会）条例》将妇女数量增加至 3 人。1997 年，政府对《地方政府（村议会）法》进行第二次修订，在地方政府最低层级的村议会中为妇女候选人预留 1/3 的席位，在每个村预留 3 个席位，妇女候选人可直接参与选举，不允许男性竞争。该项修订成为孟加拉国妇女政治权利发展的一个里程碑，将妇女带入地方政府的发展决策及实施进程中，她们获得了与男性同僚一样的合法性和政治权力。2009 年，在 482 个乡级政府中将副主席的位置留给女性。在乡级政府中除了提供预留席位的直接选举，还对选区进行划分，将 9 个选区组合成 3 个大选区，目的是增加女性预留席位。新规定激起了妇女社区的热情，在 1997 年的选举中，44134 名妇女竞争预留席位，共有 13437 名竞选成功。在 2003 年的选举中，4223 个乡共有 39419 名妇女竞争 12669 个配额席位。[②] 2020 年，妇女在村议会（Union parishad）和乡议会（Upazila parishad）中担任领导的比例分别是 0.7% 和 1.4%。[③]

　　由于孟加拉国在妇女政治参与方面取得的成效，2018 年 4 月，哈西娜获得全球妇女峰会颁发的"全球妇女领袖奖"。2019 年 3 月，议会中的女性（Women in Parliament，WIP）与联合国教科文组织授予她"WIP 全球论坛奖"，同年 3 月获得"妇女赋权终生贡献奖"（Lifetime Contribution for Women Empowerment Award）。此外，哈西娜总理还因承诺妇女赋权和女孩教育获得了联合国教科文组织颁发的

[①]　Nusrat Nasim Meraji，"The fight for women's rights in Bangladesh"，September 19, 2018，访问日期：2021 年 4 月 20 日，https：//theasiadialogue. com/2018/09/19/the-fight-for-womens-rights-in-bangladesh/。

[②]　Nusrat Nasim Meraji，"The Fight for Women's Rights in Bangladesh"，September 19, 2018，访问日期：2021 年 4 月 20 日，https：//theasiadialogue. com/2018/09/19/the-fight-for-womens-rights-in-bangladesh/。

[③]　UN Women，*COVID-19 Bangladesh Rapid Gender Analysis*，Gender in Humanitarian Action（GIHA）Working Group，May 2020，pp. 22 – 23.

"和平树奖"（Peace Tree Award）、全球伙伴论坛的"变革代言人奖"
（Agent of Change Award）、联合国妇女署（UN Women）的"Planet
50 – 50 Champion"及联合国环境规划署（UNEP）的"地球卫士奖"
（Champions of the Earth）等。

　　孟加拉国妇女对政治领域的积极参与对国家的发展做出了重要贡
献，在地方政府机构中，妇女代表在调节家庭事务纠纷中的作用不断
被接受。但是，妇女的政治参与仍面临传统文化和社会结构的阻碍，
尽管妇女在各级政府机构中增加了代表数量，但依然处于边缘位置，
女性公务员中90%以上是第Ⅲ类和第Ⅳ类雇员，在公务员队伍中的
绝大多数属于低职位和低收入的文职人员，处于高级管理职位并享有
较高职位的妇女非常少。① 在国家层面，妇女在一些主要政党中担任
领导职位的比例还很低，在地方政府中，政治投资是主要的选举障
碍，缺少政治背景或政治资源的妇女候选人，尤其是贫困女性即使能
够进入政治领域，也很难施展政治抱负，决策权力依然有限，难以对
一些重要问题产生影响。

第四节　营养与健康

　　健康是妇女发展的重要基础领域，在妇女的整个生命周期中，健
康对其生育和抚养后代发挥着重要作用。育龄妇女中的营养不良是中
低收入国家存在的一个重大公共健康问题，与营养相关的社会准则导
致南亚成为世界上最严重的营养不良地区之一，南亚国家没有达到世
界健康大会（World Health Assembly）和可持续发展目标中所设定的
营养目标，虽然在减少体重不足和提高身高等方面有所进步，但妇女
的营养问题依然严峻。联合国儿童基金会（UNICEF）指出，南亚地
区5个妇女中有1个过瘦（身体质量指数 BMI < 18. 5），每10个妇女
中有1个身高不足（ < 145 cm），与此同时，过重和肥胖也在快速增

---

　　① 转引自［孟］赛义达·拉兹纳·卡比尔《关于孟加拉国、印度和巴基斯坦三国妇
女在公共事务中的领导地位之比较研究》，和红梅译，《东南亚南亚研究》2015 年第 1 期。

加。8 个国家（阿富汗、孟加拉国、不丹、印度、马尔代夫、尼泊尔、巴基斯坦、斯里兰卡）的贫血是个严重或中度的公共健康问题，该地区没有任何一个国家能满足至 2025 年世界健康大会关于贫血减半的目标。①

《2020 年全球性别差距指数》中，孟加拉国的健康与生存指标排在全球第 119 位。② 该国妇女仍存在健康指标方面的性别差距，普遍存在营养不良的状况，因社会和性别准则，妇女和女孩摄入的营养更少，导致了代际间营养不良的延续和贫困的循环。孟加拉国还是世界上儿童发育迟缓最严重的国家之一，根据 2004 年的人口与健康调查（Bangladesh Demographic and Health Survey，BDHS），5 岁以下一半的儿童属于中度体重不足或发育迟缓，16% 属于严重发育迟缓。③ 2021年，5 岁以下 36% 的儿童发育迟缓，33% 体重不足。④ 2013 年的一份调查指出，该国 50% 的孕妇和 40% 的非孕妇/非哺乳期妇女处于贫血状态，57% 的非孕妇/非哺乳妇女缺锌，22% 的非孕妇/非哺乳妇女缺乏 B12。此外，在 25—49 岁妇女群体中，体重不足的比例达 19%；15—19 岁的青春期女孩中，31% 体重不足。儿童及孕妇的营养不良对人力资本、经济生产力和国家的发展具有深远影响。⑤ 在家庭层面，女童相比男童更难平等获得营养、健康和医疗条件，儿童死亡率也反映了性别不平等，男性新生儿的死亡率为 27/1000，低于女性新生儿的 31/1000，男童的死亡率是 28/1000，低于女童的 38/1000，表明在营养和医疗方面的性别偏向。⑥ 孟加拉国的产妇死亡率较高，

① UNICEF, *Nutritional Care of Pregnant Women in South Asia：Policy Environment and Programme Action*, UNICEF Regional Office for South Asia：Kathmandu, Nepal, 2019, p. 8.

② WEF, *Global Gender Gap Report 2020*, Insight Report, p. 83, http：//www3. weforum. org/docs/WEF_ GGGR_ 2020. pdf.

③ World Bank, "Whispers to Voices：Gender and Social Transformation in Bangladesh", Bangladesh Development Series Paper, No. 22, March 2008, p. 7.

④ Habibul Haque, "Democracy, Human Rights and Governance：With USAID support, young girls in Bangladesh learn self-defense moves to help keep them safe", June 1, 2021, 访问日期：2021 年 4 月 20 日, https：//www. usaid. gov/bangladesh/democracy-human-rights-and-governance。

⑤ USAID, *Bangladesh：Nutrition Profile*, February 2018, p. 5.

⑥ "Status of Women in Bangladesh", 访问日期：2021 年 4 月 20 日, https：//www. assignmentpoint. com/arts/social-science/status-women-bangladesh. html。

1990 年高达 574 人/10 万人，在 2004 年的调查中，约 90% 的妇女在家中生产，86% 以上的产妇没有熟练助产士的帮助，[①] 2020 年该国产妇死亡率下降为 173 人/10 万人。[②]

对孩子的期望或需求是生育率分析中最具有争议性的，很多经济学家将实际生育率等同于对孩子的需求，人口学解释了生育水平和差异，生育的希望和需求可能偏离生育行为，小规模家庭的最有效途径是为妇女提供社会和经济的自主途径，保障了妇女参与创收活动的时间和条件。妇女教育是社会经济地位及综合社会教养层面的一项重要指数，与妇女的生育期望相关，受教育程度越高，对生育更多孩子的欲望越低。知识、态度、医疗服务的获得和使用是妇女和儿童健康改善的一个重要决定因素，生育行为尤其是管理可控制生育率对妇女地位具有重要影响。反之，妇女地位的改善和提升也影响着生育孩子的数量，在管理和控制生育行为上具有了较大的决策权，妇女参与教育和经济行为有助于降低家庭规模并促进孩子的生存与发展。[③] 为了应对马尔萨斯的人口过剩论、抑制快速的人口增长，孟加拉国政府于20 世纪 70 年代开始进行宏观调控，推进"供应推动"（supply-driven）的家庭计划，为那些传统上处于"深闺"中的妇女提供避孕手段，使她们可以有选择性地控制生育，同时改善自身及孩子的健康，能有更多时间参与其他活动。[④] 该国的人口政策经历了两个阶段：一是以 1976 年提出的人口政策目标及策略为导向实施的计划生育政策，致力于降低人口增长速度，着重强调提供妇幼保健服务、扩大避孕措施的使用率、提高计划生育服务质量；二是 1997 年以来的人口政策全面关注妇女的生殖健康，1998—2003 年开展健康职业奖学金计划，通过整合卫生和计划生育机构的人员，为民众提供以生殖健康为核心

---

① World Bank，"Whispers to Voices：Gender and Social Transformation in Bangladesh"，Bangladesh Development Series Paper，No. 22，March 2008，p. 7.

② World Economic Forum，"Global Gender Gap Report 2021：Insight Report"，March 2021，p. 114.

③ "Status of Women in Bangladesh"，访问日期：2021 年 4 月 20 日，https：//www. assignmentpoint. com/arts/social-science/status-women-bangladesh. html。

④ World Bank，"Whispers to Voices：Gender and Social Transformation in Bangladesh"，Bangladesh Development Series Paper，No. 22，March 2008，p. 5.

的基本服务。2011 年，为了更有效地控制人口激增，政府出台新的
人口政策并提升至战略高度，提出"不要 2 个以上、1 个孩子最好"
的口号，规定为独生子女家庭提供各项优惠政策。① 在各项政策推
动、妇女经济地位改善等综合作用下，孟加拉国的生育率在 1971—
2004 年间减半，1974 年每个妇女平均生育 7.4 个孩子，2016 年下降
至 2.3 个，② 2021 年为 1.979。③ 20 世纪 80 年代以来，该国经历了妇
女健康的显著进展，妇女人均寿命从 1980 年的 54.3 岁增加至 2010
年的 69.3 岁。④

　　结合以上四个方面的指标，孟加拉国的妇女发展自独立以来取得
了显著成效，获得了国际社会的肯定和赞誉，成为南亚地区的一个新
标杆。但是，该国妇女发展取得的进步并不均等，显著的性别差距和
持续存在的歧视与违反妇女人权的现象依然不容乐观，如劳动力市场
中的性别固化和收入差距、在政治和经济领导职位上的人数更少、妇
女与男性相比更低的营养和健康状态、在家庭及公共领域遭遇的暴力
更多，大多数妇女的生活仍限于传统角色，承担着家庭和社区中无报
酬的看护工作，负担重、工作时间长，在法律权力、教育、财产等方
面同样存在性别差距。

　　① 中国人口与发展研究中心编著：《国际人口政策参考》，华文出版社 2017 年版，第
62 页。
　　② Sohela Nazneen, *The Women's Movement in Bangladesh：A Short History and Current De-bates*, Friedrich-Ebert-Stiftung, Dhaka, 2017, p. 2.
　　③ "Bbangladesh Fertility Rate 1950 – 2021"，访问日期：2021 年 11 月 26 日，https://www. macrotrends. net/countries/BGD/bangladesh/fertility-rate。
　　④ Sameer Khatiwada, "A quiet revolution：Women in Bangladesh", ILO, 29 January 2014，访问日期：2020 年 3 月 20 日，https://www. ilo. org/global/about-the-ilo/newsroom/comment-analysis/WCMS_ 234670/lang--en/index. htm。

第 三 章

妇女运动

第一节 妇女运动的四个阶段

妇女运动是指在一定的社会条件下，为争取妇女在政治、经济、文化教育以及社会和家庭中享有与男性平等权利，为推动女性自身解放与发展而进行的有组织、有领导、有纲领、有规模、以女性为主体的社会运动。[①]

妇女运动在促进妇女地位和性别平等中发挥着积极且有效的作用，作为女性主义的一个构成部分，妇女运动的范围包括法律改革、政治参与、公共政策中的性别主流化、针对妇女的暴力、妇女的经济赋权等。当代妇女运动的产生有两大背景：一是不平等的体制，即导致女性生活现状的性别体制和阶级体制；二是与每个人息息相关、日益恶化的环境灾难。[②] 妇女运动发生在不同领域、不同层面，没有单个运动能够完全代表这些抗争的多样性，妇女运动也是不同质的，不单纯是现代化和发展的产物，还根植于特定的历史和地理背景下。妇女运动不仅争取特定权利，客观上还推动了政治、体制和结构等方面的综合变革，寻求纠正"异化"的性别关系。[③] 当前，妇女社会运动遍及全球，不同国家和地区的妇女采取

---

① 顾秀莲：《20 世纪中国妇女运动史（上卷）》，中国妇女出版社 2008 年版，第 1 页。

② ［英］西尔维亚·沃尔拜：《女权主义的未来》，李延玲译，社会科学文献出版社 2016 年版，第 19—20 页。

③ Nidhi Tandon, "New South Asian Feminisms: Paradoxes and Possibilities", *Book Reviews*, *Gender & Development*, Vol. 21, No. 2, 2013, p. 420.

不同的形式（线上运动、游行和街头抗议等）表达自己的不满和诉求，如 MeToo 运动让很多女性沉默者发声，揭露了遭受虐待和弱势性处境；印度的 I Will Go Out 运动争取妇女在公共领域的平等权利；拉丁美洲的 NiUna Menos 控诉了阿根廷和墨西哥普遍存在的杀害女性和针对女性的暴力行为。①

　　孟加拉国的妇女运动是全世界女权解放和参与各层次决策运动的一部分，具有长期的历史，发端于反英国殖民统治和反巴基斯坦的运动中，强调了妇女地位和进步，与国家建构和发展议题紧密联系。该国的妇女运动是致力于为独立和民主的平民主义运动，希望国家将自由和平等的许诺扩展到性别关系中，妇女运动的关注点随时间而扩展，所关心的问题包括法律改革、政治参与、公共政策中的性别主流化、针对妇女的暴力、妇女经济赋权等。在孟加拉国，"运动"是个相对模糊的概念，该国学者认为妇女运动依赖于不同的国家结构、文化结构和议题，很难达成一个共识，主张使用相对广义的定义，即妇女运动是有组织的活动，质疑男性占主导、女性居于附属地位的社会准则的合法性，反对父权制及维持父权制长期存在的价值观、习俗、行为、法律和制度，参与改变社会价值观和态度的集体行为，争取最终实现一个性别公正的社会。②

　　在独立以前，不同的妇女权利团体挑战政治、社会、经济和文化领域中的性别歧视并取得了显著的进展。20 世纪七八十年代，妇女运动基本在城市地区开展，由专业人才和中产阶级妇女组成的组织来实施，妇女运动就目标、战略和形成的过程而言具有多样性。妇女运动大致可分为四个阶段，每个阶段有不同的关注点和层次性别意识。

---

① UNDP, *Tackling Social Norms—A Game Changer for Gender Inequalities*, 2020 Human Development Perspectives, p. 1, http：//hdr. undp. org/sites/default/files/hd ＿ perspectives ＿ gsni. pdf.

② Pranab Panday and Linda Che-lan Li, "Women's Political Participation in Bangladesh： Role of Women's Organizations", *International Journal of Public Administration*, Vol. 37, 2014, p. 727.

一　第一阶段：英国殖民时期，1900—1947 年（孟加拉地区穆斯林妇女问题的发端）①

这一阶段见证了孟加拉地区穆斯林社会中围绕妇女权利进行的公开讨论。早在 19 世纪，孟加拉地区印度教社区开展的社会改革运动为妇女平等奠定了基础，主要体现在教育方面并废止了一些社区内的陋习，如寡妇殉葬（sati）、童婚、杀婴等。19 世纪 70 年代至 20 世纪初期，"妇女问题"（Woman Question）是南亚国家建构过程中的核心，主要脉络是"妇女地位"，体现在男性精英及殖民当局之间关于传统和现代的讨论中，将其作为衡量社会进步或落后的标志之一。②"妇女问题"也成为孟加拉地区穆斯林社会领导者和知识分子讨论国家认同和国家建构的一个核心议题，但是两个群体的策略不同：穆斯林社会的领导者（传统主义者）主张维持性别准则和习俗；知识分子（现代主义者）则支持社会变革、支持妇女参与教育，呼吁放松对妇女的社会隔离、鼓励妇女参与公共生活，认为"深闺"（pur-dah）制度是强加于妇女的一种极端形式，它阻碍了妇女的解放，主张妇女在公共场合保持得体的着装和行为即可。1905 年，孟加拉地区发生"购买印度产品"（Swadeshi）运动，印度教社区的妇女抗议分割孟加拉省，而穆斯林妇女大多支持分割。印度殖民地的妇女运动开始于 20 世纪 20 年代，孟加拉妇女自愿参与不合作运动，绝大多数妇女组织与政党建立了联系，反殖民斗争为妇女参与政治和公共领域

---

①　1904 年孟加拉地区曾被英国殖民政府分割成东、西两部，后来复合。1947 年印巴分治时，孟加拉地区被再次分割：西孟加拉地区归印度（今印度孟加拉邦）、东孟加拉地区后改名东巴基斯坦。1971 年 3 月 26 日（孟加拉国国庆日），东巴基斯坦宣布独立，并在 4 月于印度加尔各答成立孟加拉人民共和国临时政府。1972 年 1 月，正式成立孟加拉人民共和国。1900—1947 年属英国殖民时期，印度和孟加拉国尚未独立，本小节内容中孟加拉地区包括东孟加拉地区（现孟加拉国）和西孟加拉地区（现印度孟加拉邦）。20 世纪 90 年代以前的"第一阶段英国殖民时期"、"第二阶段巴基斯坦时期"和"第三阶段 1972 年至 20 世纪 80 年代末期"作为孟加拉国妇女运动的背景叙述，国籍归属问题在正文及此注释中均已明确注明，特此说明。

②　Tania Haque and Abu Saleh Mohammad Sowad，"Impact of NGOization on Women's Movement Organizations: A Critical Analysis from Bangladesh Perspective"，*Social Science Review*，Vol. 33，No. 2，December 2016，p. 29.

提供了空间，与妇女解放相关的议题结合到社会、文化和精神领域中。[①] 还兴起了妇女在婚姻和继承权方面的平等权利、《统一民法典》（uniform civil code）等理念，但是这些需求并没有导致更多的社会或政治支持，也没有对家庭关系进行激进的重组。20 世纪三四十年代，大学里的少数穆斯林妇女参与创建巴基斯坦的政治运动，同时也伴随着妇女权利和自由的观念。[②]

在第一阶段，城市中受过教育的中产阶级和上层阶级妇女主导了妇女角色和权利的讨论，通过创办发行杂志和手册，也通过慈善和救济工作参与社区福利行为，普通妇女也及时参与讨论，形成了一种共同的声音和自我表达。[③] 在反殖民斗争中妇女积极动员，参与抗议、游行示威、执行纠察任务及不同的社会福利活动等，不同层面的妇女组织和小型慈善机构主要由精英和中产阶级妇女构成并开展这些活动，妇女教育和法律改革是其核心关注领域。这一阶段出现了几个代表性人物，萝琪雅·沙克阿瓦特·侯赛因（Rokeya Sakhawat Hossain，1880—1932）被认为是妇女教育和经济独立的先锋，1905 年出版的《苏丹娜之梦》（*Sultana's Dream*）是最早期描述女性主义乌托邦的作品之一，激励着新一代的妇女领导人。她建设性和批判性的文学作品挑战着整个父权制的体系，包括宗教，使用性别角色逆转的概念突出男性优越性，第一次在宗教历史上，女性主义话语由妇女自身所形成。普里蒂拉塔·瓦德达（Pritilata Waddedar，1911—1932）和卡尔帕纳·达塔（Kalpana Datta，1913—1995）等革命者反抗英国的占领，普里蒂拉塔成功领导了袭击吉大港的欧洲人俱乐部，与其他几位女性革命者一起参与了反殖民斗争。[④]

---

① Sohela Nazneen, *The Women's Movement in Bangladesh: A Short History and Current Debates*, Friedrich-Ebert-Stiftung, Dhaka, 2017, p. 5.

② Firdous Azim, Nivedita Mennon and Dina M. Siddiqui, "Negotiating New Terrains: South Asian Feminisms", *Feminist Review*, Vol. 91, Issue 1, 2009, pp. 1 - 8, 1.

③ Firdous Azim and Perween Hasan, "Language, literature, education, community: the Bengali Muslim women in early twentieth century", *Women's Studies International Forum*, Volume 45, July-August 2014, pp. 105 - 111.

④ Saadia A. Tasneem, Aahir Mrittika, Umama Zillur and Zahra Zillur, "The Women's Movement in Bangladesh Throughout the Years", April 6, 2020, 访问日期：2021 年 4 月 20 日，https://www.thedailystar.net/in-focus/news/the-womens-movement-bangladesh-throughout-the-years-1889908。

二　第二阶段：巴基斯坦时期，1947—1970 年（妇女运动挑战着国家建构）[①]

印巴分治后的巴基斯坦是基于共同的宗教认同建立的，早期的性别议题包含在国家的建构方案中。与妇女运动第一阶段相似的是，上层阶级妇女和城市中产阶级妇女参与巴基斯坦建国后的救济工作，她们是政党妇女组织中的成员，其中一些建立了志愿组织，但是活动范围仅限于城市地区，没有触及农村妇女的困境。全巴基斯坦妇女协会（All Pakistan Women's Association，APWA）代表了这一时期妇女运动的主流，该协会围绕妇女议题开展了第一次全国性活动，要求改革穆斯林家庭法，在东巴基斯坦和西巴基斯坦共收集了 55000 个支持署名，[②] 通过书面及公开讨论，直接促成了 1961 年《穆斯林家庭法条例》（Muslim Family Law ordinance）的颁布，终止了穆斯林男性在离婚和一夫多妻制度中的单边权利。此次运动是成功的，巴基斯坦政府在当时为确保政权的合法性有意打造一个现代的国家形象，乐于改变一些不合时宜的法律。

三　第三阶段：1972 年至 20 世纪 80 年代末期（妇女运动围绕不同的议题进行广泛动员）

在这一阶段，妇女运动围绕不同的议题进行了广泛动员：妇女政治参与、经济赋权、公共政策中的性别主流、宗教私法改革、针对妇女的暴力等。[③] 独立之后，孟加拉国政府面临独立战争期间被强暴受害者及战争寡妇的问题，由于国家恢复和支持这些受害者的能力不足，采取进行国内和国际动员的方式来应对受害者的困境，很多扎根于城市的妇女组织和女权活动家参与救济和复兴工作，国家措施的不足使她们意识到妇女的弱势地位、在公共和政策领域的边缘化，将反

---

① 1947—1970 年，东孟加拉地区（今孟加拉国）为属巴基斯坦，本小节内容在巴基斯坦国家语境下叙述，特此说明。

② Sohela Nazneen, *The Women's Movement in Bangladesh：A Short History and Current Debates*，Friedrich-Ebert-Stiftung，Dhaka，2017，p. 6.

③ Sohela Nazneen, *The Women's Movement in Bangladesh：A Short History and Current Debates*，Friedrich-Ebert-Stiftung，Dhaka，2017，p. 7.

对性别歧视成为工作重点。20 世纪 70 年代早期和中期的政治不稳定、一系列的军事政变、法律和秩序的毁坏等导致针对妇女的犯罪增加，如泼硫酸、绑架、谋杀、农村和城市与嫁妆①相关的暴行普遍存在等。针对社会反嫁妆的高昂声浪，妇女组织提出反对议案，获得 3 万人签名，促使政府于 1980 年通过了《嫁妆禁止法》，这是孟加拉国妇女运动的一个历史性胜利。② 针对妇女暴力行为的增加催生了一个法律援助组织，如"全国妇女律师协会"为受害者提供帮助。

在 20 世纪 80 年代，妇女运动在很多议题上挑战着国家，突出的包括反殉葬法、建立家庭法庭等，部分妇女运动处于前沿，如领导了反对第 8 次宪法修正案。1988 年，侯赛因·穆罕默德·艾尔沙德将军（1982—1990）修改宪法，规定伊斯兰教为国教，试图以伊斯兰教来谋求统治的合法性，此举遭到妇女组织的激烈反对，20 个妇女组织组成联合妇女论坛（United Women's Forum，Oikyabaddha Nari Samaj），抗议宪法修正案，向政府提交了 17 点妇女权利要求，包括法律、社会、经济和政治领域，其中，要求在议会和地方政府中为妇女预留席位。此次运动虽然没有成功阻止修宪，但是提升了妇女运动的高度，1990 年还参与了反对军政府的活动。③

针对妇女的暴力和国家的伊斯兰化可能是两个主题：延续了整个 20

---

① 嫁妆本是印度教社会的一个共有现象，是一个非穆斯林的行为，但是自孟加拉国独立以来，嫁妆现象普遍存在并被认可，新娘监护人在结婚时提供给新郎家的现金、珠宝和奢侈品成为了一个传统，因嫁妆导致的纠纷、死亡事件层出不穷。2006 年，世界银行在孟加拉国开展的性别准则调查（World Bank Survey on Gender Norms，WBSGN）显示，该国 15—25 岁妇女群体中有 46% 在结婚时向男方家提供嫁妆，而在 45—60 岁群体中这一比例占 7.7%。嫁妆现象的增加可能是多重因素的结合，如因适婚群体中女多男少导致的"婚姻挤压"（marriage squeeze）、来自印度教社区的扩散效应（diffusion effect）、分散的土地所有权导致家庭低估了妇女劳动力对家庭农业的价值、父母将嫁妆作为遗赠的部分或者因贫困迫使年轻男性要求妻子家提供更高的遗赠等。

② Saadia A. Tasneem, Aahir Mrittika, Umama Zillur and Zahra Zillur, "The Women's Movement in Bangladesh Throughout the Years", April 6, 2020, 访问日期：2021 年 4 月 20 日，https://www.thedailystar.net/in-focus/news/the-womens-movement-bangladesh-throughout-the-years-1889908。

③ Pranab Panday and Linda Che-lan Li, "Women's Political Participation in Bangladesh: Role of Women's Organizations", *International Journal of Public Administration*, Vol. 37, 2014, pp. 728 – 729.

世纪 90 年代及 21 世纪的第一个 10 年。20 世纪 90 年代，妇女在国家建构过程中发挥了关键作用，同时反对拐卖妇女儿童，但对在警方拘留所的强暴、针对妇女和儿童的泼硫酸行为等，这些运动导致颁布了应对妇女儿童暴力的特定法律，妇女律师和女权主义活动家研究并制定了《统一家庭法》草案，在国家和地方层面举办磋商会。

在民主转型的早期及整个 20 世纪 90 年代，妇女活动家和女权主义者之间开始热烈讨论妇女运动是否具有包容性，关注来自不同阶级、少数族群、宗教少数团体和边缘化社区的议题及问题是否得到了充分的表达。围绕组建统一家庭法的讨论，女权主义强调了不同宗教群体中妇女面临的法律不平等，如穆斯林妇女有权离婚但是印度教妇女不可以。统一家庭法草案意味着宗教法体系需要改变，来自宗教少数团体的妇女活动家处于困难境地，一方面她们寻求确保宗教自由，同时也要保持在穆斯林占绝大多数国家中的独立认同。

妇女在政治领域占据了一定的空间，推动了关注妇女需求的变化，该国的第一个五年计划（1973—1978）仅认定了关于母亲和战争受害者恢复方面的妇女发展需要。

妇女组织的主张获得更加广泛的报道，很多不同的活动继续要求包括提高妇女在国家和地方政府的代表，活动形式包括公共会议、非正式的观点交流、请愿、游行、署名等，还通过媒体会和出版物向公众展示妇女政治参与和公共调查的结果。妇女组织根据不同的议题组织了数次全国性大会，不同妇女权利团体、政策研究者、政府官员和政治领导人积极参与讨论，形成交流观念的一个有效平台，提出了一些改革建议。20 世纪 80 年代，妇女运动与政府的关系处于一种对抗状态，1990 年国家实现民主转型之后，双边关系转为合作。[1]

四 第四阶段：20 世纪 90 年代以来（妇女运动寻求更大包容性）

在这一时期，妇女权利组织的新形式面临行动主义、研究和支持的交叉，关注妇女在公共和私人领域中所经历的身体暴力和性暴力。

---

[1] Sohela Nazneen, *The Women's Movement in Bangladesh: A Short History and Current Debates*, Friedrich-Ebert-Stiftung, Dhaka, 2017, p. 9.

　　进入 20 世纪 90 年代，更为自由的媒体和宽松的政治环境有利于妇女运动，孟加拉国的妇女运动继续在广泛议题上进行动员：针对妇女的暴力（包括警察拘留所的暴力、性骚扰、拐卖妇女儿童、家庭暴力、酸暴力、冲突地区针对少数民族群体妇女的暴力等）、确保妇女经济参与和机会的性别平等、妇女在政治中的公平代表、国家伊斯兰化、生殖权利、家庭法改革及公共政策中的性别主流等。其中，针对妇女的暴力和国家的伊斯兰化这两个主题延续了整个 20 世纪 90 年代及 21 世纪的第一个 10 年。[①] 大多数妇女组织一方面关注传统的妇女议题，继续支持妇女权利并反对针对妇女的性别歧视和暴力，同时还将关注点扩展到一些发展导向的议题如债务、环境、人口控制、妇女健康、法律改革及政治参与等。[②] 在针对妇女的暴力方面，妇女运动促使政府制定、颁布了一些应对妇女儿童暴力的特定法律。

　　20 世纪 90 年代，吉大港山区的军事行动吸引了全国注意，源于孟加拉人定居者和当地山民之间的冲突。朱玛（Jumma）妇女成为该地区数十年冲突中最受压迫的弱势群体，妇女运动注意到这一群体的困境，也引发了一系列的疑问，即妇女运动是否具有包容性、运动是否促进了孟加拉/穆斯林的认同高于非孟加拉/非穆斯林的认同、运动是否能够有效代表不同边缘化群体关心的问题、运动对边缘化群体的支持是否有效等。[③] 在这一阶段，妇女运动还注意到性工作者被驱逐出妓院的现象，驱逐增加了性工作者的困难处境，迫使她们组织起来争取合法的工作权利。

　　不可否认，孟加拉国的妇女运动取得了一些显著成效，通过挑战政治、社会和经济领域的性别歧视实现了一定程度的性别正义，也导致了国家政策的显著变化。该国的妇女运动受以下因素的影响：国际

　　① Sohela Nazneen, *The Women's Movement in Bangladesh：A Short History and Current Debates*, Friedrich-Ebert-Stiftung, Dhaka, 2017, p. 8.

　　② Pranab Panday and Linda Che-lan Li, "Women's Political Participation in Bangladesh：Role of Women's Organizations", *International Journal of Public Administration*, Vol. 37, 2014, p. 729.

　　③ Sohela Nazneen, *The Women's Movement in Bangladesh：A Short History and Current Debates*, Friedrich-Ebert-Stiftung, Dhaka, 2017, p. 9.

社会对性别与发展的讨论，为资助不同性别项目和计划创造了资助空间；20 世纪八九十年代非政府组织部门的扩展。联合国"妇女十年"和 1995 年联合国第四次世界妇女大会的筹备过程为该国妇女进入政策空间打开了大门，性别与发展资助为女权主义者进入和参与不同的政策空间提供了条件，该国妇女运动继续在不同层面的行动主义和意识形态方向上进行，无论采取的意识形态如何不同，都对该国的发展与正义做出了贡献。南亚地区的其他国家相比，孟加拉国妇女运动的一个显著特征是在重要议题上采取统一的立场，超越了差异性和分歧。[①] 对妇女运动的不同定义，大多数分析认为，妇女运动是妇女组织有组织的努力，目标是改善妇女在社会中的地位，孟加拉国的妇女组织也积极致力于妇女更多的政治参与。

妇女运动根植于社会中，总体的主题包括消除针对妇女的暴行、为生殖权利抗争、争取政治和经济赋权、抵制宗教附属关系并确保公共角色。这一运动涉及争取合法权利、挑战现存话语、增加代表性、推动政策的改变，最重要的是挑战着父权制社会中的思维定式。[②] 对孟加拉国的女性主义、妇女运动的理解不能放在一个单一的框架内，南亚地区的女性主义者通过反抗父权制的发生空间将自身定于何处之间的描述将政治女性主义从发展女性主义当中区分出来。受到国际政治、国际讨论的影响和推动，经济社会的快速发展和变化是其内在推动力。政治女性主义定位于对抗的社会运动中，而发展女性主义有着更加倾向于改革的关注点，强调妇女发展应融入国家发展政策。在孟加拉国，很难将政治女性主义和发展女性主义这两个空间区分开：妇女运动的很多行为者将自身定位于同时存在两个空间中，因政治女性主义和发展女性主义的行为者同时与国家一起工作，或者参与反抗性的社会运动。当代的女性主义政治也通过与更加广泛的社会、经济和

---

① World Bank, *Whispers to Voices: Gender and Social Transformation in Bangladesh*, Bangladesh Development Series Paper, No. 22, March 2008, p. 17.

② Saadia A. Tasneem, Aahir Mrittika, Umama Zillur and Zahra Zillur, "The Women's Movement in Bangladesh Throughout the Years", April 6, 2020, 访问日期：2021 年 4 月 20 日，https://www.thedailystar.net/in-focus/news/the-womens-movement-bangladesh-throughout-the-years-1889908。

政治变革的互动来形塑。①

第二节 妇女组织

一 妇女组织的发展历程

妇女组织既是妇女运动的组成部分，也是妇女运动的积极行为体。针对发展中国家妇女组织的研究表明，妇女组织从三个方面促进了妇女权利与发展：一是绝大多数发展中国家的妇女组织在形成初期专注于提供基本物资和服务，如食物、住所和教育等；二是妇女组织参与的活动为妇女提供了赋权途径；三是很多发展中国家的妇女组织在民主化进程中扮演着重要角色，致力于促进性别平等意识、强化基层社区的组织能力和地方层面的民主文化、鼓励妇女参与政治等。②

孟加拉国妇女组织争取权利的历史漫长，可追溯到反英国的殖民斗争和反巴基斯坦的民族主义斗争时期，在该国妇女组织的历史中，承认并优先化的核心议题，如选择、自主和机会，试图将组织和个体的作用放在本国更大的妇女运动背景下。20 世纪 70 年代以来，孟加拉国组建了众多妇女组织，从初期的 10 个增加至 2010 年的 35 个，妇女组织的类型和规模逐渐复杂化，很多组织声称自己是女权主义组织，马克思主义的思想激励了孟加拉国一些与左翼政党有关的组织，如 Bangladesh Mohila Parishad 等。所有妇女组织都强调争取妇女权利，活动广泛涉及参与社会动员、意识建构、传递服务、执行监管、开展研究及声援其他组织的运动等。③ 独立以来，一些城市妇女组织开始积极参与农村妇女的福利，议题包括打击针对妇女的暴力和歧视，不定期组织农村妇女的动员活动，大多发生在选举时期。进入 20 世纪

---

① Sohela Nazneen, *The Women's Movement in Bangladesh: A Short History and Current Debates*, Friedrich-Ebert-Stiftung, Dhaka, 2017, p. 1.

② Pranab Panday and Linda Che-lan Li, "Women's Political Participation in Bangladesh: Role of Women's Organizations", *International Journal of Public Administration*, Vol. 37, 2014, p. 725.

③ World Bank, "Whispers to Voices: Gender and Social Transformation in Bangladesh", Bangladesh Development Series Paper, No. 22, March 2008, p. 28.

90 年代以来，大多数妇女组织的目标从关注福利转向关注发展，活跃在农村地区的妇女组织逐渐拥有了固定的群众基础。

二　孟加拉国妇女组织的类型

孟加拉国的妇女组织本质上具有多样性，通常分为妇女权利活动组织、妇女研究与支持组织、妇女非政府组织。[①] 为了更加详细展示该国妇女组织的多样性，本书划分为以下六种。

（一）妇女权利活动组织

成立于 1970 年的 Bangladesh Mahila Parishad（BMP）是孟加拉国建立最早及最大的妇女权利组织，组建者苏菲亚·卡马尔（Sufia Kamal），致力于实现妇女的人权、妇女赋权和性别平等，其愿景是建立一个非公社型的、民主的、基于平等的、理性的、人道主义的社会和国家，其使命是通过改变结构性的父权社会准则、习俗、歧视妇女和女童的规则与行为实现男女平等。该组织在政策声明中明确反对针对妇女的歧视，在 1995 年世界妇女大会之后，其宗旨转向促进妇女在政治和决策中的参与。该组织展示了动员妇女的努力如何导致了法律和政治体系的变化，对促进妇女在政治和社会中的作用发挥了先锋作用。

Naripokkho 被其他妇女权利团体认为是激进的，强调妇女的自主并愿意提高关注与妇女性行为与身体的融合等，所有团体呼吁强调妇女权利的观念。[②] 20 世纪 90 年代，围绕妇女的身体权利展开全国性的对话，组织了有争议的"我的身体我决定"（My Body，My Decision，*Shorir Amar*，*Shiddhanto Amar*）的主题运动，目标是尽力争取妇女决定其身体的权利，这一标语被误认为带有色情含义，性自由等同于滥交。Naripokkho 围绕性别和健康、环境、政治赋权等扩展了关注点，为反对针对妇女暴力的普遍形式泼硫酸，Naripokkho 的成员，娜思琳·胡克（Nasreen Huq）建立并领导了全国性反对硫酸暴力的

---

① Pranab Panday and Linda Che-lan Li，"Women's Political Participation in Bangladesh：Role of Women's Organizations"，*International Journal of Public Administration*，Vol. 37，2014，p. 727.

② Sohela Nazneen，Maheen Sultan and Maitrayee Mukhpadhyay，*Mobilizing for Women's Rights：the Role of Resources*，Synthesis Report-Bangladesh，Pathways of Women's Empowerment and BrAC Development Institute（BDI）：Dhaka，February 2011，p. 19.

运动，由此建立了"酸幸存者基金会"（Acid Survivors Foundation），为幸存者提供医疗和法律支持，还通过教育、就业和社会互动帮助受害者重新融合到社会中，该组织的努力使硫酸暴行大幅下降。[①]

1988年组建了山区妇女联盟（Hill Women's Federation，HWF），帮助提高朱玛（Jumma）妇女的权利和义务意识，她们是吉大港山区朱玛社区中最受压迫的群体，使人们注意到该国依然存在的问题：孟加拉人定居者对土著人的压迫，土著妇女权利等。

（二）妇女研究与支持组织

荣娜克·贾汉（Rounaq Jahan）1973年组建了"妇女互助"（Women for Women），是孟加拉国最早研究和支持妇女的女权主义组织，致力于收集数据、进行研究并提供建议与支持，将自身定义为"为妇女赋权和促进性别平等的组织"，提升"带有促进妇女地位观点的性别议题"的意识，还关注"妇女处于不利地位的相关议题"。1975年，该组织出版了第一份关于该国女性处境的综合性报告。Aion-O-Salish Kendra（ASK）是孟加拉国一个主要的法律援助和人权组织，组建于1986年，通过开展社区活动和社会动员、能力建设、法律服务、支持与政策介入保护和促进弱势群体的人权，愿景是建立一个基于人权、性别平等、公正、世俗、法治、社会正义及民主的社会。该组织主要在达卡市开展工作，为那些被剥夺了权利的群体提供免费法律服务。

（三）妇女非政府组织

在20世纪七八十年代，国际社会广泛讨论妇女在发展中的作用，承认妇女在发展过程中作为母亲、生产者及能动者的重要性。一些妇女组织通过与非政府组织共同开展的活动展示了妇女发展与革新项目之间的联系，很多项目注重提升妇女的识字、创收能力及改善家庭地位等，目的是使妇女能更多掌控自己的生活。妇女组织与妇女权利网络促进人权、妇女权利和性别平等方面的讨论。1976年组建的

[①] Saadia A. Tasneem, Aahir Mrittika, Umama Zillur and Zahra Zillur, "The Women's Movement in Bangladesh Throughout the Years", April 6, 2020, 访问日期：2021年4月20日，https：//www. thedailystar. net/in-focus/news/the-womens-movement-bangladesh-throughout-the-years-1889908。

Banchte Shekha（Learn How to Survive）是一个妇女主导的发展非政府组织，致力于帮助妇女获得资金独立，组织培训农村妇女的创收技能如养鱼、种植作物、养殖家畜和手工制作等；为成年人举办小学教育项目，母婴和基本健康课程，该组织还以穆斯林家庭法培训法律助理，仲裁内容包括家庭暴力、嫁妆纠纷和孩子抚养等议题。该组织的组建及活动使妇女运动的范围超出了城市中上层阶级，目的不是拯救妇女，而是帮助她们学会生存，在 430 个村庄拥有 25000 名成员。[①]"孟加拉国信息女士"（Bangladesh's InfoLadies）的成员骑自行车穿梭于农村地区，携带医疗物资和笔记本电脑，教当地人很多知识，包括健康、农业技能等，也讲授关于妇女权利并为家庭暴力的受害者提供援助，该组织促进了项目实施地区农村妇女的生活。

（四）劳动行业的妇女组织

20 世纪 70 年代以来，随着国家经济结构的转型与经济发展，越来越多的妇女进入劳动力市场，遭遇到诸多的歧视和不平等对待，出现了一些维护工作妇女权益的组织。20 世纪 90 年代以来，目睹了工人阶级妇女组织的出现，如 Bangladesh Ovibahsi Mohila Sramik Association（BOMSA）[②]、Awaj 基金会，可能导致当前运动中阶级构成的转型，但是转型的影响还不明确。成衣部门绝大多数是妇女，而其他正规部门主要是男性主导的，孟加拉国的工会文化是家长式的，暴力、与警察对抗的可能性使很多妇女没有足够的勇气参与工会。

孟加拉国的女工推动着本国服装产业的发展，也推动着劳工运动，雇主和工人之间的权力长期处于不平衡状况，是一种性别剥削的准则，表现为女工的低工资、无视女工的职业安全和健康。孟加拉国工业部

---

① Saadia A. Tasneem, Aahir Mrittika, Umama Zillur and Zahra Zillur, "The Women's Movement in Bangladesh Throughout the Years", April 6, 2020, 访问日期：2021 年 4 月 20 日，https://www. thedailystar. net/in-focus/news/the-womens-movement-bangladesh-throughout-the-years-1889908。

② Bangladesh Ovibahsi Mohila Sramik Association（BOMSA）是孟加拉国关注妇女移民议题的唯一组织，1988 年，一些从菲律宾、马来西亚和其他国家回归的移民妇女组建了该组织，目的是将女性移民团结起来并提供保护。（http://www. bd-directory. com/Bangladeshi_Ovhibashi_ Mohila_ Sramik_ Association. html）

门的扩展为妇女提供了经济机会，2003 年组建的 Awaj 基金会（Awaj Foundation），致力于改善制衣部门工人的权利，动力是在孟加拉国建立体面工作、有尊严的生活和性别平等的愿景，培养制衣女工的抗争意识和协商能力，教育她们在国家和国际法律框架下争取自身的权利。该组织的创建者——纳兹玛·阿克托尔（Nazma Akter）——11 岁就在制衣工厂工作，目睹了男性雇主虐待女性工人，而工会提出的解决办法常常带有浓厚的性别歧视。Awaj 基金会的优先关注点是基于性别的暴力、强调妇女参与工作场所和家庭的决策，在达卡和吉大港地区的制衣工厂建立了 52 个反暴力委员会。孟加拉国制衣工人保护联盟（Bangladesh Garment Workers Protection Alliance，BGWPA）有 24 个组织，致力于为制衣工人争取权利和保护。2012 年塔兹雷恩制衣厂（Tazreen Fashions）火灾和 2013 年 4 月 24 日达卡郊区萨瓦尔镇的拉纳工厂倒塌，导致 1200 名制衣工人死亡，一些有号召力的妇女组织了 500 多个工会，为制衣女工要求更好的工作条件和更高的薪水，抗议活动一直延续到 2013 年 12 月。[1] 类似的妇女组织还有职业妇女（Working Women, *Karmojibi Nari*）。

2000 年，组建了全国家务女工联盟（National Domestic Women Workers Union，NDWWU），隶属于国际家务工人联合会 International Domestic Workers Federation（IDWF），是该国最大的不住家家务工人的工会，成员约 10000 人，主要活动范围是达卡，也逐渐扩展到其他城市，如锡尔赫特和吉大港。[2] 该联盟每月开会指导家务女工如何解决面临的问题，如遭遇的暴力和虐待，提供新政策等相关信息，培养成员的协商能力和领导能力，在一定程度上改善了家务女工的工作条件。

（五）为性工作者和跨性别者发声的妇女组织

孟加拉国的色情行业通常被视为贫困的一个副产物，也引发了性

① "Women Garment Workers in Bangladesh Face Gender-Based Retaliation"，访问日期：2021 年 4 月 20 日，https://www.fashionrevolution.org/women-garment-workers-in-bangladesh-face-gender-based-retaliation/。

② Anweshaa Ghosh, "Recognizing Invisible Work: The Women Domestic Workers' Movement in Bangladesh", *Asian Journal of Women's Studies*, 2021, p. 5.

工作者从良后结婚、从事体面职业等方面的相关讨论。在抗争性工作者权利方面组建了一个强大的联盟——Ulka，目的是为性工作者指明生活和工作的方向，Ulka 运动提出"社会接纳"的议程，涉及重新承认性工作是项合法的职业。为了改变人们对性工作者的看法，1991 年，Ulka 和 Naripokkho 结合起来，大约 84 个妇女组织、人权组织及发展 NGOs 组成支持性工作者的联盟——Shonghoti，媒体开始将性工作者称为"*jouno kormi*"（the fallen one）而不是"*potita*"（prostitute）。这是消除性产业相关耻辱的一个进步，性工作最终被定为一项职业，性工作者有权要求作为工人的权利。卓雅·席克德（Joya Sikder）在年轻时经历了跨性别的妇女时期，容易遭到暴力和虐待，不仅来自陌生人，还包括家庭和社区，最终建立了自己的组织 Somporker Noya Setu（SNS），致力于帮助跨性别社区的成员作为自由公民一样生活，为他们提供工作机会，促进安全的工作条件等。她说服政府承认"海吉拉"（Hijras）①为第三性，她的工作建立在定义孟加拉国跨性别者的基础上，澄清了社会上的一些错误观念，逐渐发展为包括所有性别多样性和性认同的理念。②

（六）宗教妇女团体

20 世纪 90 年代以来，孟加拉国出现了很多不同妇女宗教团体，一些成员隶属于伊斯兰政党的学生组织，这些团体为妇女相关的问题提供宗教指导，强调性别角色的互补性，使用权利话语赋予妇女在家庭和公共领域发挥能力，总体而言是非政治的。保卫伊斯兰联盟（Hefazat-e Islami）是一个反对妇女权利议程的松散伊斯兰平台，特别反对 2013 年的网络沙哈拜格（Shahbag）活动，由于这一活动限制

---

① 在南亚地区，"海吉拉"（Hijras）是个特殊的群体，出生时被认定为男性，同时也具有女性的特征。孟加拉国"海吉拉"的数量大约 10000— 50000 人，这一群体被剥夺了财产和结婚权利，不被正规工作接纳，谋生手段有限。2014 年 1 月，政府宣布承认第三性，对确保"海吉拉"的人权是个巨大的进步，但是没有清晰界定第三性的相关文件。资料来源：https://cdkn.org/2020/11/feature-bangladesh-radical-change-needed-to-ensure-justice-for-hijra-communities/? loclang = en_ gb。

② Saadia A. Tasneem, Aahir Mrittika, Umama Zillur and Zahra Zillur, "The Women's Movement in Bangladesh Throughout the Years", April 6, 2020, 访问日期：2021 年 4 月 20 日，https://www. thedailystar. net/in-focus/news/the-womens-movement-bangladesh-throughout-the-years-1889908。

不同团体间的对话。① 带有世俗观的妇女组织和带有伊斯兰价值观的妇女组织在妇女政治参与方面的差距是显著的，前者争取妇女在公共领域中更明显的作用，主张消除针对妇女的所有歧视，后者想要保护妇女在政治中"面纱之下"（under veil）的角色。② 宗教妇女团体的成长和普及也提出了很多问题，由于意识形态的差距，不太可能与世俗的女性主义团体合作。

20 世纪 90 年代，妇女组织〔如，Bangladesh Mahila Parishad、Naripokkho 和 Aion-O-Salish Kendra（ASK）〕等尤其活跃。在 1995 年世界妇女大会之前，组建了该国历史上第一个妇女联盟——孟加拉国发展机构协会（Association of Development Agencies in Bangladesh，ADAB），主要活动是组织对话、学习和研究，召开群体研讨会。不同妇女组织形成了全国性的网络，如 Doorbar Network，将达卡外的一些小型妇女组织与达卡的组织建立了正式关系。妇女组织如何选择动员及盟友的选择受到社会和政治背景的影响，包括政治模式、公民社会行为体的政治倾向、政治中宗教的作用、非政府及援助资金在促进妇女权利议程中的影响。③ 一些成功的案例表明，妇女组织对政府政策产生了影响，但是评估妇女组织对特定政策发展的影响程度比预想更为困难。

第三节　妇女运动的问题及挑战

进入 21 世纪，孟加拉国的妇女运动表现出新特征，在组织动员形式和途径方面不同于之前的数十年，在国际国内形势的推动下，妇女运动在继续发展的同时也需要克服内在问题与挑战。

---

① Sohela Nazneen, *The Women's Movement in Bangladesh: A Short History and Current Debates*, Friedrich-Ebert-Stiftung, Dhaka, 2017, p. 14.

② Pranab Panday and Linda Che-lan Li, "Women's Political Participation in Bangladesh: Role of Women's Organizations", *International Journal of Public Administration*, Vol. 37, 2014, p. 729.

③ *Mobilising for Women's Rights and The Role of Resources*, Synthesis Report-Bangladesh, Pathways of Women's Empowerment and BRAC Development Institute, February 2011, p. 9.

一   妇女组织与政府之间缺乏正规的沟通渠道

孟加拉国的妇女组织历来与政府之间缺乏正规的沟通渠道，迫使妇女组织采用争取盟友支持的策略，包括政党、政府官员、其他妇女组织和 NGOs 等，是一种非正式的网络和互动关系，也反映了妇女组织的弹性。① 妇女组织作为一支集体力量对政府政策的影响力受制于主要领导人的意识形态或党派理念，一些妇女组织的领导人与上层政府官员保持着良好的私人关系，以此来实施影响和促进政策领域的性别平等问题。大多数妇女组织的领导人有长期的政治参与历史，很多与左派政党有密切的关系并在独立前的解放战争中积极活动，早期的政治经历使妇女组织领导人与政府官员之间形成了友谊。妇女组织的领导人和其他高层政府官员中建立了相似的社会网络，每个政党都有自己的妇女议题派别，政党领导人通常对党务有绝对的控制权，党内的妇女羽翼并不能对决策过程产生影响。谢赫·哈西娜早年在解放运动和妇女运动中是个积极的参与者，她承认自己对妇女议题的兴趣并承诺要扩展妇女的政治参与。当涉及与政府互动时，妇女组织的领导人、女权活动家充当着"利益集团"或"压力集团"，导致很多选择与政党结成联盟的妇女组织失去了一定的公信力和立场，限制了妇女运动本身的能力空间，随着运动的阶级构成及政治精英的变化，依赖私人网络的策略能否持续存在成为一个核心议题。② 妇女运动的缺陷：尽管缺乏与政府间正规的沟通渠道，一些妇女组织的领导人与上层政府官员保持良好的联系，包括与哈西娜总理的关系。妇女组织作为一个集体力量对政府政策的影响力因主要领导人的党派或意识形态的差异而削弱，也造成妇女组织之间的紧张关系，也面临维持对国家政策和政治讨论影响的挑战。

---

① Pranab Panday and Linda Che-lan Li, "Women's Political Participation in Bangladesh：Role of Women's Organizations", *International Journal of Public Administration*, Vol. 37, 2014, p. 734.

② Sohela Nazneen, *The Women's Movement in Bangladesh：A Short History and Current Debates*, Friedrich-Ebert-Stiftung, Dhaka, 2017, p. 11.

二　妇女运动内部阶级构成的变化导致运动的群众基础难以为继

孟加拉国独立以来，随着妇女组织的相继组建，妇女运动的活动范围和群众基础逐渐扩大，囊括了上层阶级、中产阶级、工人阶级、农村及城市边缘化妇女群体、贫困妇女等，在很大程度上改变了运动内部的经济阶级构成，扩展和强化了妇女运动的空间和能量。但是，妇女运动中阶级构成的改变、工人阶级妇女组织和主流妇女运动之间的联系以及它们之间如何相互影响等没有得到足够的重视和研究，对工人阶级妇女组织与主流妇女权利组织之间的合作仅关注制衣部门的女性工人，对工作妇女的研究范围限于妇女在家庭工作和农业中的角色，很少涉及城市地区非正规部门中的妇女。近年来，妇女工人参与各种与薪水、工作时间和工作保障等相关的抗议，与女权主义学者多年来一起在政策层面提出了自身关心的问题，广泛涉及工人妇女的住房、工作安全、交通、体面的工作机会，不再有性骚扰的安全公共空间等，工会或工人组织与妇女运动之间开展有效合作的案例很少。实际上，妇女组织和女权主义者能从年青一代所使用的模式、活动的空间中获益，年青一代的兴趣是能否合作/或加入妇女组织，不同代际之间成功合作的案例还没有转变成长期合作的努力。宗教妇女团体与更广泛妇女权利活动、与妇女权利团体之间合作的可能性也没有引起足够的关注。

孟加拉国的女权主义学术自产生以来就带有中产阶级的偏见，大多数妇女组织起初由城市专业人员、精英和中产阶级妇女组成，具有明显的阶级性，她们可以志愿贡献时间、有更多的社会资源和资金来源，对于草根妇女而言，社会经济条件限制了其志愿活动的能力和空间。① 妇女运动的可持续性有赖于开发可替代的资源，如伙伴关系、寻求新的支持者、招募并留住年轻成员等。近些年来，城市年轻的中产阶级妇女不愿参加或选择退出妇女组织，主要原因在于一些妇女组织缺乏活动空间和资源支持、运动的议题设计不足以吸引年轻群体的

---

① Sohela Nazneen, *The Women's Movement in Bangladesh: A Short History and Current Debates*, Friedrich-Ebert-Stiftung, Dhaka, 2017, p. 13.

关注，如关于性、气候变化和行动主义等。很多城市年轻女权主义者认为老一辈活动家并未有效运用社会媒体和其他先进的方式（如动漫、图片展、电影展映、学校远足、知识竞赛等）来吸引年轻群体。相比之下，一些社会运动（如反腐败、环境运动等）成功利用了这些方式，在年轻人中广受欢迎。近年来，妇女组织和大学的学生组织之间在妇女权利议题上有零星的合作，学生抗议针对妇女的暴力行为，妇女法律援助组织为大学的性骚扰受害者提供法律咨询或公开支持学生运动，但也存在对这些合作是否将导致持续合作的担忧。

三　妇女运动的非政府组织化（NGOization）拓宽了运动内部的代际分化

妇女运动的非政府组织化是通过将妇女共有利益的事务转变为隐蔽的发展项目，是将项目交付给非政府组织的过程，不考虑特定的社会政治和经济现状，本质上与新自由主义价值观相吻合。20 世纪 80 年代以来，随着 NGOs 的发展壮大，孟加拉国妇女运动的非政府组织化走在南亚地区的前列，在这一议题上该国成为一个有趣的研究案例。非政府组织化是一柄双刃剑，在积极方面表现为援助资金增强了一些妇女组织的能力，有助于使城市中产阶级的妇女运动专业化，提供了更大的政策空间及外展服务。[1] 负面效应则表现为使用外来资助影响了妇女组织的自主性，被公众认为带有"西方进口"的特征，大量 NGO 模式的项目导致了妇女运动议程的去政治化，由于这种模式导致了关注妇女赋权议程领域转向个别赋权和妇女发展工作，重点不是为了结构性改变的集体动员，使妇女运动处于一种困境。非政府组织化以特定的方式使妇女权利概念化，改变了动员的风格和形式，拓宽了运动内部的代际分化，使年轻群体中的职员制不断减少，破坏了运动内部的团结性和可持续性，年轻一代的女权活动家使用"女权主义的僵局"（feminist impasse）来指不同代际女权主义者之间的分歧。年轻成员与 NGO 模式一同成长，对争取妇女权利有更加专业

---

① Tania Haque and Abu Saleh Mohammad Sowad, "Impact of NGOization on Women's Movement Organizations: A Critical Analysis from Bangladesh Perspective", *Social Science Review*, Vol. 33, No. 2, December 2016, pp. 30 – 31.

化（professionalize）的途径，不再单纯遵循运动导向（movement-oriented）的途径。此外，国家层面的妇女组织有能力管理非政府组织化的进程，参与项目的实施并与 NGOs 一起工作，而小型妇女组织的自主行为存在一定困难，仅能根据资助要求进行设计和动员，甚至为获得资源与同类组织进行竞争。非政府组织化还使妇女组织成员的时间货币化，增加了有偿职员和更年轻成员之间的紧张关系，后者认为应该为同样的工作获得同样的报酬。①

孟加拉国妇女运动的关注点随着国际、国内形势的发展变化，在目标和战略方面表现出多样性，总体议题包括消除针对妇女的暴行、为生殖权利抗争、争取政治和经济赋权、抵制宗教附属关系等，这一运动涉及争取合法权利、挑战现存话语、增加公共领域中的代表性并推动政策变革，更为重要的是挑战着父权制社会的思维定式。国际与国内快速变化的经济和政治形势影响着孟加拉国未来妇女运动的可持续性，可以肯定的是，该国的妇女运动将继续在不同层面的行动主义和意识形态方向上运行和发展，也将继续推动着国家的发展与正义进程，同时也需要克服诸多的挑战，在运动内部，既要协调妇女运动代际间的分歧，还要稳定现有的成员基础并积极吸纳"新鲜血液"。妇女运动还要对抗为所有人解放和平等机会的全球反冲力，面临全球和国家层面的多重呼声，如不平等性增加、自然灾害和极端主义等，需要不同运动和组织的团结与合作。当前，在全球对伊斯兰极端主义焦虑的氛围下，人们普遍担忧妇女运动、性别平等取得的进展可能受到冲击，从而压缩妇女权利议题及妇女参与公共领域的空间，妇女运动和妇女组织的一个重要任务是将宗教性从极端伊斯兰团体兴起的背景下分离出来。②

---

① Sohela Nazneen, *The Women's Movement in Bangladesh*: *A Short History and Current Debates*, Friedrich-Ebert-Stiftung, Dhaka, 2017, pp. 10 – 12.

② Sohela Nazneen, *The Women's Movement in Bangladesh*: *A Short History and Current Debates*, Friedrich-Ebert-Stiftung, Dhaka, 2017, p. 17.

第 四 章

妇女发展的推力与阻力

第一节 妇女主体性地位的建构

妇女地位与角色是在一定的社会历史背景下形成的，通过历史性视角，即社会、政治、经济、人类学、文化和宗教对妇女的形塑成为女性主义讨论的一项核心内容，[①] 妇女通常被描述为男性控制及传统文化的受害者。性别差异是一个广泛存在的社会文化和历史现象，这一差异首先表现在生物学方面，并同时延伸到社会文化以及政治经济领域，是一个跨越文化的社会现象，具有强烈的政治经济建构性，是特定条件下政治经济构建的产物。[②] 性别利益的社会建构方式是复杂的，本质上与社会结构概念相联系，并构成构建政治活动环境的一股重要力量。[③]

一 社会性别与妇女社会地位的建构

社会性别（gender）是相对于生理性别（sex）提出的一个概念，已成为国际社会分析性别平等的一个重要基础概念。[④] 美国人类学家盖尔·卢宾最早提出了社会性别制度的概念，指的是一系列的组织安

[①] Veena Sikri, Jaishri Jethwaney and Ratan Kumar Roy, *Report on the Status of Women in Media in South Asia*, South Asia Women's Network (SWAN), March 2020, pp. 12 – 13.

[②] 李小云、张瑶：《贫困女性化与女性贫困化：实证基础与理论悖论》，《妇女研究论丛》2020 年第 1 期。

[③] ［英］西尔维亚·沃尔拜：《女权主义的未来》，李延玲译，社会科学文献出版社2016 年版，第 152 页。

[④] 赵群、王云仙主编：《社会性别与妇女反贫困》，社会科学文献出版社 2011 年版，第 51 页。

排，通过这种组织安排，语言和文化意义被强加于生理结构之上，从而有助于把生物学意义上的性转化为人类活动的产物。① 《牛津社会学词典》对"社会性别"的定义主要关注男女之间由于社会结构性原因所形成的差别，不仅指个体层次上的认同和个性，还指结构层次上的在文化预期和模式化预期下的男子气和女子气。② 20 世纪 60 年代，波伏娃在《第二性》中认为妇女受压迫的主要原因不是生物因素，而是社会制度，"与其说女人是生就的，而宁可说是逐渐形成的"，指出了自然性别和女性意识之间的非堆成关系。两性的行为和观念体现了遗传和社会两种因素的作用，妇女所扮演的性别角色并非由生理所决定，而是由社会文化形塑而成。社会性别是在人类社会进化过程中、在人类生物学基础上，由各种社会因素综合而成的结果，其中最主要的是由男权制度不断建构以及男权文化不断诠释和不断塑造的结果。③ 20 世纪 70 年代以来，在对性别角色分工的原因和机制的研究中，生物决定论的观念受到深刻的质疑，认为生物性别并不是导致性别社会分工的主要依据，对性别角色的期待和评价是社会产物，通过文化传统、习俗、教育、法律、宗教、政策等机制得到进一步加强和巩固，并被规范化、制度化、体制化和模式化。④

社会性别一般指人们所认识到的基于男女生理差别之上存在的社会性别差异和社会性关系，与所有社会关系一样，社会性别关系通过规范、准则、惯例，使资源、任务和责任得以分配并赋予不同的价值。⑤ 作为一种新的概念，其本质是要把社会性别和生理性别区分开，强调生理性别和社会性别的差别，实际上是强调人的社会性别在社会关系中所表现出来的双重属性，即人的特征是由其生物属性和社会属性公共决定的，⑥ 这一理论逐渐成为妇女研究的核心范畴。社会

① 宋建丽：《正义与关怀：女性主义的视角》，厦门大学出版社 2018 年版，第 108 页。

② 转引自胡澎《性别视角下的日本妇女问题》，中国社会科学出版社 2010 年版，第 3 页。

③ 刘志强：《性别平等如何可能——周安平〈性别与法律——性别平等的法律进路〉读后》，《南京大学法学评论》2009 年春季卷。

④ 于海燕编著：《世界社会林业发展概论》，中国科学技术出版社 2007 年版，第 25 页。

⑤ 赵群、王云仙主编：《社会性别与妇女反贫困》，社会科学文献出版社 2011 年版，第 51 页。

⑥ 陈晖：《性别平等与妇女发展：理论与实证》，中国民主法制出版社 2018 年版，第 26 页。

性别是基于可见的性别差异之上的社会关系的构成要素，是表示权力关系的一种基本方式，反映在社会的各种制度和建构中，强调性别不平等是社会建构的产物，消除资源获取和享有上的性别差异首先要认清差异得以产生并持续存在的社会性原因。① 除性别外，妇女在日常生活中还受到阶级、种族、文化、国家等各种等级与权力关系的影响，其中南北之间的不平等与不公正也是导致发展中国家妇女贫困和边缘化的重要原因。② 社会性别理论不断彰显妇女群体的重要性，强化了妇女对社会发展不可或缺的作用，社会性别不仅是指建立在生理基础上的性别差异，而且强调社会和文化对于男性和女性角色的期待、规范和要求，通过各种社会场域与机制演化成两性在扮演各种角色时所能够拥有的资源和机会，最终形成男性和女性之间的社会关系和社会地位。③

20 世纪 90 年代以来，社会性别研究（gender studies）领域吸引了更多的注意力，研究者试图把原有的研究思想转向一种新的，将男女两性都看作社会性别构成环境中对等成分的理念，在探究男女不平等、妇女受压迫的根源时，都强调性别差异与妇女社会地位及家庭地位的关系，着重考察"性别角色"的形成过程及其意义。④ 当代性别理论是在西方特定的历史、文化、政治和经济背景下逐步产生和发展起来，以男女平等为宗旨，但从来不是一个有着严密思想体系的统一体，也没有固定模式，不可避免带有浓厚的西方本土性特征及相应的时代、理论局限性。⑤ 以往对性别不平等的研究主要局限于从公共领域入手，认为根源在于妇女与男子权利的不对等。法律在社会性别的社会建构过程中发挥了重要作用，公共关系与家庭关系不同的理论原

---

① 谭兢嫦、信春鹰：《英汉妇女与法律词汇释义》，中国对外翻译出版公司 1995 年版，第 145 页。

② 徐进、李小云、武晋：《妇女和发展的范式：全球性与地方性的实践张力——基于中国和坦桑尼亚实践的反思》，《妇女研究论丛》2021 年第 2 期。

③ 赵群、王云仙主编：《社会性别与妇女反贫困》，社会科学文献出版社 2011 年版，第 4 页。

④ 谭琳、陈卫民：《女性与家庭：社会性别视角的分析》，天津人民出版社 2001 年版，第 3 页。

⑤ 宋建丽：《正义与关怀：女性主义的视角》，厦门大学出版社 2018 年版，第 253 页。

则在法律与家庭领域中发生了分离，妇女的生活轨迹固定于家庭领域，性别平等难以在法律文本上得以表达，由此导致妇女在法律产生之初就从属于男性的先天缺陷。至于性别平等的法律进路，无论是统一平等还是差异平等，都是通过赋予妇女法律权利的方法，但是传统法律的结构性环境难以改变，要实现性别平等的法律效力，不能简单回避传统法律上关于性别的公共领域与私人领域的二元划分结构，而是要进行重新设定，消除性别分工的对立文化观念，同时还要强化女性在公共领域尤其是在法律领域中的建构力量。[1]

二　传统文化与妇女地位的建构

传统性是亚洲国家性别歧视的根源，传统文化并不只是一般民众的意识，还是整个民族的意识和无意识，在生活中处处可见其深刻烙印。婚姻可视为人类社会调整两性关系的一种工具，可以使每个人在社会中得到一个确定的地位，也因此决定他或她与其他人的关系。[2]传统社会中的妇女往往充当着多个角色，妻子、女儿、儿媳、母亲或祖母，她们作为家庭中的食物制作者、家务和农业劳动的主要承担者、后代的养育者、家庭运转的主要执行者及家庭内关系的重要联系与协调者，在家庭和当地社会的运行中发挥着重要作用。[3]家庭生活成为妇女的首要义务，受到性别劳动分工规范的影响和限制，大多数的妇女并不参与市场化的生产行为，妇女的工作多集中于非现金领域，限制了她们实现经济增长的机会；家务劳动及家庭农业活动没有纳入经济测算领域，其经济贡献被无视或严重低估。国家法律规定男女享受土地之外的财产平等权，但是妇女与男性相比仍然很难拥有财产，歧视性的继承法及文化习俗。从传统到现代的经济体制变迁对妇女产生了多方面的影响，教育与社会经济和政治赋权之间不是一种简单的线性关系，传统性别意识形态和结构约束继续使妇女不能平等参

---

① 刘志强：《性别平等如何可能——周安平〈性别与法律——性别平等的法律进路〉读后》，《南京大学法学评论》2009年春季卷。
② ［英］W. H. R. 里弗斯：《社会的组织》，胡贻毂译，商务印书馆1990年版，第35页。
③ 王天玉：《西南地区的妇女发展与社会稳定问题研究》，中国社会科学出版社2020年版，第11页。

与社会或经济发展，缺乏流动性，尤其是农村地区。[①]

　　在男性主导的社会中，女性处于不利地位，社会准则包含了个体认同的多个层面，如年龄、性别、能力、族群、宗教等，是根据行为标准或者依附于群体认同感的观念。歧视性的社会规范和传统观念强化了性别认同并决定了权力关系，导致了男女不平等的行为模式，产生了社会可接受的对男性和女性的行为期望，直接影响着个人的选择、自由和能力。[②]

第二节　妇女发展的综合性推力

一　国家法律与政策

　　国家一直被视为以追求国家的利益和福利为主要目的，国家政策是实现社会福祉、协调不同阶级和利益集团之间关系的主要工具，国家制度及其意识形态决定着国家发展过程中的政策导向。[③] 孟加拉国妇女发展取得的成效既非偶然，也非发生于一夜之间，是政府、妇女运动和公民社会协同努力的结果，妇女在教育、劳动力参与、健康医疗等方面取得了显著进展，得益于政府制定的支持妇女权利和发展的诸多法律和政策。独立后，谢赫·穆吉布·拉赫曼（Sheikh Mujibur Rahman，1920－1975）就开启了改善妇女状况、提高妇女地位的进程，通过在国家所有领域及公共生活中建立男女平等权利。哈西娜1994 年当选总理后采取了很多措施确保妇女和儿童的发展，"如果妇女不发展，社会就不能进步"，政府的目标是通过保护妇女的权利来创造更多的机会。[④] 在发展讨论中，孟加拉国通常被视为一个同质的

　　① Veena Sikri, Jaishri Jethwaney and Ratan Kumar Roy, *Report on the Status of Women in Media in South Asia*, South Asia Women's Network (SWAN), March 2020, p. 14.

　　② UNDP, *2020 Human Development Perspectives：Tackling Social Norms——A Game Changer for Gender Inequalities*, New York , 2020, p. 6.

　　③ 赵群、王云仙主编：《社会性别与妇女反贫困》，社会科学文献出版社 2011 年版，第 7 页。

　　④ "Bangladesh ranks 7th in the world in the political empowerment of women"，访问日期：2021 年 4 月 20 日，https：//www. dhakatribune. com/bangladesh/2020/05/31/women-of-bangla-desh-emerge-as-global-model-of-leadership。

地理和社会统一体，有着高度的语言、宗教和族群的同质性，孟加拉族是主体民族（占98%），另有20多个少数民族，[①] 基于群体的亲属关系（gushtis）对成员有一定的约束和控制，不存在类似于南亚邻国的族群或宗派紧张关系，没有基于种姓（如印度和尼泊尔）的社会分层制度，或者巴基斯坦划分村庄的"勃拉达利"（biradari），也不以语言联系进行划分。该国社会相对较高的同质性更能组织妇女、促进发展运动的成功。20世纪90年代以来，该国贫困综合程度显著下降，收入不平等程度也降低，精英与普通民众对贫困和国家发展的理念与愿景表现出高度一致，相对统一的文化民族精神（ethos）产生了积极的社会与经济效果。[②]

（一）宪法及相关法律

1971年独立后，孟加拉国萌生了一个"新社会"的梦想，颁布了基于平等和自由原则的宪法。在经历了第一阶段的恢复之后，新国家的政治必要是为创建一个正义和平等主义的社会奠定坚实的基础，在宪法目标下制定了新的法律和政策。宪法是男女享受基本权利的根本来源，妇女的法律地位暗示着在社会经济和政治领域所能享受平等的程度。孟加拉国宪法确保妇女的平等权利和机会，明确支持妇女权利，反对社会中所有针对妇女的歧视，具体条款包括9、10、19（1）（2）、27、28（1）（2）（4）。其中，第19（1）条确保所有公民的机会平等，第27条规定法律面前人人平等，第28（1）条规定国家不得因宗教、种族、种姓、性别或出生地对任何公民实行歧视，第28（2）条强调妇女在国家和公共生活的各个领域享有平等权利。1976年，总统秘书处成立了妇女事务指挥部和全国妇女组织，1978年组建了妇女事务部，是当时世界上专门为妇女设立部门的少数国家之一，1994年扩大为妇女与儿童事务部。

孟加拉国相继批准了关于妇女和女孩权利与发展的国际协议与公

[①]　《孟加拉国概况（最近更新时间：2021年2月）》，访问日期：2021年9月1日，中国外交部网站，https://www.fmprc.gov.cn/web/gjhdq_676201/gj_676203/yz_676205/1206_676764/1206x0_676766/。

[②]　World Bank，"Whispers to Voices：Gender and Social Transformation in Bangladesh"，Bangladesh Development Series Paper，No. 22，March 2008，p. 4.

约，包括《世界人权宣言》（1948 年）、《公民权利与政治权利国际公约》（1966 年）、《在非常状态和武装冲突中保护妇女和儿童宣言》（1974 年）、《消除对妇女一切形式歧视公约》（1979 年）、《儿童权利公约》（1989 年）、《消除针对妇女暴力的宣言》（1993 年）、《北京宣言与行动纲领》（1995 年）、《消除一切形式歧视妇女公约任择议定书》（1999 年）、《最坏形式童工公约》（1999 年）、《南亚区域合作联盟（SAARC）预防和打击拐卖妇女和儿童为卖淫的公约》（2002 年）、《残疾人权利公约及其任择议定书》（2006 年）等。该国是率先批准《消除对妇女一切形式歧视公约》的几个国家之一，1990 年批准了《儿童权利公约》，规定了女孩的最低结婚年龄为 18 岁、男孩 21 岁。孟加拉国参加了 1975 年世界妇女大会，签署了 1995 年《北京行动纲领》（发展中国家妇女赋权的一个综合性框架），对国际协议、公约和文件的承诺推动着国家朝向性别平等的发展路径。

为了应对妇女组织呼吁改善妇女法律地位的要求，政府多次修订并颁布新法，1961 年制定、1986 年修改的《穆斯林家庭法条例》规定了财产与继承、结婚与离婚、监护与收养儿童等方面的内容。1974 年《童婚和离婚登记法》提高了男女结婚的法定年龄，1975 年又颁布了《穆斯林婚姻与离婚登记规定》。1985 年颁布的《家庭法庭条例》处理有关婚姻、嫁妆、监护儿童等相关案件，在县（sub-divisions）和分县（districts）设立家庭法庭，2010 年颁布《印度教徒婚姻登记法》。独立以来，孟加拉国的一夫多妻制显著下降，尤其在城市地区。2006 年，拉杰沙希市开始征收一夫多妻税，规定任何男子娶第二个妻子都要求一次性支付 1 万塔卡（约合 142 美元），娶第三个妻子税收增加至 3 万塔卡，娶第四个妻子增加至 4 万塔卡。①

（二）国家政策

1. 政府在妇女发展议题上的政策转型

孟加拉国是努力将性别平等维度结合到政府职能中的国家之一，

---

① "Research Paper on Gender Issue In Bangladeshi Social Context"，访问日期：2021 年 4 月 20 日，https：//www.assignmentpoint.com/arts/law/research-paper-on-gender-issue-in-bangladeshi-social-context.html。

体现在政策、计划和政府预算中，教育政策和小额信贷项目表明了政策杠杆和项目如何影响社会准则并为更加平等的社会创造动力。政策、计划产生了显著效果，早期收获来源于其他发展优先事项的积极成效：家庭计划项目降低了生育率，接种疫苗、干净饮用水与卫生项目、农村道路修建、控制腹泻疾病、小额信贷、出口导向的大规模制衣业促使大批年轻女性离开狭隘的传统角色，电视等娱乐产业开拓了年轻女性的视野等。[①] 独立以来，该国政府在妇女发展议题上的政策变化经历了四个阶段的转型：

（1）1971—1974 年国家恢复阶段的福利途径（welfare approach）[②]

在独立战争中，孟加拉国约 300 万人丧生、1000 万人逃到印度成为难民，20 多万名孟加拉国妇女被强暴，这些受害者被家人和亲友遗弃，无家可归，生活困顿，仅靠政府建立收容所提供基本救助。[③] 1972 年，国父拉赫曼奖励在解放战争中做出牺牲的女性，授予她们"勇敢女士"（*Birangana*）的称号，政府采取了广泛措施，为受害妇女提供康复治疗和援助，优先考虑战争期间殉难者的妻子和女儿，为她们提供就业机会和生活津贴。同年组建了孟加拉国妇女康复委员会（Bangladesh Women Rehabilitation Board），主要职责是开展调查、收集受害妇女和儿童的正确信息，提供康复治疗和职业培训。该委员会的范围和职能不断扩展，1974 年与妇女康复与福利基金会（Women Rehabilitation and Welfare Foundation）合并，开展了一些有针对性的项目：在分县建立针对妇女发展的基础设施；提供职业培训；为参与生产和培训活动的妇女提供日常托儿服务；为战争中受影响的妇女提供治疗；为战争中受影响妇女的孩子提供奖学金和津贴。

---

① World Bank，"Whispers to Voices：Gender and Social Transformation in Bangladesh"，Bangladesh Development Series Paper，No. 22，March 2008，p. 17.

② World Bank，"Whispers to Voices：Gender and Social Transformation in Bangladesh"，Bangladesh Development Series Paper，No. 22，March 2008，p. 22.

③ 范若兰：《暴力冲突中的妇女——一个性别视角的分析》，时事出版社 2013 年版，第 158 页。

（2）1974—1985 年从福利途径转向效率（efficiency）途径①

孟加拉国政府在第一个五年计划（1973—1978）期间首次在妇女发展议题中强调教育、健康和家庭计划，将妇女发展纳入部门间的创收机制，仍将经济恢复作为优先事项，将妇女融入政府的经济发展与人口控制的双重目标中。由于全球广泛讨论妇女发展的不同范式，第一次在五年计划中关注在效率途径框架内增加妇女对各领域的参与，通过创造一种社会氛围、扩大对妇女的教育和培训机会、提供技术信息和信贷方面的便利条件等，以此增强妇女发展的可能性、使更多妇女参与创收活动。独立后，该国开始了大规模的家庭计划运动，将妇女视为降低出生率的首要对象及家庭收入的补充者。1974 年的历史性饥荒使政府将预防饥荒作为国家政策的一个关键优先事项，大力投资农村基础设施、修建道路、资助农闲时期的就业等，间接提高了妇女的流动性，使她们获得更多的医疗、教育、市场和信息等。

1973 年，孟加拉国政府开始实施农村妇女农业基础项目（Agro-based Program for the Rural Women），在 2 年计划期间（1978—1980）强调基于农业的农村发展、家庭手工业，立足于实现妇女经济上的自立，妇女在"效率"途径中的作用在第二个五年计划（1980—1985）期间更加突出。1978 年，政府组建了独立的妇女事务部，帮助政府实施妇女发展的承诺，在最高层面设立了国家妇女发展理事会（National Council for Women's Development，NCWD），由总理担任主席，建立了下属机构，包括国家行动计划实施机构、议会常务委员会（Parliamentary Standing Committee）、发展实施与评估委员会等，并在 2 年计划期间为妇女部门设立了单独的资金；在议会和公共部门为妇女预留席位，进一步将妇女议题融入发展计划，承认妇女对生产力的潜力，肯定她们作为信贷用户和其他资源使用者的效率。

（3）1985—1990 年倡导新的平等（equality）言论

在第三个五年计划（1985—1990）期间，孟加拉国计划委员会

---

① World Bank，"Whispers to Voices: Gender and Social Transformation in Bangladesh"，Bangladesh Development Series Paper，No. 22，March 2008，p. 22.

（Planning Commission）关注妇女的资源获得及其他基于性别的差异和歧视，在政策计划中强调减少发展维度范围内的男女不平等，承认妇女在工业部门——尤其是出口导向的制衣业部门对国家做出的经济贡献。"三五计划"将贫困及弱势妇女的减贫作为一个优先事项，通过就业创收来减少性别不平等，增加了对妇女的技能培训和就业指导。从注重效率（efficiency-focused）向注重平等（equality-focused）的政策转型，政府承诺将妇女议题结合到"妇女参与发展"（WID）的政策中，设立了公共法庭，处理婚姻及父母权利相关的案件，颁布针对妇女犯罪的法令，如拐卖、泼硫酸、嫁妆谋杀、强暴等。[①]

（4）从第四个五年计划（1990—1995）开始性别主流化逐渐扎根

在第四个五年计划（1990—1995）期间，孟加拉国政府确定了将妇女发展作为社会经济发展的一部分，发展事项包括：确保增加妇女在教育、健康、农业、工业、商业和服务业及其他部门的参与，缓解贫困、改善技能、促进自雇就业、扩展信贷机构、增加性别意识、发展基础设施（如医院、儿童日托中心和法律援助）等。"四五计划"产生了更多成效，在基于平等（equality-based）的途径上将妇女发展中引入了性别主流化的概念，强调承认性别差异在妇女发展中的重要性，需要关注所有发展部门中的贫困妇女。在第五个五年计划（1995—2000）期间，妇女发展的主流化得以进一步强化，在1995—1997年的三年滚动计划（Three-Year Rolling Plan）中，政府采取切实的措施推进千年发展目标（MDGs），组建了部门间工作小组（Inter-Ministerial Task Force）。第六个五年计划（2011- 2015）的中期目标是至2021年（独立50周年）发展成为一个中等收入国家，肯定了妇女对国家政治和经济的参与行为。第七个五年计划（2016—2020）承认妇女参与政治和经济活动是个交叉议题（cross-cutting issue）及社会转型的主要动力之一，提出建立"一个男女拥有平等机会和权利的国家，承认妇女对经济、社会和政治发展的平等贡献"，将性别

---

① World Bank，"Whispers to Voices：Gender and Social Transformation in Bangladesh"，Bangladesh Development Series Paper，No. 22，March 2008，p. 23.

平等议题结合到不同部门的工作中。① "七五计划"的任务是确保妇女成为自食其力的人，通过采取发展和制度化的措施来减少歧视障碍，计划中包括四个战略目标：提高妇女的能力、增加妇女的经济收益、提升妇女的声音和能动性、创造一个促进妇女进步的环境。

为了履行消除性别歧视和性别不平等的国际承诺，在《北京行动纲领》的基础上，孟加拉国于 1997 年制定了《国家妇女发展政策》（NWDP），2011 年进行了修订，是该国涉及妇女发展议题的一项核心政策文件，根据宪法义务、五年计划及国际承诺设置了 22 个目标，最终目标是实现男女权利的平等，规定了预防童婚、消除歧视残疾女孩并提供保护、确保为女孩提供安全和标准的娱乐文化运动设施，消除对妇女的虐待、强暴、嫁妆谋杀、家庭暴力和泼硫酸等方面的内容。为了实施新的《国家妇女发展政策》，2013 年制订了国家行动计划，组建了 50 人的国家妇女与儿童发展理事会（National Women and Child Development Council）监督该项政策的实施，由哈西娜总理担任主席。

2008 年以来，哈西娜政府为确保妇女儿童发展实施了多方面的政策项目，通过确保妇女参与主流的社会经济来实现妇女的综合发展，政府为 488 个乡的自雇妇女提供小额贷款，2003—2004 财年至2018—2019 财年共计发放 4.5 亿塔卡，受益人数达 129937 人，贷款回收率为 77.6%。妇女与儿童事务部在全国实施了 24 个发展项目，包括预防妇女压迫的多部门项目、强化性别预算、在 21 个分县为贫困妇女和儿童提供基本医疗和营养指导；为村级妇女提供创收活动，在多个城市地区为工作妇女建立医院和日托中心等。② 近年来，孟加拉国在政策方案中关于妇女发展的重点逐渐从扶贫、福利和消费转向更有计划性和更为实际的以发展为导向的活动，承认妇女是国家经济的建设者，将妇女发展纳入宏观框架，缩小教育、卫生、农业、工业、环境和家庭福利等各部门的性别差距。

---

① "Bangladesh ranks 7th in the world in the political empowerment of women"，访问日期：2021 年 4 月 20 日，https：//www. dhakatribune. com/bangladesh/2020/05/31/women-of-bangladesh-emerge-as-global-model-of-leadership。

② "Bangladesh mak es progress in women，child development"，June 21，2020，访问日期：2021 年 4 月 20 日，https：//www. jagonews24. com/en/national/news/50468。

2. 性别预算（Gender-responsive budgeting）

（1）性别预算的概念及实践

性别预算，也称社会性别敏感预算，是近年来联合国为推动妇女发展提出的一个新概念，是指从性别角度出发，对政府的财政收入和公共支出进行分析，考察对女性和男性影响的差异，帮助政府决定哪些资源需要进行再分配以实现人的发展并使男女均能平等受益。[①] 在性别预算的诸多诉求中，最终目标是实现两性平等分享资源、进而激发并实现女性潜能，性别预算对女性的发展作用体现在女性的平等参与、资源在两性间平等分配以及为女性平等表达决策意见提供制度保障。[②] 1984 年，澳大利亚政府在《妇女预算报告书》中首次使用"妇女预算"（women's budget）一词，在性别主流化理念逐渐获得世界性认同的背景下，"妇女预算"的分析框架逐渐演变为社会性别预算，并经历了萌芽阶段（1984—1994 年）、推广阶段（1995—2002 年）和快速发展阶段（2003 年至今）。随着国内外学者的大量研究，性别预算在概念上基本达成共识，即保障两性共同参与公共财政收支的决策、执行和考核过程，衡量政府总体预算中男性和女性、男童和女童的受益度，从而通过财政安排的方式实现资源平等分配。性别预算不是单纯的女性预算或简单增加预算分配，也不是平均的两性资源分配，而是在考虑男性/女性、男童/女童各自利益诉求的基础上实现资源最优分配的一种途径，在预算周期的所有阶段将性别维度主流化。社会性别预算包括预算支出和预算收入，对社会性别预算的研究主要集中于预算支出领域，其中应用最广泛的是朗达·夏普（Rhonda Sharp）的三向分类开支法，包括针对妇女的专项支出、促进公共部门就业平等的支出、其他对性别造成影响的一般性支出。[③] 性别预算是基于性别评估的预算，为促进性别平等在预算进程和重建收入与开支的所有层面融合了性别观点，可追溯应对性别平等和妇女权利要求、检验包括实际分配和提高收入的措施，还有预算体制、预算进程

① 闫冬玲：《浅论社会性别主流化与社会性别预算》，《妇女研究论丛》2007 年第 1 期。
② 邓梵、蒋莱：《德国性别预算模式解读及其启示》，《中华女子学院学报》2013 年第 4 期。
③ 任柏熹：《社会性别预算问题研究》，《公共经济与政策研究》（2015 年下）。

及不同行为体的作用。①

　　性别预算的概念来源于对增长不断深化的理解，宏观经济政策有助于缩短或扩大在收入、健康、教育和营养等方面的性别差距，其最重要的领域之一是政府预算，作为一种政策表述，预算带来公共开支和公共收入，反映了政府的社会和经济优先事项，是解决现存性别不平等的最有效工具之一，与妇女发展、妇女赋权之间有着内在的逻辑契合点。其合理性在于改善分配给妇女的资源、在宏观经济中支持性别主流化、加强公民社会参与经济政策的制定、提高经济和社会政策之间的联系、追溯性别和发展计划的公共开支。性别预算是政治和技术性的，关注提高政府的资助，用于分析预算对性别差异的影响、调整预算决策和优先性的过程，对社会转型和消除不平等具有潜在的强大力量。性别预算承认预算不是中立的，因男女在社会经济中承担的角色和义务不同，预算政策及资助对男女两性的影响不同，将性别分析与问题结合到预算的所有阶段评估社会中的不平等，有助于确保妇女从政府开支中平等获益。性别预算的功能包括：履行国际承诺，使预算成为实现性别平等政策和消除性别歧视的一个强大工具；强化决策者的性别意识，更好地理解预算和政策对不同性别群体的影响；促进公共资源的使用效率。② 性别预算将性别因素融入预算决策中，关注预算政策的性别影响差异，有利于增强预算决策、执行及监督过程中的性别意识，为促进性别平等、推进现代财政制度建设提供了更具操作性的政策工具。③

　　性别预算实践在全球范围内已经历了 30 多年的探索，在 70 多个国家形成了某种程度的性别预算机制，各国根据不同国情，在政府预算所涉及的部门，形成了多样性的驱动机制、实践主体以及发展特征，积累了丰富的技术经验和理论框架。国际社会广泛实行性别预算实践，不仅是分析公共财政预算对社会性别不同影响的有效工具，也是公平

---

① Baby Parveen, *Gender Responsive Budgeting in Bangladesh: An Assessment of Challenges and Opportunities in Health Sector*, North South University, Dhaka, June 2010, p. 23.

② ESCAP, *Gender Responsive Budgeting in the Asia-Pacific Region: Key Concepts and Good Practices*, United Nations, 2018, pp. 5 – 6.

③ 马蔡琛、张莉：《南亚地区的社会性别预算改革及其对中国的启示——基于印度、巴基斯坦和孟加拉国的考察》，《南亚研究》2014 年第 4 期。

分配社会资源、促进国家可持续发展的有效途径，由于各国发展程度、社会经济和文化背景的差异，没有形成一种"一刀切"的模式。① 通过实施性别分析形成并实施国家预算，不同国家和地区因社会、政治背景、实施的特征不同而有所差异，国家预算的形成通常忽略了男女的差异、社会确定的角色、义务和能力等。近年来，亚太地区在妇女权利方面的法律和政策取得了显著进展，但是有限的资助阻碍着男女性别差距的缩小，17 个国家在妇女机构方面的预算严重不足，妇女机构收到的年度资助仅占国家预算的 0.003%—3.12%，只有 5% 的官方发展援助以性别平等作为援助目标，远远低于经济与生产部门、性别与生殖健康、和平与安全等领域。② 南亚地区的性别预算行动大多由政府主导，与政府计划相互促进，并选择适合国情的性别预算工具，政府在预算过程中引入性别视角，建立规章制度和性别预算责任机构，或者赋予现有部门性别预算职能，存在的主要问题包括：一是预算决策过程不够透明，难以实施有效的监督；二是女性决策者缺失，性别预算的受益群体为女性，女性在决策过程中的作用是不可或缺的，但在南亚地区，参与政策制定层面的女性很少；三是南亚地区的性别不平等现象与世界大多数地区相比更为严重，需要通过性别预算改善经济和社会地位的女性目标群体更庞大，需要的预算拨款数额也更高。③

（2）孟加拉国的性别预算

性别预算在孟加拉国还是个相对较新的概念，2001 年在荷兰大使馆和挪威大使馆的支持下开始启动性别预算，健康与家庭福利部首先进行了社会健康服务的性别分类受益评估。2005—2006 财年 4 个部门准备了性别预算，在中期预算框架（Medium-Term Budget Framework，MTBF）内加以统筹，发布了指导原则，确保以性别敏感的方式来准备和评估发展项目，使性别议题在所有政策和决策中主流化，并形成了较为完整的性别预算报告，分析不同部门及其活动对妇女权利的影

① Baby Parveen, *Gender Responsive Budgeting in Bangladesh: An Assessment of Challenges and Opportunities in Health Sector*, North South University, Dhaka, June 2010, p. 12.

② ESCAP, *Gender Responsive Budgeting in the Asia-Pacific Region: Key Concepts and Good Practices*, United Nations, 2018, p. 3.

③ 马蔡琛、张莉：《南亚地区的社会性别预算改革及其对中国的启示——基于印度、巴基斯坦和孟加拉国的考察》，《南亚研究》2014 年第 4 期。

响。中期预算框架强调预算分配的重要性，为了在国家发展中实施妇女赋权和性别平等，2005 年政府出版第一份减贫战略——《释放潜能：国家加速减贫战略》（Unlocking the Potential：National Strategy for Accelerated Poverty Reduction，NSAPR），确定了益贫式和性别回应预算进程，政府还制定框架计算所有开支的份额。2005—2006 财年增加了对性别开支的监督，公民社会和学术界提高了对性别敏感预算的呼声。

2009—2010 财年，由教育部、健康与家庭福利部、社会福利与灾害管理部和财政部 4 个部门共同完成了题为"妇女进步与权利"的第一份性别预算分析，重点关注的内容是生殖健康、赋权和劳动力市场。财政部专门设计了与之相应的预算格式及大纲，通过 RCGP（Recurrent，Capital，Gender and Poverty）数据库对全部支出项目进行性别分解，保证妇女在资源分配中受益的比例。[1] 2013—2014 财年的性别预算报告梳理、总结了 40 个部门在预算中如何体现妇女进步及权利，归纳为四个领域：妇女能力建设及减贫、扩大妇女参与公共服务的有效途径、提高妇女在劳动力市场的参与率、确保妇女获得相关信息。至 2018—2019 财年，参与实施性别预算的政府部门/机构达43 个（见表 4.1），不断在国家发展政策中融入社会性别视角，尤其关注贫困和性别问题。在 2019 年的预算中，财政部长建议为妇女发展分配预算 16124.7 万亿塔卡，占 GDP 的 5.65%、占 2019—2020 财年总预算的 30.82%。

全球的经验表明，来自 NGOs 的援助是加快推进性别预算的积极力量，在孟加拉国也发挥了催化剂和建议者的效应，该国依赖外来援助实施年度发展预算，援助政策对实施性别主流化项目产生了影响。[2] 政府承认公共投资用于提升妇女实现经济增长、发展和平等的重要性，在性别回应预算领域有三个步骤：性别议题包含在中期预算框架内；

---

① "Bangladesh's Gender Budget Report 2012 – 2013"，p. 7，访问日期：2021 年 4 月 20 日，http：/ /www. mof. gov. bd /en /budget /12_ 13 /genbudget /en /chpt-1. Pdf.

② Baby Parveen，*Gender Responsive Budgeting in Bangladesh：An Assessment of Challenges and Opportunities in Health Sector*，North South University，Bangladesh，Dhaka，June 2010，p. 20.

表4.1　　　　　　　　　孟加拉国性别预算报告　　　　　单位：千万塔卡

财年	所有预算	妇女发展分配额	妇女预算占所有预算比重（%）	妇女预算占GDP比重（%）	妇女预算报告中各部门/机构的数量（个）
2009—2010	110523	27248	24.65	3.95	4
2010—2011	130011	34221	26.32	4.36	10
2011—2012	161213	42154	26.15	4.61	20
2012—2013	189231	54302	28.68	5.23	25
2013—2014	216222	59765	27.64	5.06	40
2014—2015	239668	64087	26.74	4.23	40
2015—2016	264565	71872	27.17	4.16	40
2016—2017	340604	92765	27.25	4.73	40
2017—2018	321861	88441	27.48	3.48	43
2018—2019	464580	137742	29.65	5.43	43
2019—2020	523191	161247	30.82	5.65	43

资料来源：Finance Division，Ministry of Finance，Government of the Peopls's Republic of Bangladesh。

运用贫困模型或数据库分解所有开支条目中的资金周期性和性别差异；出版性别预算报告，解释了不同政府部门的不同行为对促进妇女进步和权利的意义。[1] 当前，孟加拉国共有43个部门要求按照14项标准实施性别预算，并制定了30%的目标，目的是建立一个"男女拥有平等机会和权利的国家，妇女将被承认为国家经济社会和政治发展的贡献者"，有四个广泛的战略目标：促进妇女的人力资本能力、增加妇女的经济收益、提高妇女的发声及能动性、创造一个有利于妇女进步的环境。[2] 政府承诺性别平等目标和性别主流化，但是政策声

---

[1]　Kaniz Siddique, *A Case Study of Gender Responsive Budgeting in Bangladesh*, The Commonwealth, 2013, p.1.

[2]　Tanjir Hossain, Anhara Rabbani and Md. Tariqul Hasan Rifat, "Gender-responsive climate change budgeting in Bangladesh：Exploring opportunities toward an inclusive climate resilient future", International Budget Partnership, IIED, HEINRICH BÖLL STIFTUNG, April 2021, p.11, https：//www.internationalbudget.org/wp-content/uploads/gender-climate-budgeting-bangladesh-april-2021.pdf.

明与政府实现这些目标所采取的方式存在差距，现实因素阻碍了这一进程，具体表现为资源不足、政府部门与官员专业性不足、缺乏监督与评估性别预算的机制、政府与援助机构及 NGOs 之间缺乏有效的协调等。

3. 针对妇女的社会保障制度

在妇女社会救助政策方面，南亚地区体现出鲜明的特征：一是在发展理念方面属于发展型社会救助，如为妇女提供卫生健康服务、金融信贷服务等，强调救助的生产性、投资性、注重受助者的人力资本培养，力图从根本上解决受助者的贫困，不同于单纯的消费型社会救助，强调在社会救助过程中的多元主体（包括政府、市场和公民社会等）积极参与妇女脱贫过程的多个环节，尽可能争取更多的社会资源。二是注重为妇女赋权的理念，妇女是弱势群体中的绝大多数，南亚国家试图通过增加妇女对资源的控制和支配能力，建立一种性别赋权的社会支持实践模式。三是目标精准定位，社会救助制度的核心问题是目标定位，通常采取类别定位（根据特定的标准或特征来定义申请救助群体的类别并有针对性地分配资源）、财产定位（通过调查申请人相关收入水平和财富状况来确定救助资格及救助水平）、需求定位（详细调查目标人群的特定需求并确定相应的救助标准）。四是强调受助者的责任意识，在项目设计上规定了受助者接受救助前后的条件限制、应该履行的责任和义务，有助于减少受助者对救助的依赖性、提高救助效率并保证救助的可持续性。不可否认的是，南亚国家针对妇女的社会救助政策也存在明显的瑕疵：一是女性救助项目的资金来源渠道单一、额度有限，影响了救助项目的实施效果；二是救助管理体制不健全、时效性不强，主要由于南亚国家的妇女社会救助政策发展历程较短、管理体制不完善等。①

2015 年孟加拉国的《国家社会保障战略》（National Social Security Strategy，NSSS）阐述了包容的、连贯的覆盖穷人和弱势群体的体系，通过使用信息和交流技术，强调社会保障覆盖的广泛性，突出应

---

① 张浩森、田华丽、秦嘉：《南亚地区女性社会救助政策的经验与启示》，《西部发展研究》2017 年第 1 期。

对冲击的能力和恢复能力，并促进社会保障实施的有效性。妇女社会保障的很多项目包含在《国家加速减贫战略》文件中，目标是缓解妇女贫困，与益贫式经济增长的宏观经济管理相结合，包含了5个战略，强调妇女在国家发展进程中的参与行为，为弱势群体提供社会保障和人力资源发展，确保最贫困人口（包含最贫困妇女）的赋权。[1] 为确保妇女完全和平等参与社会经济活动，妇女与儿童事务部实施多个缓解妇女贫困、防止虐待和贩卖妇女并确保在所有领域（包括在工作场所）的社会保障项目，为妇女提供各种津贴，如赤贫妇女津贴、产妇和哺乳期津贴、残疾妇女津贴、离婚妇女津贴等。弱势群体创收发展项目（Income-Generating Vulnerable Group Development, IGVGD）旨在为妇女提供更多获得贷款的机会，还有一些项目为跨性别和其他弱势群体提供资助。

4. 为妇女企业提供资助

独立后，孟加拉国的妇女企业开始发展。2016年政府对产业进行分类并重新定义了产业类型，建立了为妇女企业提供资助的制度，女企业主可以获得亚洲开发银行（ADB）和本国银行的资助。孟加拉国银行为妇女业主提供9%固定利息的资助，为农村地区妇女提供免抵押的小额信贷，只收取5%的服务费，女企业主可获得10%的小企业基金和10%的工业用地。全国有700多个小额信贷组织为4900多万人提供自雇就业和储蓄服务，80%以上的受益者是妇女。2017—2018财年，67309个妇女经营的企业通过家庭作坊、中微小型企业窗口获得了银行和非银行的资助，较2017年增长165%。2018—19财年，政府分配了10亿塔卡用于资助妇女事业，2.5亿塔卡用于妇女发展特别基金（Women Development Special Fund）；约158万妇女从不同银行获得了农业和农村信贷，共计6309万塔卡。2015年以来，Jatito Mohila Sangstha（JMS）[2] 培训了71200名商业管理妇女。政府设立的Joyeeta基金会是支持和促进底层妇女企业家的商业平台，

---

[1] Ministry of Women and Children Affairs, *National Women Development Policy 2011*, Government of the Peoples' Republic of Bangladesh, March 2011, p. 8.

[2] Jatito Mohila Sangstha（JMS）是孟加拉国妇女与儿童事务部之下的一个组织，组建于1976年2月，致力于促进妇女的综合发展、为妇女赋权并维护妇女权利。

用于展示并推广她们的艺术作品、手工业产品和服务，针对草根妇女建立了从生产到分配的一整条供应链，18000 名妇女企业主直接参与其中。[①] 政府实施"One House, One Farm"项目，主要用于改善农村贫困妇女的生计条件，鼓励妇女自雇经营、开办企业，2010—2013 年间，银行和非银行金融机构为 57722 名妇女企业主提供了 670 亿塔卡的资助金额。[②] 妇女事务部开展了妇女创业发展努力（Development Efforts of Women Entrepreneurship）项目，在达卡的纳帕广场（Rapa Plaza）为女性企业家设立了一个独立的销售中心。

二　国际援助与非政府组织

（一）国际援助

全球性的妇女发展问题从一开始就与国际发展援助的政策、实践及项目紧密相连。[③] 二战以来，围绕国际发展和妇女权利的讨论影响了国际援助的认知和资助模式，对很多发展中国家的国际援助有个附加条件，即妇女参与发展进程。20 世纪 80 年代以来，随着国际援助的不断增加，其中包含的性别权利要求影响了该国妇女运动的议程和动员策略，是妇女运动不断发展的重要因素之一，推动着妇女赋权和发展在本国的讨论与实践。

孟加拉国 1971 年独立后一直是主要的国际援助对象国，外来援助成为该国综合发展的一个催化剂，1971—2010 年共获得双边、多边援助 525.98 亿美元，年均 13 亿美元，[④] 很多外来援助都带有一定的附加条件，对该国的公共政策、国内舆论环境产生了影响。20 世纪 70 年代以来，性别和发展议程进入国际援助话语体系，大多数援

---

① Shamsul Alam, "Women Empowerment and SDGs in Bangladesh—Part Ⅱ", March 9, 2020，访问日期：2021 年 4 月 20 日，https://thefinancialexpress.com.bd/views/reviews/women-empowerment-and-sdgs-in-bangladesh-part-ii-1583767570。

② "Development of Women Empowerment in Bangladesh"，访问日期：2021 年 11 月 16 日，https://cri.org.bd/2014/09/01/development-of-women-empowerment-in-bangladesh/。

③ 曾璐：《国际发展援助中妇女发展的目标分析——以范式变迁与制度安排为视角》，《妇女研究论丛》2010 年第 6 期。

④ Anisul M. Islam, "Foreign Assistance and Development in Bangladesh", *Recent Economic Thought Series*, Volume 68, 1999, pp. 211 – 231, 211.

助方都具有一定的性别立场，尽管在文件中没有清晰明确的表述。20世纪80年代，围绕"妇女参与发展"（WID）的讨论，国际援助机构在项目设计中强调妇女能为国家的发展"做什么"，如世界银行、亚洲开发银行（ADB）、英国国际发展部（DFID）、美国援助组织（USAID）及瑞典国际发展合作署（SIDA）等。作为孟加拉国主要的多边援助机构之一，世界银行通过提供贷款、政策建议、进行援助协调等参与该国的经济发展进程，21世纪以来，世界银行将妇女赋权确定为减贫的关键构成要素和发展援助的首要目标，将性别意识融入孟加拉国农村发展和生计项目中，成功开展了女性中等教育奖学金计划、小学教育、健康部门和社区生计项目等。① 1998—2007年，亚洲开发银行在孟加拉国开展的项目中，有50%的项目具有显著的性别主流化特征，很多基础设施项目在实施过程中寻求将妇女的关切和需求结合起来，在实施的项目中，有15个涉及性别主流化，另有16个涉及妇女发展议题。② 在国际援助下，孟加拉国开展的项目更多强调农村和城市的基础设施建设，很多项目强调当地社区更大的参与来促进项目的有效性和可持续性，寻求将妇女的关切和需求结合到基础设施项目的设计中，为其提供创收和培训机会，在项目施工期间和后续维修中，促进了受雇妇女的平等报酬。有些项目还通过农业项目培训妇女，传授新的耕作技术和知识，使其获得家庭和社区中的尊重。

　　由于传统因素，超过一半的孟加拉国妇女选择在家生产，在联合国人口基金会（UNFPA）的协助下，开展了助产士项目培训，受过培训的助产士参加工作后，在一定程度上降低了产妇死亡率，这一比例2000年以来下降了60%，反映了对产前护理投资的积极效应。③ 国际发展援助（IDA）寻求改善妇女处境，1993年开展了孟加拉国女性中等教育援助项目（Bangladesh Female Secondary School Assistance Pro-

---

① *Country Assistance Strategy for the People's Republic of Bangladesh for the Period FY 11-14*, Document of the World Bank, Report, No. 54615-BD, July 30, 2010, p. 33.

② ADB, *Country Gender Assessment*: *Bangladesh*, Mandaluyong City, Philippines: Asian Development Bank, 2010, p. xii.

③ "6 Facts about Women's Rights inBangladesh", October 5, 2020, 访问日期：2021年4月20日，https：//borgenproject. org/womens-rights-in-bangladesh/。

gram)，在政府帮助下促进中学女生的教育，新建了 25 所学校，中学
女生的入学率从 1991 年的 33% 上升至 2008 年的 55%，及格率也显著
上升。这一项目的效应是积极的，包括推迟了项目开展地区女孩的结
婚年龄，13—15 岁的童婚率从 29% 下降至 14%，16—19 岁的童婚率从
72% 下降至 64%；小规模家庭的增加，出现了更多的一孩家庭，抑制
了大规模的人口增长。[①] 在国际援助的强大影响下，孟加拉国围绕妇
女赋权的观念与国际同步发展，导致妇女赋权的议程被认为是援助推
动的结果，忽略了国内因素如政党、妇女组织和 NGOs 的作用。

（二）非政府组织（NGOs）

1. 孟加拉国 NGOs 的发展

孟加拉国的 NGOs 开始于独立后的重建和恢复时期，参与饥荒救
济促进了其发展并合法化，西方援助组织选择 NGO 部门作为开展援
助的盟友，它不同于政府的官僚和腐败低效，群众基础广泛，能直接
触及广大的农村人口，在国家的社会变革中发挥着重要角色，逐渐主
导了公民社会空间。[②] 20 世纪 80 年代，随着国际援助的增加，该国
的 NGOs 快速发展，被称为全球 NGOs 的首府，该部门的发展及运行
模式得益于联合国和西方援助机构提倡的"妇女参与发展"（WID）。
在孟加拉国非政府组织事务局（NGO Affairs Bureau，NGOAB）注册
的 NGOs 多达 1100 个，每年募集的援助资金在 1 亿美元以上，扮演
着公民与国家之间的"缓冲器"，在解决农村信贷问题、减贫、保障
妇女权益、推动经济发展及处理结构调整项目的影响等方面发挥着积
极效应。[③] 20 世纪 70 年代后期以来，孟加拉国 NGOs 的工作策略开
始缓慢转型，从第一代策略即救济和福利服务转向第二代，即小规模
的、独立的、自力更生的地方发展机制，在 20 世纪 80 年代取得了显
著的转型进步，20 世纪 90 年代中期以来，第三代 NGOs 策略强调不

---

① "Gender Inequality Hindered Development in Bangladesh"，访问日期：2021 年 4 月 20
日，https：//newyorkessays. com/essay-gender-inequality-hindered-development-in-bangladesh/。
② World Bank，"Whispers to Voices：Gender and Social Transformation in Bangladesh"，
Bangladesh Development Series Paper，No. 22，March 2008，p. 5.
③ 商务部国际贸易经济合作研究院、中国驻孟加拉国大使馆经济商务处、商务部对
外投资和经济合作司：《对外投资合作国别（地区）指南：孟加拉国（2020 年版）》，2020
年 5 月，第 12 页。

同层面的政策改变，大多数 NGO 依援助方提供的资源，在援助机制中包含了项目规划、报告和问责等。[①]

　　贫困妇女构成了孟加拉国社会中最弱势的群体，绝大多数 NGOs 将妇女议题作为首要的关注对象，通过实施不同项目和计划促进贫困妇女参与发展进程，注重提供妇女所需的服务，包括提升妇女的识字水平、创收能力、性别意识、权利意识和协商能力等，将其作为促进妇女权利和赋权的一种可替代和补充的渠道，目的是使妇女能更多掌控自己的生活，展示了妇女发展与革新项目之间的紧密联系，NGO 部门也雇用了大量的女性员工，为其提供就业机会。

　　根据非政府组织事务局的统计，1990—1998 年，NGOs 共实施 5096 个项目，支付资金约 13.644 亿塔卡。[②] NGOs 能在农村生活中发挥决定性的角色，由于政府职能在农村的缺失，NGOs 在农村经济中涉及小额信贷、电信和小学教育等，占了农村信贷的 2/3。[③] 根据 1998 年的信贷发展论坛（Credit Development Forum）的数据，在 1200 个外资援助的 NGOs 中，有 369 个专门处理信贷，促进了信贷业务的常规化和程序的简化，NGOs 的身份从早期强调社会工作转型为信贷提供者。[④]

　　孟加拉国农村发展项目（Bangladesh's Rural Development Project）针对没有财产的群体，是个大型的信贷和技能发展项目，2006 年通过对杰马勒布尔县农村地区项目实施的调查，认为该项目成功提高了妇女的经济和社会地位及决策权力，为妇女提供足够的信贷、教育及培训用于促进就业和创收。孟加拉国乡村发展之友（Friends in Village

---

①　Tania Haque and Abu Saleh Mohammad Sowad, "Impact of NGOization on Women's Movement Organizations: A Critical Analysis from Bangladesh Perspective", *Social Science Review*, Vol. 33, No. 2, December 2016, p. 35.

②　Lamia Karim, "Politics of the Poor: NGOs and Grass-roots Political Mobilization in Bangladesh", *Political and Legal Anthropology Review*, Volume 24, Issue 1, January 2008, pp. 92 – 107, 96.

③　Rehman Sobhan, "The Political Economy of Micro-Credit", in Geoffrey Wood and Iffath Sharif (eds.), *Who Needs Credit? Poverty and Finance in Bangladesh*, Dhaka: University Press, 1997, p. 133.

④　Lamia Karim, "Demystifying Micro-Credit, The Grameen Bank, NGOs, and Neoliberalism in Bangladesh", *Cultural Dynamics*, Volume 20, Issue 1, 2008, p. 16.

Development Bangladesh，FIVDB）[①] 的项目之一是生计改善项目
（Livelihood Enhancement Program，LEP），目标群体是贫困家庭中的成
员，将妇女作为一个特殊的类别，因缺乏机会，她们的生产能力大多
没有得到发挥，也因为生产资本控制在男性手中。该项目采用两种互
补性的策略：提供培训，建立可有效利用家庭资源的生产性技能；提
供资金、技术、市场支持，使生产潜力可持续化，提高妇女的收入能
力是提高其在家庭和社会中地位的一种途径，也为妇女进一步参与社
会经济发展开辟了机会。孟加拉国乡村发展之友与 Nari Uddug Kendra
（NUK）[②] 在促进妇女参与创收行动中发挥了重要作用，帮助她们在
家庭中发挥更重要的角色，尤其是资金决策方面。农村综合发展研究
院（Institute of Integrated Rural Development，IIRD）在博格拉县
（Bogra）开展了主要是针对贫困人口、无地家庭的创收项目，以家庭
为单位开展家禽养殖和养蚕业。1993 年在贫困家庭的女性成员中开
始养蚕业，2001 年在 25 个村的 280 个家庭开始肉鸡养殖项目，为参
与妇女提供养殖培训，每个养殖户可获得 1000 塔卡的贷款投资（相
当于当时一个农业劳动力一年的收入）。这些创收项目的实施使贫困
家庭获得以前接触不到的市场，使贫困妇女的工作成为"看得见
的"、得到认可的。[③] 南姆拉帕贫困妇女合作社（South Murapa Under-
privileged Women's Cooperative Society）是一个非营利性的组织，为考
克斯巴扎尔地区的妇女提供医疗服务，该组织的主席，库尔苏玛·贝
居姆（Kulsuma Begum），在 16 岁时逃避了家暴的丈夫并开始援助灾
害地区的孕妇。

　　国际国内学者均认为 NGOs 在妇女赋权方面发挥着积极作用，通
过增加妇女教育、强化基层女性领导权、提升能力和增强社会意识
等，但是不关注、不公开讨论结构的变化。

---

　　① 孟加拉国乡村发展之友（Friends in Village Development Bangladesh），1981 年开始致
力于促进弱势群体的发展。

　　② （Nari Uddug Kendra，NUK"为女性行动/倡议"），建立于 1991 年，主要任务是促
进性别平等、人权及妇女与女童的个人赋权。

　　③ Rie Makita，"The visibility of women's work for poverty reduction：implications from non-
crop agricultural income-generating programs in Bangladesh"，*Agric Hum Values*，Vol. 26，2009，
p. 381.

2. NGOs 开展的小额信贷项目（Micro-finance）

有很多研究讨论了 NGOs 对妇女赋权的影响，绝大多数的结论认为小额信贷为该国妇女赋权与妇女发展做出了积极贡献。小额信贷的概念来自弗里德里希·威廉·莱费森（Friedrich Wilhelm Raiffffeisen）和乔纳森·斯威夫（Jonathan Swif），主要目的是提供短期的有息小额贷款，20 世纪 70 年代以来，小额信贷在国际发展研究中通常被描述为解决全球贫困的一种方式及为边缘群体赋权的一种途径。国际援助、孟加拉国政府、学者和其他发展专家关注小额信贷作为促进妇女经济赋权的重要作用，大多以由格莱珉银行（Grameen Bank，GB）和孟加拉国农村促进委员会（Bangladesh Rural Advancement Committee，BRAC）这两个最大的小额信贷提供机构作为分析案例。在孟加拉国，小额信贷的概念出现于 1976 年，穆罕默德·尤努斯（Muhammad Yunus）为首倡者，创立格莱珉银行为贫困群体及贫困妇女从事创收性活动提供小额贷款，宗旨是"使千千万万的贫困农户及贫困妇女直接获得持续稳定的生产经营贷款，走上自我生存和发展的道路"。格莱珉银行的发展理念表现为贫困群体拥有平等享受金融服务的权利、将穷人组织起来、发挥群体力量，运作模式立足于个体创业的理念，向受助者发放几美元至几十美元不等的贷款，使其有资金购买原材料进行加工并售卖，证明最贫困的人口具有可创收能力和信贷价值。孟加拉国工业化进程和产业结构的调整使大量农村劳动力向非农产业转移，大多数已婚妇女因性别角色和自身素质限制了转移的机会，小额信贷将 90% 以上的贷款对象瞄准滞留在农村的妇女，使她们获得了新的就业和创收机会。[①]

在 1980 年，格莱珉银行拥有 14830 名会员，1990 年增加至 869538 人，20 世纪 90 年代后半期以来发展快速，至 2002 年会员增加至 240 万，妇女会员占 95%，服务范围扩展至 41000 多个村庄（占所有村庄的 60% 以上）。同年，孟加拉国农村促进委员会拥有 350 万会员，遍布 61912 个村庄和 2300 个城市贫民窟，妇女会员占 99%。[②] 2006 年，全

---

① 张浩淼、田华丽、秦嘉：《南亚地区女性社会救助政策的经验与启示》，《西部发展研究》2017 年第 1 期。

② Mohammad A. Hossain and Clement A. Tisdell，"Closing the Gender Gap in Bangladesh：Inequality in Education，Employment and Earnings"，*International Journal of Social Economics*，Vol. 32，No. 5，2005，pp. 439 – 453，445.

国约有 1000 家运营的信贷机构，服务对象涉及 85000 个村庄的 1700 万借贷者，绝大多数是女性，覆盖率为全球最高。[①] 孟加拉国农村发展委员会作为小额金融部门的市场领导者，目前所提供的小额金融贷款组合达 32 亿美元，为 69000 多个村庄的 740 多万客户提供服务，其中 85% 的客户是女性。[②] 由于成效良好，小额信贷被很多国际组织誉为世界上最大、最为成功的扶贫项目，成为全球贫困妇女赋权的一个象征，展示了全球化和新自由主义如何触及草根阶层的妇女及其家庭生活。[③] 1998 年，全球有 54 个国家复制了格莱珉银行的小额信贷模式，94% 的借贷者是贫困妇女。[④]

前期，格莱珉银行的资金来自政府支持和国际组织的援助，之后，银行强制要求受助人储蓄，资金大多来源于储户，由此形成了资金运转的良性循环，贷款回收率高达 98%。[⑤] 小额信贷项目的管理办法包括：一是 50 周还贷制度，第一次偿还本金的 2%，到 50 周时本金和利息全部还完；二是小组责任制度，由 5—10 名农户自愿组成 1 个小组，互为担保和监督，某位成员的不良信用将会使其他成员受到影响；三是中心制度，每 6—8 个小组组成一个中心，组织信贷还款，选举中心主任，负责每周召开中心会议检查项目落实及资金使用情况，并帮助解决存在的问题，包括提供信息和技术培训等。[⑥] 此外，银行相关部门定期或不定期对资金的落实和使用情况进行检查并处理难题。小额信贷培养了妇女管理钱财的意识和技能，教会妇女在合同

---

① Isahaque Ali and Zulkarnain A. Hatta, "Women's Empowerment or Disempowerment through Microfifinance: Evidence from *Bangladesh*", *Asian Social Work and Policy Review*, Vol. 6, 2012, p. 115.

② 《荷兰发展银行向孟加拉国农村发展委员会投资 5000 万美元》，访问日期：2021 年 11 月 16 日，中国驻孟加拉国大使馆经济商务处网站，http://bd. mofcom. gov. cn/article/jmxw/202104/20210403051215. shtml。

③ Lamia Karim, "Demystifying Micro-Credit, The Grameen Bank, NGOs, and Neoliberal-ism in Bangladesh", *Cultural Dynamics*, Vol. 20, Issue 1, 2008, p. 5.

④ Syed M. Hashemi, Sidney RuthSchuler and Ann P. Riley, "Rural Credit Programs and Women's Empowerment in Bangladesh", *World Development*, Vol. 24, Issue 4, April 1996, p. 649.

⑤ Lamia Karim, "Demystifying Micro-Credit, The Grameen Bank, NGOs, and Neoliberal-ism in Bangladesh", *Cultural Dynamics*, Vol. 20, Issue 1, 2008, p. 13.

⑥ 郑宝华等主编：《中国农村反贫困词汇释义》，中国发展出版社 2004 年版，第 274 页。

上写自己的名字，在农村妇女中产生了一些新的社会认同模式，如妇女每周会议，无须与男性商量而决定讨论主题、收集和讨论贷款计划等。

在关于小额信贷与妇女赋权关系的经验研究中，所使用的赋权指标包括管理使用贷款、财务知识、妇女的经济贡献程度、公共领域的流动性、购买能力、生产资料的所有权、政治意识、妇女参与重要的家庭决策，如购买土地或生产资料或作物种植等，其他指标还包括教育、有偿就业、开明的家庭氛围等，主要用于测量小额信贷在个体/家庭层面的赋权成效。① 围绕小额信贷对妇女赋权的影响和实效，理论和实证经验方面的研究形成了两种相互批判的观点。

一种观点认为小额信贷作为国家发展项目之一，贷款和妇女赋权之间存在紧密关系，是妇女赋权的一种可行工具。② 在小额信贷出现之前，孟加拉国的农村妇女没有所需资金开展创收行为，也接触不到正规就业市场。有学者在 1998—1999 年大型住户调查基础上分析了小额信贷对妇女赋权的影响，推导出特殊的模型，佐证了妇女参与小额信贷有助于增加妇女赋权，赋权过程激发了妇女参与社区事务的兴趣，培育了集体态度和行为等。2000 年，一项研究考察了农村贫困妇女参与信贷项目对赋权的影响，参与信贷行为的贫困妇女随着收入的提高，生活条件改善，在家庭事务方面的决策能力提高、流动性增强，更容易接触到现代新观念，也更可能使用避孕措施、控制生育。③ 小额信贷成为全球贫困妇女赋权的一个象征，导致了一个意想不到的新自由主义行为体的出现，女性成为小额货币的借贷者，获得了资金支持和工作机会，缓解了贫困、改善了家庭经济状况等。

另一种观点则认为小额信贷对妇女综合赋权的作用有限甚至没

---

① Simeen Mahmud, Nirali M. Shah and Stan Becker, "Measurement of Women's Empowerment in Rural Bangladesh", *World Development*, Vol. 40, No. 3, 2012, pp. 610–611.

② Isahaque Ali and Zulkarnain A. Hatta, "Women's Empowerment or Disempowerment through Micro-finance: Evidence from Bangladesh", *Asian Social Work and Policy Review*, Vol. 6, 2012, p. 111.

③ Mohammad Samiul Islam, "Women's Empowerment in Bangladesh: A Case Study of Two NGOs", Bangladesh Development Research Working Paper Series (BDRWPS), September 2014, p. 2.

有，是资本主义介入最贫困世界的一个有害入口，反而控制了世界上最贫困的人口，是用于制止共产主义蔓延的一种手段。[①] 在很多案例中，小额信贷的收益可能是微不足道的，没有改善贫困妇女的生活条件，不适合绝大多数的贫困妇女，更适合拥有一定收入、土地和财产的更富裕妇女，赋权的效应更大。[②] 一些研究认为，小额信贷使贫困妇女产生了债务并处于恶性循环中，还有一些资料表明，女性客户收到贷款后经历了配偶的言语攻击（57%）和身体暴力（13%）。[③] 2018 年在两个小额信贷的目标地开展了一项研究，采访了 300 户女性户主家庭，使用描述性统计和经济模型从 5 个维度（金融资产、流动性、独立购买能力、参与家庭决策和法律意识）进行了影响评估，结果表明，小额信贷在两个维度实现了赋权，即有助于农村妇女获得家庭决策权并增加了法律意识，但在其他三个维度并未导致赋权。[④] 小额信贷本身并不必然带来能力建设，没有为妇女提供可控制的资源，不能确保妇女已改善的经济基础是否具有可持续性，也没有触动长期存在的性别不平等和妇女的无权地位。

在现代主义者看来，NGOs 在贫困妇女赋权的发展讨论中是个建造者（architect）以及新经济权威的"承办者"（purveyor），发挥着调节人们行为的巨大功能，通过开展小额信贷，实现了农村人口与 NGOs、农村人口与跨国公司的联系和依赖，农村人口成为跨国公司产品的消费者（如金融资本、肉种鸡、手机等）。同时，农村人口还作为生产者，依赖跨国公司供应的物资，如种子、化肥和杀虫剂等。[⑤]

---

① Iman Bibars, "Microcredit and Women's Empowerment: A Case Study of Bangladesh", *Book Reviews*, *Gender & Development*, Vol. 20, No. 1, March 2012, p. 195.

② Lamia Karim, "Demystifying Micro-Credit, The Grameen Bank, NGOs, and Neoliberalism in Bangladesh", *Cultural Dynamics*, Volume 20, Issue 1, 2008, p. 14.

③ Isahaque Ali and Zulkarnain A. Hatta, "Women's Empowerment or Disempowerment through Microfifinance: Evidence from Bangladesh", *Asian Social Work and Policy Review*, Vol. 6, 2012, pp. 112 –114.

④ Dalia Debnath, Md. Sadique Rahman, Debasish Chandra Acharjee, Waqas Umar Latif and Linping Wang, "Empowering Women through Microcredit in Bangladesh: An Empirical Study", *International Journal of Financial Studies*, Vol. 7, No. 37, 2019, p. 9.

⑤ Lamia Karim, "Demystifying Micro-Credit, The Grameen Bank, NGOs, and Neoliberalism in Bangladesh", *Cultural Dynamics*, Volume 20, Issue 1, 2008, pp. 6 –8.

第三节　妇女发展的结构性阻力

南亚地区的性别意识形态依赖于一整套的社会准则，在很大程度上是导致妇女地位低下的根源，教育、市场机会、接触媒体及与其他领域的联系是改变准则和行为的一些积极变量。[1] 孟加拉国存在更加关键的因素，如迷信、父权制等，男性不承认妇女对家庭的贡献，一定程度上反映了个体赋权与社会权力分配之间的差异。[2] 通常认为，该国妇女地位的形成包括三部分：首先是历史背景，触及该国当代不同发展阶段的社会意义；其次是导致妇女受压迫的传统社会结构；再次是该国妇女已经发生及正在发生的转型。[3]

一　父权制

父权制，也称男权制，是指以男子掌握权力为基础的社会组织结构，它是男子用来统治女性的一整套社会关系，是一个以权力、支配、等级和竞争为特征的体系，以男性权力为中心，限制女性平等获得政治、经济、文化等资源。[4] 1970 年，女权主义的代表人物凯特·米利特在《性政治》中使用"patriarchy"这一术语，提出"父权制论"，认为男性或是用权力直接镇压，或是通过风俗、习惯、语言、传统、教育等来确定妇女地位，即通过"性别政治"支配女性。[5] 此后，父权制迅速成为各种女性主义学说批判的主要对象，从字面上

---

[1]　World Bank，"Whispers to Voices：Gender and Social Transformation in Bangladesh"，Bangladesh Development Series Paper，No. 22，March 2008，p. 74.

[2]　UNDP，"Tackling Social Norms——A Game Changer for Gender Inequalities"，2020 Human Development Perspectives，p. 3.

[3]　Naila Kabeer，"Subordination and Struggle：Women in Bangladesh"，访问日期：2021 年 4 月 20 日，https：//newleftreview. org/issues/i168/articles/naila-kabeer-subordination-and-struggle-women-in-bangladesh。

[4]　范若兰：《暴力冲突中的妇女——一个性别视角的分析》，时事出版社 2013 年版，第 16 页。

[5]　陈晖：《性别平等与妇女发展：理论与实证》，中国民主法制出版社 2018 年版，第 25—26 页。

看，该词指的是以父亲为中心的家长制，是一种意识形态和心理建构、也是作为一种性别剥削和性别压迫的制度贯穿于政治、经济和社会等其他所有形式的制度之中。① 通常认为，现实中的男性统治远远超出了"父亲的统治"的范畴，包括丈夫兄弟的统治和大多数社会机构、政治和经济组织中男性领导的统治，有学者主张采用"男权制"来替代"父权制"，认为前者的内涵更为广泛，突出了社会性别的权力关系，是父权和夫权共同构成了男权。② 父权文化之下的社会性别给男女两性规定了不同的地位、角色和社会分工，形成了相应的性别刻板形象和行为模式，③ 在父权制的背景下，男性更多扮演家庭经济的支持者和保护者，女性更多扮演的是照料者角色，她们承担的工作并未带来货币报酬，大多数家庭主妇的付出和对国家经济的贡献得不到应有的承认。

西蒙娜·德·波伏娃（Simone de Beauvoir，1908－1986）所著的《第二性》从社会心理学的角度出发，论证了女性沦为"第二性"的社会文化根源，女性的行为、观念长期受父权制意识形态的支配，父权制对于女性而言是一种性别统治和性别压迫的来源，在父权制意识形态的长期塑造和支配下，女性无意识地按照男性所确立的价值标准来要求自己、规范自己，社会地位只能是男性确证自身的参照物，不自觉地成为男性"他者"和男性的"一部分"，由此沦为"第二性"。父权制的实质是男性通过权力、传统风俗习惯、语言、教育等实现对女性的支配，两性之间的统治和支配是一种更为深刻、更加无情的统治和支配，与其他统治形式相比更为长久和持续。④ 李银河指出，女性主义者谈论的父权制包含了四层内容。一是男性统治。男权制强调在社会中男性统治的自然基础，是一种男性控制女性的性别结构，认为男女差异是自然的，男性的统治也是自然的，男性占据了政治、经济、法律、宗教、教育、军事和家庭领域中的所有权威位置，

---

① Rian Voet, *Feminism and Citizenship*, London：Sage Publications，1998，p. 24.
② 金一虹：《父权的式微》，四川人民出版社 2000 年版，第 339 页。
③ 唐雪琼、朱竑、王浩：《从国家社科基金资助情况看中国女性研究的发展态势》，《妇女研究论丛》2008 年第 5 期。
④ Rian Voet, *Feminism and Citizenship*, London：Sage Publications，1998，p. 24.

挤压了女性的选择空间。二是男性认同，男权制的核心文化观念中涉及好的、值得向往的或值得追求的，总是同男性和男性气质理想相联系。三是在男性事务和交易中将女性客体化，男权制的文化意识形态将女性摆在次要地位，贬低女性角色、统治和剥削女性的劳动力、控制共同生育的孩子等。四是男权制的思维模式中包含了二分法，非此即彼的思考方式将所有的事物分为黑白两极，忽略了中间状态。①

父权制社会准则体系下的性别化特征反映在性别特定观念、价值、制度、习俗、权利、角色和责任、要求、义务的模式中。② 父权制本身作为一种具有强大力量的权力，已广泛渗透到所有社会领域和社会体制之中，甚至在某种意义上，国家也成为父权制的一种工具，在此背景下，女性成为一个受剥削、受压迫的群体。③ 父权制的暴力存在于社会的各个方面，其暴力本质是妇女受到家庭暴力、骚扰，殖民地遭受武装侵犯、战争与冲突等暴力事件不断发生的原因，成为当前发展模式的一种基础。④ 现存的等级制、追求权力的国际秩序、父权本质的民族国家形态和父权制文化是造成对妇女的结构暴力、直接暴力和文化暴力的根源。⑤ 在父权制家庭中，男性是家庭、家族延续的标志，男性优先成为家庭财产和资源分配的重要原则，甚至在一些社会中，妇女在父母家中完全没有继承的机会和权利，家庭中的男性更容易获得营养成分、教育和社会服务等。在许多发展中国家，人类学的研究证实了妇女不能直接获得和控制生产资源，难以成为独立的生产者，而是通过与男性建立关系（血缘和婚姻关系）才有权利使用资源。在一些文化中，社会规范禁止妇女在家庭以外工作，丈夫能够限制妻子的活动并将她们与社会隔离，这些都影响了妇女在家庭中

---

①　李银河：《女性主义》，山东人民出版社 2005 年版，第 6—7 页。

②　K. M. Rabiul Karim, Maria Emmelin, Line Lindberg and Sarah Wamala, "Gender and Women Development Initiatives in Bangladesh: A Study of Rural Mother Center", *Social Work in Public Health*, 2016, Vol. 31, No. 5, p. 370.

③　宋建丽：《正义与关怀：女性主义的视角》，厦门大学出版社 2018 年版，第 107 页。

④　张妮妮、康敏、李鸽：《女性经验的生态隐喻：女性生态主义研究》，北京大学出版社 2018 年版，第 202 页。

⑤　范若兰：《暴力冲突中的妇女——一个性别视角的分析》，时事出版社 2013 年版，第 309 页。

的讨价还价地位及在家庭收入中的支配权力和消费权利。①

　　从文化地理的角度来看，孟加拉国属于所谓的"典型父权制地带"（a belt of classic patriarchy）②国家，这一地带主要指从北非经中东到印度次大陆的北方平原，包含了穆斯林和非穆斯林社会，其共同特征是严格的性别分隔，特殊的家庭和亲缘关系以及与女性美德相联系的强大家庭荣誉感，社会结构特征表现为对妇女行为道德准则极为严格的制度化。该国位于"典型父权制地带"的东部边缘，处于转向缅甸更为"女性"（feminine）的文化形态和东南亚文化（社会制度和行为允许更加平等的性别关系体系）的过渡带。孟加拉国社会是父权制的、父系的，其特征是家庭的联合形式和血亲结构，男性控制女性劳动、性和家庭之外的流动，女性依附、男性监护的观念通过公共的性别隔离和劳动力市场的严格分工得以强化。认为妇女的身份认同和社会地位只能通过婚姻来实现，政治和社会声望来自父亲及丈夫，妇女的传统角色限制在私人领域，主要是操持家务、照顾家庭成员，强调妇女在社会中作为母亲、妻子和儿媳的角色。③孟加拉国在所有社区层面都存在父权制，妇女在一生中高度依赖男性，从父亲到丈夫到儿子，通常的特征是"面纱下的隔绝"（veiled seclusion），妇女没有土地和财产权，缺乏教育和就业机会，缺乏自主权和迁移自由，针对妇女的暴力高发率等。妇女在男性主导的社会中受到宗教偏执、社会污名、目光短浅和歧视的压迫，在家庭事务中所花费的劳动力和才能从未得到适当的评估，大多数农村地区的贫困妇女被限制获得财产、自由、教育和就业，阻碍了她们积极参与生产事务、限制了其在家庭及社区中的决策影响力，重男轻女导致了性别选择的堕胎或者抛弃女婴、女童。在男性或父权制主导的社会中，很多保护妇女权利的立法并不成功，男性通常从社会或宗教或传统习俗中获得特权，宪法规定男女平等，但是父权限制了妇女的宪法权利，父权制有时认

---

　　①　赵群、王云仙主编：《社会性别与妇女反贫困》，社会科学文献出版社 2011 年版，第 5 页。

　　②　1987 年，汤森和莫森（Townsend and Momsen）提出"典型父权制地带"的概念，在南亚次大陆涉及巴基斯坦和孟加拉国。

　　③　Sohela Nazneen, *The Women's Movement in Bangladesh*: *A Short History and Current Debates*, Friedrich-Ebert-Stiftung, Dhaka, 2017, p. 2.

为使妇女经历暴力是上帝的旨意。①

在父权制下，妇女在公共领域存在的增加、新的角色引起了男性的不安和保守力量的反弹。孟加拉国保守势力对妇女权利的反弹不是个新现象，在 20 世纪八九十年代，农村地区的非政府组织面临来自伊斯兰团体（政党、宗教学者）的压力，后者反对小额信贷，反对组织妇女参与市场活动和公共领域，反对在社区层面为妇女提供培训。一些案例表明，男性抱怨为妇女创造的机会，包括妇女在小学教育工作、地方政府中的配额以及针对妇女暴力更严格的法律制裁等，这些妨碍了男性对女性的控制。② 在国家层面上，伊斯兰政党反对妇女在制衣部门工作，反对她们加入非政府组织，2008 年和 2010 年伊斯兰政党大规模动员反对《国家妇女发展政策》表明了妇女运动在性别平等问题上挑战着更深的权力结构，网络空间围绕性骚扰和攻击的相关讨论也揭示了这些议题依然深陷父权制的影响。

二　宗教

社会性别差异不是天生的，而是后天建构的结果，文化在性别建构过程中起着关键作用，而宗教作为文化的核心，在性别建构过程中发挥着至关重要的作用。宗教与妇女的关系历来是个令人困惑的话题，各种宗教长期运行于父权制社会，父权社会歧视妇女的实践借助宗教的神圣性，使不平等的性别建构得以制度化和法律化。③ 不同的宗教传统建构了妇女的人格和社会地位，而这些传统又渗透到严格的父权制态度和文化中，塑造了妇女角色，也决定了妇女的日常生活和遭遇暴力的风险。伊斯兰教在孟加拉国男女之间的意识形态治理关系占据了主导，形成该国传统的性别准则。穆斯林妇女是宗教受害者的

---

① "Research Paper on Gender Issue In Bangladeshi Social Context"，访问日期：2021 年 4 月 20 日，https://www.assignmentpoint.com/arts/law/research-paper-on-gender-issue-in-bangladeshi-social-context.html。

② Sidncy Ruth Schuler, Rachel Lenzi, Shamsul Huda Badal and Sohela Nazneen, "Men's Perspective on Women's empowerment and intimate partner violence", *Culture*, *Health and Sexuality*, Vol. 20, No. 1, 2017, pp. 113 – 127.

③ 范若兰：《暴力冲突中的妇女——一个性别视角的分析》，时事出版社 2013 年版，第 41 页。

描述根植于内在后退的、反现代的、不可变更的伊斯兰法，如果伊斯兰是现代性和西方的"他者"，穆斯林妇女的定义仍陷于伊斯兰法的前现代和野蛮状态中。[①] 宗教准则如深闺制（Purdah）限制妇女参与家庭外的创收行为，是一种使妇女处于从属地位的体制方式，不允许妇女自由迁移，认为丈夫的主要义务是维持家庭经济，妻子的主要任务是照顾丈夫及家庭成员。孟加拉国妇女拥有十分有限的公民自由，因宗教习俗通常被限制在家中，她们参与教育、工作和社会实践通常也受到伊斯兰行为的影响，在衣着方面，要求大多数妇女至少要遮盖头发。妇女可以在家庭及社区相对自由地迁移，程度差异依赖不同的个体家庭传统，伊斯兰的深闺制度可能对妇女参与家庭外的活动施加一些限制，如教育、就业和社会活动，通常需要丈夫的允许。尽管妇女在农业中的重要性增长，但是社会习俗行为仍将其排除在获得土地所有权之外，农村妇女尤其缺少流动自由，迫使她依赖男性亲属从事一些商业活动。一般来说，女性户主家庭有资格获得银行贷款和其他形式的信贷，该国的非政府组织为很多妇女提供小额信贷，也关注这些妇女是否能实际上控制贷款。

宗教上的性别歧视导致妇女的价值被低估，强化了父权制，如希望女孩在月经初潮和出嫁前待在家中。围绕工作角色的强大性别准则对该国年轻男女之间无偿看护工作、有偿或生产性工作分化产生严重的影响，一项研究表明，84%的受访者支持男性到家庭外工作，妇女照料家庭和孩子。[②] 联合国教科文组织曾讨论南亚地区的一夫多妻问题，得出的结论是：一夫多妻可能是由于经济上的原因，是由一个社会群体中主要生活来源的属性决定的。在劳动力市场中承担工作的妇女，接触不认识男性的被认为是"泼妇"（shrewish）的行为和令人反感的，在家庭外承担有偿工作而不能完成看护工作的妇女被视为

① Dina M. Siddiqi, "Transnational Feminism and 'Local' Realities: The Imperiled Muslim Woman and the Production of (In) Justice", *Journal of Women of the Middle East and the Islamic World*, Vol. 9, 2011, p. 76.

② Pushpita Saha, Saskia Van Veen, Imogen Davies, Khalid Hossain, Ronald van Moorten and Lien van Mellaert, "Paid work: the magic solution for young women to achieve empowerment? Evidence from the Empower Youth for Work Project in Bangladesh", *Gender & Development*, Vol. 26, No. 3, 2018, p. 562.

不理想的妻子和母亲，尤其是在生育孩子之后希望她们放弃有偿工作和正规的就业，街上、公共交通或工作场所的骚扰被广泛接受。如果女性花费太多时间在家庭之外、不能履行所期望的传统角色时，针对女性的暴力是可接受的，家庭暴力是对她们适当的惩罚。①

在伊斯兰法下，穆斯林妻子没有任意离婚的权利，除非丈夫授予这一权利。穆斯林妇女可以继承丈夫或父亲的财产，丈夫去世后，妻子如果离开男性后代，可继承死去丈夫八分之一的财产，如果不离开，可以获得四分之一的份额。在离婚或者被抛弃的情况下，妇女丧失了共同的财产权，也不能向兄弟们寻求庇护。伊斯兰法规定，女儿可以继承遗产，在有儿子和女儿的家庭中，女儿继承的遗产只有儿子的一半，在没有儿子的家庭中，女儿只能继承剩余的财产（除去所有债务和其他义务外）。在只有一个孩子且是女儿的家庭，女儿可继承已去世父亲或母亲一半的遗产，如果是有多个女儿但是没有儿子的家庭，女儿们共同继承三分之二的遗产。在实际情况中，男性继承的份额均多于女性。在伊斯兰社会下，妇女只是孩子的"保育员"，不被认为是合法的监护人，父亲才是天然的法定监护人，在父亲去世后孩子可能被男性亲属带走；在离婚的情况下，妇女可以抚养儿子到7岁，可抚养女儿至青春期。早婚和嫁妆是妇女遭受家庭暴力持续存在的主要原因，尽管制定了相关法律，但在农村地区并未产生有效的约束和惩罚效果。现行法律要求穆斯林婚姻必须登记，1974年颁布了《穆斯林婚姻与离婚登记法》，但在农村地区，绝大多数婚姻并未登记。

在孟加拉国，父母的权利与宗教紧密结合，在伊斯兰教和印度教社区中，女孩对于嫁给谁、什么时候结婚没有发言权，通常由父亲或家庭成员决定，为了减轻家庭的负担，女孩年龄很小时就被迫嫁人了。在印度教社区，与私人领域相关的婚姻、离婚、继承和监护权等受到印度教属人法的管制，印度教社区的妇女不能继承父母的财产，寡妇可以继承与儿子同等的遗产。父亲最重要的义务之一是将女儿嫁

---

① ［丹麦］埃丝特·博斯拉普：《妇女在经济发展中的角色》，陈慧平译，译林出版社2010年版，第24页。

出去，无须征得女儿的同意，离婚是不可能的。不是所有的女儿都有平等继承权，未婚及有儿子的已婚女儿可以继承，已婚女儿过了生育年龄或没有儿子的寡妇则没有继承权。基督教社区的法律在很多案例中是性别偏向的，与宪法和人权相悖，离婚权利、赡养费、生活费基本是性别歧视的，但是规定儿子与女儿有同等的继承权。[①]

在妇女权利问题上，孟加拉国一直保持一种相互矛盾的立场：一方面围绕妇女权利的国际发展讨论，为促进妇女权利颁布和实施了一些法律和政策，促进妇女教育、生育控制和经济参与，在发展项目中为妇女提供一些资助，增强妇女能力，为了获得国际合法性，国家也乐于关注这些议题；另一方面，国家在很多时候要维持男性优先权，似乎不愿意从根本上触动宗教法。[②]

三　国家法律与政策的漏洞

孟加拉国在保护妇女权利、促进妇女发展方面建立了完整的法律政策体系，但是"纸上"法律与实际执行存在巨大落差，法律政策未发挥实际的功能与效果。妇女的日常生活受到两套法律的管制：民法和属人法（personal law）。民法包含了妇女在宪法规定下所能享受的权利，属人法则涉及家庭生活，宪法对男女之间平等权利的保障并未延伸至私人部门，如遗产继承及家庭事务等。宪法保障妇女在公共领域的公平参与，但是社会规范、男性空间和女性空间的隔离，宪法规定的权利与实践之间存在巨大鸿沟，民法和属人法的共存使男女之间依然存在不平等，妇女在结婚、离婚、儿童抚养、监护权和继承权等方面受到宗教法的控制。孟加拉国政府颁布的很多法律是带有性别偏向的，更为糟糕的是，很多法律几乎没有得到实施。1984 年《童婚约束法》提高了男女结婚的最低年龄，女性 18 岁，男性 21 岁，但是仍旧存在普遍的童婚，违反者也不被起诉。伊斯兰教允许男子一夫

---

① "Research Paper on Gender Issue In Bangladeshi Social Context"，访问日期：2021 年 4 月 20 日，https：//www. assignmentpoint. com/arts/law/research-paper-on-gender-issue-in-bangla-deshi-social-context. html。

② Sohela Nazneen, *The Women's Movement in Bangladesh：A Short History and Current Debates*, Friedrich-Ebert-Stiftung, Dhaka, 2017, p. 9.

多妻，前提是丈夫能公平地对待每个妻子，但是缺乏有效的约束和监督机制，年长的妻子通常被丈夫忽视或成为暴力的受害者。为了保护这些妻子，1961 年《家庭条例》（Family Ordinance）规定，男性在没有仲裁委员会及妻子/妻子们书面同意之前不能缔结婚姻，否则将惩罚丈夫向妻子支付一笔费用、处以一年监禁或罚款 5000 塔卡，同样没有得到切实执行。该国政府批准了《消除对妇女一切形式歧视公约》，却保留了与家庭内部平等权利相关的条款，即第 2 条和 16（1c）条，这与政府承诺建立性别平等存在冲突。女性工人几乎得不到《劳动法》的保护，无良企业主倾向招募未婚妇女并延长试用期剥夺了很多女性的合法权利。

尽管孟加拉国的法律系统规定了平等的财产权，妇女获得财产依然是个遥远的目标，无论是丈夫家还是父母家。孟加拉国统计局（BBS）1996 年开展的农业调查显示，在 1780 万的土地所有者中，妇女只占 3.5%（62 万人）。2006 年，世界银行在孟加拉国开展的性别准则调查（World Bank Survey on Gender Norms，WBSGN）显示，该国只有不到 10% 的妇女、不到 3% 的更年轻妇女在婚姻财产文件上有自己的名字，如租赁协议、土地所有权或家庭农场。[1] 该国的刑法也未能完全消除性别歧视，如将强奸定义为性暴力的一种行为，证据规定要求受害者提供医疗证明，导致女性受害者很难对施暴者进行指控。《刑法典》第 375 条规定，已婚夫妇之间未经同意的性交（前提是妻子年满 13 岁）不构成强奸，这是该国最常见的亲密伴侣暴力形式之一。

相对于住户调查而言，民事登记、出生登记、婚姻登记是对家庭的一种保护，完备的婚姻登记是监督和衡量童婚的更有效手段，但是出生登记在孟加拉国的实施并不理想。2017 年《童婚约束法》存在一个漏洞，法庭可允许特殊情况下的女孩和男孩童婚，但是没有清晰界定什么是特殊情况。很多罪行和违法行为，如虐待妇女、因嫁妆而谋杀妇女、妇女和儿童被绑架及贩卖、强暴、泼硫酸、家庭暴力、性

---

① World Bank, "Whispers to Voices: Gender and Social Transformation in Bangladesh", Bangladesh Development Series Paper, No. 22, March 2008, p. 76.

骚扰和其他与妇女相关的罪行依然存在。法外惩罚仍以宗教名义在实施，法特瓦（fatwa，伊斯兰法律的裁决）仍存在于农村地区。

四　媒体报道依然囿于传统的性别准则

媒体是一种非中立的渠道，媒体的发展尤其是新媒体的出现使所有不同类型的内容广泛存在于私人领域，其新机制可能有助于促进性别平等，影响甚至改变性别关系及可感知的妇女地位，在与妇女相关的媒体行为和描述中，她们成为广泛循环的内容。社会习俗、宗教文化和理念的影响存在于任何社会和国家背景下，性别议题根植于父权制的结构中，南亚地区的社会文化和宗教行为使妇女处于多方面的不利处境。在南亚媒体中，妇女困境存在多维度的本质，该行业以男性为主导，迎合了社会和读者的需求，女性所关心的问题被边缘化，现存的性别角色和传统观念，媒体形成的新传统形式又重新固定了传统的性别准则，即便是对女性领导人的报道通常也陷于性别的传统框架内。2013 年 8 月，南亚妇女网络（SWAN）① 在科伦坡召开第五次大会，通过了"南亚妇女可持续发展路线图"。2016 年 5 月 3 日，在新德里举办了南亚地区媒体中对妇女的性别敏感指导原则（Gender Sensitive Guidelines for Women in Media in South Asia，GSGWMSA），包括两部分：首先在媒体中要体现性别平等，其次是客观展示媒体中的妇女形象。②

20 世纪 90 年代以来，孟加拉国的媒体经历了快速发展，包括传统报纸、电台、电视台、广告及线上新闻网站，但是该国的媒体行业仍存在浓厚的性别歧视，妇女在媒体中的形象依然是性别固有模式，在素材方面男性超过了女性。报纸、电视、电影和广告等媒体政策中

---

① 南亚妇女网络（SWAN）成立于 2009 年 3 月，承认南亚妇女面临的严重挑战，无论是不同的宗教信仰群体还是不同的族群，都涉及贫困、糟糕的产妇和儿童健康、受教育程度低、暴力、社会非正义、经济歧视、缺乏控制资源的权力、环境灾害期间及之后的巨大不利处境、社会政治和官僚文化限制了妇女在国家生活中的参与等。该网络指出南亚妇女依然是社会地位低下的公民，强调妇女发展与赋权是南亚经济社会和环境可持续发展的一个关键，需要结合妇女的能动性、呼声、参与和领导权。

② Veena Sikri, Jaishri Jethwaney and Ratan Kumar Roy, "Report on the Status of Women in Media in South Asia", South Asia Women's Network（SWAN），March 2020, p. 5.

没有综合的性别敏感机制，对妇女形象的展现缺乏认真审查，导致公共媒体成为促进女性角色固化和歧视女性的首要途径。[1] 在电视商业广告中，父权可能不经常反映为"严厉、控制、压迫、剥削、边缘化和服从的妇女"，也可能展现为"仁慈和善解人意的"。[2] 在媒体行业中，妇女的参与度很低，尤其是上层管理与决策层面，媒体中妇女从业人员和妇女议题的缺乏是种危险的趋势，在新闻、广告和娱乐媒体中妇女形象被固定化、被贬低，是作为被动的、附属于男性的，或者作为欲望的对象，认为妇女智力低下，也不承认其社会地位的改变。[3] 孟加拉国的广播政策中规定了妇女形象的相关条款，基本原则是禁止宣传有害的妇女形象，但是这些条款没有确保工作场所的平等权利及妇女在荧幕上的适当形象，电视行业则没有特定的性别政策，从属于国家审查法和广播政策。该国非政府组织 Bangladesh Nari Progati Sangha（BNPS）开展了一项为期两个月的调查，研究了 3361 个新闻条目，其中，16% 的报纸、14% 的电视新闻、20% 的电台新闻将妇女作为主题，约 1% 的内容涉及性别不平等议题，11% 的新闻报道挑战现存的性别框架。研究表明，妇女在媒体中是"看得见但是不被听见"（seen and not heard）的，农村妇女远离城市决策中心使其更加"隐形"，仅有 12% 的新闻标题、7% 的电视新闻标题和 5% 的电台内容关注农村或偏远地区的妇女。[4]

---

[1] Veena Sikri, Jaishri Jethwaney and Ratan Kumar Roy, "Report on the Status of Women in Media in South Asia", South Asia Women's Network (SWAN), March 2020, p. 181.

[2] Veena Sikri, Jaishri Jethwancy and Ratan Kumar Roy, "Report on the Status of Women in Media in South Asia", South Asia Women's Network (SWAN), March 2020, pp. 12 – 13.

[3] "Report on Women's Status in South Asian Press & Media Released", March 9, 2020, 访问日期：2021 年 4 月 20 日，https://www.southasiatime.com/2020/03/09/report-on-womens-status-in-south-asian-press-media-released/。

[4] "In Bangladesh, Gender Equality Comes on the Airwaves", 访问日期：2021 年 4 月 20 日，https://www.globalissues.org/news/2015/04/08/20847。

第 五 章

妇女遭遇的贫困、暴力与气候危机

20 世纪 70 年代以来，脆弱性被用于分析自然灾害，联合国减灾组织（UNDRO）1979 年出版了以脆弱性为题的报告——《自然灾害和脆弱性分析：专家会议报告》。之后，"脆弱性"这一概念逐步拓展到社会学、生态环境、贫困与可持续发展等领域，覆盖了自然科学、医疗科学、计算机科学、工程科学和社会科学等，成为一种研究视角和分析方法。世界银行在《世界发展报告 2000/2001》中对"脆弱性"进行了界定：在收入和健康方面，脆弱性是指家庭或个人在一段时间内经历收入或健康贫困的风险，也意味着有可能面临一些其他风险（暴力、犯罪、自然灾害、辍学）。[①] 社会脆弱性概念着重关注社会系统内部结构特征对脆弱性的影响，即社会系统存在的先天不稳定性和敏感性所导致的贫困、不平等、边缘化、社会剥夺、社会排斥等，用于识别社会中最脆弱的群体，探讨导致人类社会容易受到损害的政治、经济、制度和文化因素以及提高社会系统适应力与恢复力的机制和对策。[②]

第一节 妇女与贫困

一 妇女与贫困的相关理论

贫困是个世界性难题，严重阻碍着各国的社会经济发展，也是导

---

① World Bank, *World Development Report 2000/2001: Attacking Poverty*, New York: Oxford University Press, 2000, p. 19.
② 李英桃:《新冠肺炎疫情全球大流行中的"脆弱性"与"脆弱群体"问题探析》,《国际政治研究》2020 年第 3 期。

致地区冲突、恐怖主义、环境恶化等问题的重要根源，各国都将减贫作为发展的重要目标之一。发展讨论将贫困定义为一个多维度的现象，健康、教育、社交生活、环境质量、社会与政治自由、总体幸福感的缺乏均是贫困的表现。[①] 早在 20 世纪六七十年代，妇女贫困问题就吸引了女性学、发展研究、社会学、人类学等多个学科的重视，也成为政府研究机构及妇女组织等社会群体较为关注的问题，学界对妇女贫困问题的研究大多基于女性主义、妇女与发展和社会性别的视角，主要探讨妇女贫困的四个方面，即妇女贫困指标和内容、妇女贫困的测量标准、妇女贫困操作化定义及反贫困方法。[②] 20 世纪 80 年代，随着赋权理论普遍运用于发展研究，尤其是妇女议题的研究，该理论强调转变性别歧视、改变社会不平等的制度与结构性因素，使贫困妇女能够获得、控制物质与信息资源。[③] 贫困议题与性别不平等相互联系，满足基本需求的收入赤字通常被描述为贫困，如果从性别视角看待贫困定义，性别不平等不仅是妇女贫困的根源，还由于性别歧视使妇女和女童被剥夺了这些基本的需求，更容易遭受贫困。[④] 妇女贫困的定义和对妇女贫困的衡量或根据家庭收入消费的传统方法，或根据文化水平、平均寿命、中小学招生人数、医疗资源、产妇死亡率、土地或财产权、就业、工资差别、第一次婚姻的平均年龄、生育率、性别比例、卖淫程度等社会因素。[⑤] 支持 "妇女与发展" 和 "社会性别与发展" 理论的学者们以较为传统的贫困定义和测量贫困的方法，结合妇女应得的权利及其潜力的途径来研究妇女贫困问题，一致认为妇女的贫困现象在增加，背后的因素包括人口增加、男性外出、家庭内部男女在各方面的不平等、家庭破裂导致女性户主家庭数

---

① "Looking at Poverty in Gender Lens", Sep. 25, 2019, 访问日期：2021 年 4 月 20 日，https：//www. share-netbangladesh. org/looking-at-poverty-in-gender-lens/。

② 赵群、王云仙主编：《社会性别与妇女反贫困》，社会科学文献出版社 2011 年版，第 52 页。

③ 王婧：《边缘与困境中的女性—妇女贫困问题的社会和文化分析》，《妇女研究论丛》2003 年第 12 期。

④ "Looking at Poverty in Gender Lens", Sep. 25, 2019, 访问日期：2021 年 4 月 20 日，https：//www. share-netbangladesh. org/looking-at-poverty-in-gender-lens/。

⑤ Vandana Desai and Robert B. Potter (eds.), *The Companion to Development Studies*, 3rd Edition, London and New York：Routledge, 2014, p. 60.

量增加、生产率低、环境恶化、20 世纪 80 年代的经济衰退及原来社
会主义国家向市场经济的过渡等。20 世纪 80 年代后期，研究者开始
注意到家庭中资源分配不均等的现象，大部分关注南亚的案例、经验
证据及女性主义者的评论。① 学术界和发展研究机构探索并提出了一
系列消除妇女贫困的方法，如福利型、反贫困型及效率型，其中，反
贫困型计划开始于 20 世纪 70 年代中期，注重缓解贫困程度并为贫困
群体提供基本的生活所需，妇女作为贫困群体中的最贫困者，是减贫
的对象之一。效率型计划开始于 20 世纪 80 年代初期，与世界银行向
新古典主义经济原则的转向同步，强调结构调整、私有化及市场自
由化。②

　　1995 年，联合国开发计划署在《人类发展报告》中强调了贫困
具有明显的性别差异，"贫困有一张女性的面孔"，全世界 13 亿贫困
人口中妇女占了 70%。与男性相比，妇女贫困率更高，更容易陷入
贫困，贫困发生率的增长快于男性；贫困程度比男性更加严重，而且
脱贫难度也更大。③ 性别偏向使妇女处于不利境地，在消费、使用生
产资源和家庭决策方面，男女对生产资源控制的不平等，包括土地、
住房、技能和社会支持等。在大多数的亚洲国家，妇女获得土地所有
权是个重要议题，她们通常不被认为是"农民"（farmers），部分因
为没有土地，被排除在农业扩展和获取新技术的信息之外。④

　　"贫困女性化"（feminization of poverty）和"女性贫困化"（im-
poverishment of women）是两个经常混合使用的概念，同时也是两个重
要的政策倡导框架，广泛运用于女性主义研究、女性主义社会运动和
发展研究中。"贫困女性化"和"女性贫困化"泛指女性与男性经济
状况的差异，但在含义方面稍有差异，分别说明了女性与贫困之间的

---

　　① 马元曦主编：《社会性别与发展译文集》，生活·读书·新知二联书店 2000 年版，
第 40 页。
　　② 马元曦主编：《社会性别与发展译文集》，生活·读书·新知三联书店 2000 年版，
第 69 页。
　　③ 赵群、王云仙主编：《社会性别与妇女反贫困》，社会科学文献出版社 2011 年版，
第 83 页。
　　④ ADB, *Country Gender Assessment*: *Bangladesh*, Mandaluyong City, Philippines: Asian
Development Bank, 2010, p. 2.

两种不同关系及女性贫困的两个不同侧面。其中，"贫困女性化"主
要隐含了女性贫困化的过程，表明贫困这种现象越来越体现出趋于女
性化的特点；"女性贫困化"则主要指女性在某一个时间点的贫困状
态。① 对"女性贫困化"的研究表明女性由于各种情况越来越容易或
已经陷入贫困，女性人口的贫困率高于男性，引发了专门为妇女制定
旨在减少贫困或创造就业机会等政策方面的建议，或专门以女性户主
家庭为目标的社会计划。② 1978 年，戴安娜·皮尔斯（Diana Pearce）
在《贫困的女性化：女性、工作与福利》中提出"贫困女性化"的
概念，此后，女性与贫困之间的关联研究逐渐成为劳动经济学、家庭
社会学、人类学、发展研究及女性主义研究的一个重要领域。"贫困
女性化"与任何现存社会的经济及社会政策机制紧密相连，贫困与
性别的关系通过一些可变因素体现出来，包括阶级、国家政策（如
具体的经济和社会政策以及法律框架）及人口变化（如生育率、家
庭大小、女性劳动力参加工作及女性户主家庭），也与妇女就业、工
资和户主问题所表现的趋势紧密相连。"贫困女性化"虽然具有实证
研究的支持，但是女性与贫困问题在不同经济社会语境和社会关系维
度上呈现出复杂性和多样性，在全球化语境下，这一现象具有客观
性，但在不同政治经济文化背景下呈现出来的形式有所不同，不能简
单地看作一个一成不变的全球性现象。具体而言，对"贫困女性化"
的研究不能只关注收入和消费维度，在研究方法上需要超越以"女
性户主家庭"为分析单元的局限性，将贫困问题放置于宽化的性别
和其他群体领域中，特别需要关注多维贫困和致贫原因。针对城市
化、工业化转型过程中所出现的女性竞争劣势性也需要从总体社会关
系的角度加以分析，不能仅仅立足于单一的女性本位发展干预。③ 一
些学者深入分析了社会性别结构和机制运作的几个基本制度，包括家
庭、市场、社区和国家，认为这些制度背后的意识形态、规则和运作

---

① 李小云、张瑶：《贫困女性化与女性贫困化：实证基础与理论悖论》，《妇女研究论
丛》2020 年第 1 期。
② 马元曦主编：《社会性别与发展译文集》，生活·读书·新知三联书店 2000 年版，
第 34 页。
③ 李小云、张瑶：《贫困女性化与女性贫困化：实证基础与理论悖论》，《妇女研究论
丛》2020 年第 1 期。

机制等进一步强化了妇女的贫困问题。① "贫困女性化"是发达国家和发展中国家共同面临的严峻问题,在妇女赋权的观点中,贫困直接或偶然地与妇女的经济角色相联系,性别与贫困的观点表明,减贫想要成功必须更多地关注妇女。

贫困概念的拓展不仅加深了人们对贫困和减贫实践的多维度认识,还在社会性别和贫困之间建立了联系,指出男性和女性因不同的社会性别导致了不同的贫困经历,社会性别是造成男性和女性在资源、权利、机会拥有等方面存在差异的主要原因之一,也是导致贫困的结构性因素。社会性别结构与其他社会结构和制度(包括种族、阶级和年龄等)之间具有多重的交叉关系,为考察和分析妇女贫困的现状和原因、妇女不同于男性的贫困体验及应对贫困的策略提供了更加明确的方向。② 总体而言,所有关于妇女与贫困的研究几乎都会论及社会性别制度、社会性别文化等社会性别建构对妇女贫困的影响,认为这些是导致女性贫困的基础根源。③ 南亚地区,妇女受宗教、传统文化的影响,社会地位低下,面临的贫困形势更为严峻,在社会生产和社会资产、家庭消费、社会服务获得、使用和控制决策中处于弱势地位,在应对贫困方面也比男性更加弱势。南亚国家根据各自国情制定了不同的政策措施来缓解女性贫困,如印度母亲安全计划、孟加拉国的小额信贷计划和巴基斯坦贝·布托收入支持计划等。④

二 孟加拉国妇女的贫困问题

(一) 妇女贫困状况

贫困仍是孟加拉国最大的国情,也是最重要的社会、经济和政策

---

① 赵群、王云仙主编:《社会性别与妇女反贫困》,社会科学文献出版社 2011 年版,第 5 页。

② 赵群、王云仙主编:《社会性别与妇女反贫困》,社会科学文献出版社 2011 年版,第 4 页。

③ 赵群、王云仙主编:《社会性别与妇女反贫困》,社会科学文献出版社 2011 年版,第 59 页。

④ 张浩淼、田华丽、秦嘉:《南亚地区女性社会救助政策的经验与启示》,《西部发展研究》2017 年第 1 期。

挑战。2010—2016 年间，该国有 800 万人实现脱贫，更低的生育率和教育成效推动了消费增长，达到了减贫成效。① 减贫是该国妇女发展的一个必要前提，在捐助话语中，"孟加拉妇女"是贫困的孟加拉国妇女的简写，减贫也意味着妇女的经济赋权。② 2016 年，按照国际贫困线标准 1.9 美元/天（约 61.6 塔卡/天），孟加拉国的贫困人口约 2330 万（贫困率为 14.8%），从性别群体来看，男性贫困率为 14%，女性贫困率为 15%。③ 2010 年《人类发展报告》引入了多维贫困指数，从健康、教育和生活标准三个维度加以衡量，2019 年，孟加拉国的多维贫困指数是 24.6%（3976.4 万）。④ 2021 年，每天生活费不超过 1.9 美元、25—34 岁生活处于极端贫困的群体中，男女比例为 100∶118，预计到 2030 年，这一比例将增加至 100∶121。⑤

　　贩卖妇女儿童是贫困与性别准则相互交叉的另一个领域，2021 年 1 月，联合国毒品与犯罪问题办公室（UNODC）发布的《2020 年全球人口贩卖报告》（Global Report on Trafficking in Persons 2020）指出，南亚地区的人口贩卖最多发生在国内，次之是贩卖到地区之外（主要市场是中东、东亚、南欧和北美），然后是南亚国家之间的贩卖通道。2020 年，该地区遭到贩卖的儿童（男孩和女孩）和成年妇女的比例相近，分别是 45% 和 44%，绝大多数受害者被迫成为强制劳工（forced labour）和色情行业的商品，人口贩卖需求的文化建立在父权制社会中妇女的附属地位及妇女身体的商品化。⑥ 2020 年，美国国务院发布的《2020 年全球人口贩卖报告》指出，孟加拉国处于第二层级，国际组

①　World Bank, *Bangladesh Poverty Assessment*: *Facing Old and New Frontiers on Poverty Reduction*, Washington, D. C., 2019, p. 11.

②　Sohela Nazneen, Naomi Hossain and Maheen Sultan, "National Discourses on Women's Empowerment in Bangladesh: Continuities and Change", IDS Working Paper 368, July 2011, p. 31.

③　World Bank Group, Poverty & Equity Brief: South Asia, April 2020, p. 4, www. worldbank. org/poverty.

④　United Nations Development Programme, *Human Development Report 2020*: *The Next Frontier Human Development and the Anthropocene*, UNDP: New York, 2020, p. 365.

⑤　《联合国妇女署和开发计划署报告：新冠疫情将扩大男女贫困差距》，访问日期：2021 年 4 月 20 日，联合国新闻网，https://news. un. org/zh/story/2020/09/1065942。

⑥　UNODC, *Global Report on Trafficking in Persons 2020*, United Nations, January 2021, p. 148.

织在沙特识别了 1000 多名孟籍强制劳工。2012 年，孟加拉国通过《预防及取缔人口贩卖法》（Prevention and Suppression of Human Trafficking Act，PSHTA）将性贩卖和劳动力贩卖定罪，违反者将被判处 5 年监禁、同时处以不少于 5 万塔卡（约 590 美元）的罚款，但是没有清晰界定人口贩卖罪行的指标，对人贩的定罪率也只有 1.7%。2019 年 12 月，该国政府报告了 4407 个仍在调查和起诉的人口贩卖案件。[①]

（二）针对贫困妇女的措施

发展中国家围绕贫困与性别之间关系的讨论，主要关注贫困群体中的妇女如何比男性的处境更加不利、性别不平等如何导致贫困、妇女赋权如何融入发展政策和实践中等。妇女获得创收机会既是妇女赋权的一种方式，也是减贫的要素之一，妇女可获得自己的收入，有助于提高技能、社会地位、决策能力、健康和福祉，从而改善其社会经济地位。在国际发展干预中，妇女获得独立的收入通常等同于赋权和发展，同时也对传统的性别准则体系构成了挑战。[②]

孟加拉国政府针对贫困妇女群体制定一些救助政策与措施。公共食品分配制度（Public Food Distribution System，PFDS）是个伞形项目，覆盖了国家主要的粮食转移和以工换粮（food-for-work）项目，是针对最贫困人口的保障项目，包括为最贫困人口创造就业机会（Employment Generation Program for the Poorest，EGPP）、试验救济（Test Relief，TR）、弱势群体喂养（Vulnerable Group Feeding，VGF）和无偿救济（Gratuitous Relief，GR）等。寡妇、单身妇女、孕妇或哺乳期妇女通常是现金转移项目的目标群体或优先群体。1998 年，政府开始为寡妇和贫困妇女发放津贴，每个寡妇每个月可领取 300 塔卡的津贴，覆盖人数约 92 万，其中 88000 名贫困妇女每月可领取 350 塔卡。在减贫项目下，没有生计来源的妇女（75 万人）每人每月可获得 25 或 30 公斤的大米。[③]

---

① Department of state，United States of Amercia，*Trafficking in Persons Report*，June 2020，p. 93.

② K. M. Rabiul Karim，Maria Emmelin，Line Lindberg and Sarah Wamala，"Gender and Women Development Initiatives in Bangladesh：A Study of Rural Mother Center"，*Social Work in Public Health*，Vol. 31，No. 5，2016，p. 369.

③ Ministry of Women and Children Affairs，*National Women Development Policy* 2011，Government of the Peoples' Republic of Bangladesh，March 2011，p. 8.

为改善农村贫困妇女的社会经济状态，孟加拉国政府为 77 万妇女提供为期 3 年的生育津贴（每月 800 塔卡），2007—2008 财年至 2018—2019 财年生育津贴共涉及 267560 名妇女，支出金额共计 159.1 亿塔卡，2020—2021 财年开始提高津贴额度。哺乳期母亲支持项目（Lactating Mother Support）的目标是促进产妇健康、减少产妇死亡率、增加哺乳率，将产假从 4 个月延长至 6 个月，该项目的受益妇女达 25 万，2019—2020 财年每人每月可领取 600 塔卡，同时还将获得 3 年的生育津贴和培训服务。2001—2002 财年至 2019—2020 财年，弱势群体发展项目（Vulnerable Group Development，VGD）的受益者达 714 万，2020 年，在新冠肺炎疫情时期为 4569 个村庄的 104 万妇女提供每人每月 30 公斤大米的援助。[①] 被丈夫遗弃的、寡妇和赤贫妇女津贴（Husband-Deserted，Widowed and Destitute Women Allowance，HWDWA）项目针对所有年龄的寡妇、单身妇女和 60 岁以上的老年妇女，目的是促进妇女心理健康和尊严，是为数不多的促进受助者心理健康的项目之一。在贫困哺乳母亲产假津贴（Maternity Allowance for Poor Lactating Mothers）项目中，NGOs 提供与怀孕和新生儿相关的健康和营养培训及创收行为。最贫困人口就业创造计划（Employment Generation Program for the Poorest，EGPP）是该国唯一有妇女配额的公共工程项目，要求为妇女保留 33% 的就业配额。[②]

第二节　妇女与暴力

一　针对妇女的暴力

女权主义的一个主要目标是减少直至消除对女性的性别暴力，首要目标之一是定义暴力并将之公布于众。20 世纪七八十年代以来，

---

① "Bangladesh mak es progress in women, child development", June 21, 2020, 访问日期：2021 年 4 月 20 日，https://www.jagonews24.com/en/national/news/50468。

② *Gender and Social Protection in South Asia：An Assessment of the Design of Non-contributory Programmes*，Brasília and Kathmandu：International Policy Centre for Inclusive Growth and UNICEF Regional Office South Asia，2019，p. 39.

国家、国际公约、国际组织开始关注针对妇女的暴力（Violence A-
gainst Women，VAW）并对其进行定义，联合国认为是指任何发生在
公共或私人生活中基于性别的暴力，导致了或可能导致妇女遭受身
体、性和心理伤害，包括威胁行为、强迫或任意剥夺自由。① 针对妇
女的暴力通常用于衡量妇女安全及获得司法保护的程度，在历史上，
它是个私人问题，人类文明的进步并未减少这一暴力行为，反而一直
在增加，成为一个普遍的严重人权、公共健康和发展议题，同时发生
在公共领域和私人领域，不仅造成受害者即时的身体和精神伤害，更
深远的影响是对社会经济方面的破坏和成本，不仅对人权和性别平
等，还包括对妇女、家庭和孩子的影响。针对妇女的暴力是权力关系
中一个显著的不平等标志，有学者提出针对妇女的三重暴力体系——
直接暴力、结构暴力和文化暴力，三者构成相互联系、互为因果的暴
力体系。其中，结构暴力表现为国际体系—国家—个人三个层次都存
在权力和资源分配的不平等；结构暴力导致了直接暴力；文化暴力是
以文化和传统习俗的名义由国家、民族群体、家族、家长实行的行为
规制，妇女通常是直接的承受者和受害者。② 站在历史唯物主义的立
场上，性别不平等是历史形成的，而且是在父权制的差异化结构中呈
现，身份差异与阶级差异、种族差异、性别差异、民族差异、文化差
异纠缠在一起，共同构成全球化背景下女性所遭遇的现实暴力。③ 针
对妇女的暴力是性别不平等的根源及结果，针对妇女暴力的国际研究
面临一个主要的挑战，即如何对不同暴力类型进行清晰的定义、设定
暴力测量标准、进行不同文化背景下的比较研究。④

　　暴力类型随时间而改变，近年来，针对妇女的暴力获得了世界上

---

① Ministry of Women and Children，"National Action Plan to Prevent Violence against
Women and Children 2018 – 2030"，Government of People's Republic of Bbangladesh，November
2018，p. 11.

② 范若兰：《暴力冲突中的妇女——一个性别视角的分析》，时事出版社 2013 年版，
第 30—33 页。

③ 宋建丽：《正义与关怀：女性主义的视角》，厦门大学出版社 2018 年版，第 253 页。

④ Claudia García-Moreno，Henrica A. F. M. Jansen，Mary Ellsberg，Lori Heise and Char-
lotte Watts，*WHO Multi-country Study on Women's Health and Domestic Violence against Women*：*In-
itial Results on Prevalence*，*Health Outcomes and Women's Responses*，Geneva：Switzerland，WHO，
2005，p. 14.

广泛的公众承认，但是程度和严重性被低估，不计其数的暴力行为包括家庭暴力、殴打、精神暴力、与嫁妆相关的暴力、强暴、性骚扰、泼硫酸、烧灼、诱拐、被迫卖淫等，尤其在武装冲突的背景下，妇女和儿童成为被攻击的目标。与此同时，解决家庭暴力的法律尚未普遍实施，只有 153 个国家和地区制定了此类法律。① 2006 年，联合国的一项调查表明，3 个妇女中有 1 个是暴力的受害者。② 来自亲密伴侣的暴力是妇女健康问题的一个主因，世界卫生组织在 10 个国家（孟加拉国、巴西、埃塞俄比亚、日本、秘鲁、纳米比亚、塞尔维亚、黑山、泰国和坦桑尼亚）收集了 24000 多名妇女的数据，代表不同的文化、地理和城市/农村背景，揭示了在不同背景下这一暴力形式的普遍性、模式及对妇女健康的影响。亲密伴侣实施的暴力包括身体和性暴力，对妇女具有身体和精神的双重伤害。③ 2013 年，世界卫生组织与伦敦卫生和热带医学院、医学研究理事会根据来自 80 多个国家和地区的数据进行了分析，指出针对妇女的暴力广泛发生在发达国家和发展中国家，在全世界有性伴侣的妇女中，几乎每 3 个人中就有 1 个经历过亲密伴侣的暴力（Intimate Partner Violence，IPV），全球高达 38% 的谋杀妇女案件系由亲密伴侣所为。④ 在最极端的情况下，在全球范围内每天约有 137 名妇女被亲密伴侣或家庭成员杀害。⑤ 联合国大会呼吁成员国建立针对妇女暴力的数据收集、分析及其他的方法

① 《妇女承担大量无偿家务劳动　进入劳动力市场的妇女不足 50%》，访问日期：2021 年 4 月 20 日，联合国经济和社会事务部网站，https://www.un.org/development/desa/zh/news/statistics/women-report-2020.html。

② 《妇女承担大量无偿家务劳动　进入劳动力市场的妇女不足 50%》，访问日期：2021 年 4 月 20 日，联合国经济和社会事务部网站，https://www.un.org/development/desa/zh/news/statistics/women-report-2020.html。

③ Claudia García-Moreno, Henrica A. F. M. Jansen, Mary Ellsberg, Lori Heise and Charlotte Watts, *WHO Multi-country Study on Women's Health and Domestic Violence against Women: Initial Results on Prevalence, Health Outcomes and Women's Responses*, Geneva: Switzerland, WHO, 2005, p. 14.

④ 张妮妮、康敏、李鸽：《女性经验的生态隐喻：女性生态主义研究》，北京大学出版社 2018 年版，第 202 页。

⑤ 《妇女承担大量无偿家务劳动　进入劳动力市场的妇女不足 50%》，访问日期：2021 年 4 月 20 日，联合国经济和社会事务部网站，https://www.un.org/development/desa/zh/news/statistics/women-report-2020.html。

论标准，2015 年全球领导人通过的可持续发展目标（SDGs），强调了针对妇女暴力统计的重要性。

针对妇女的暴力行为在许多社会中是一种确认女性从属关系的社会机制。[①] 政府和媒体都意识到基于性别的暴力，但是做出的努力、采取的措施并未产生预期的效果，有学者从法律视角解读家庭暴力，指出法律中存在公共领域与私人领域的物理划分，而私人领域的自治性严重阻碍了公共权力对家庭暴力的救济，对家庭暴力的有效预防和对受害者的有效保护需要突破公共领域与私人领域的以家庭为参照的物理划分。[②] 在南亚地区，妇女和男性经历的结构性差异是基于性别、年龄、社会阶级、种姓和族群不平等的交叉结果，妇女和女孩遭受特定暴力形式，广泛涉及性别选择的堕胎、身体和性虐待、家庭暴力、泼硫酸、荣誉受损、性拐卖、监禁、童婚和监护暴力等。在一份针对南亚儿童结构暴力的研究中，围绕女孩或男孩的"理想"准则，维持家庭荣誉、血亲原则、歧视的社会化等导致低估了妇女和女孩的价值。[③] 在南亚文化及其他文化中，暴力是一种重要的控制手段，用于强化家庭和社会准则，并宣示男性权力。

二　妇女遭遇的主要暴力形式

在孟加拉国，针对妇女的暴力类型包括身体暴力、性暴力（强暴、性骚扰）、精神暴力、家庭暴力、焚烧、泼硫酸、自杀动机、经济暴力、绑架和诱拐、人口贩卖、一夫多妻、童婚、工作场所和公共领域的骚扰行为等，贫困、文化准则和信仰、法律实施不足、妇女的经济依赖、不平等的权力关系是暴力的主要根源。该国缺乏全面及连贯的针对妇女暴力的数据统计，阻碍了政府对客观形势的正确判断并采取适当有效的措施。

2007 年，孟加拉国统计局（BBS）开展了人口与健康调查（De-

---

① 《孟加拉国特有的对少女性骚扰的背景因素》，《中国计划生育学杂志》2014 年第 2 期。

② 刘志强：《性别平等如何可能——周安平〈性别与法律——性别平等的法律进路〉读后》，《南京大学法学评论》2009 年春季卷。

③ *Gender and Social Protection in South Asia*：*An Assessment of the Design of Non-contributory Programmes*，Brasília and Kathmandu：International Policy Centre for Inclusive Growth and UNICEF Regional Office South Asia，2019，p. 23.

mographic and Health Survey，DHS），2011 年和 2015 年开展了针对妇女暴力的调查。2015 年针对妇女暴力开展的第二轮综合调查将针对妇女的暴力认定为五种形式，即身体暴力、性暴力、经济暴力、情感暴力和控制行为，主要目标是收集官方的统计数据，此次的调查对象涉及 15 岁及以上的 21688 名妇女，其中 19987 人已婚，1701 人未婚，测量了五种形式的暴力，其中，控制行为所占的比例最高，涉及 55.4% 的已婚妇女，之后是身体暴力（49.6%）、情感暴力（28.7%）、性暴力（27.3%）和经济暴力（11.4%）。[①] 调查发现，72.6% 的已婚妇女至少遭遇过 1 次或多次暴力，27.8% 的妇女一生中遭遇过身体虐待，在最近 12 个月中，6.2% 的妇女遭受了身体虐待。[②] 家庭外针对妇女的暴力包括工作场所的性骚扰、袭击、强暴和泼硫酸等，主要根源是土地纠纷及被拒绝的追求者所实施的报复，在很多情况下，国家对受害者提供的庇护和帮助远远不够。[③] 丈夫家是最常见的身体暴力发生场地，其次是工作场所（21.9%），教育机构中（11.4%），汽车、道路和街道（9.4%）。[④] 2012 年 9 月至 2013 年 5 月，44 个村共发生 811 起针对妇女的暴力案件，包括泼硫酸、强暴、谋杀、殴打、嫁妆、早婚、家庭冲突、自杀等。[⑤] 2013 年以来遭受不同暴力形式的妇女比例在增加，2013 年为 385 起、2017 年为 442 起。根据该国女权组织 Mahila Parishad 提供的数据，针对妇女的性暴力从 2010 年的 940 起增加至 2019 年的 1855 起，10 年增加了近 1 倍。[⑥] 孟加

① Bangladesh Bureau of Statistics（BBS），*Report on Violence against Women（VAW）Survey 2015*，August 2016，p. 63.

② Ministry of Women and Children，*National Action Plan to Prevent Violence against Women and Children 2018 - 2030*，Government of People's Republic of Bbangladesh，November 2018，p. 12.

③ "Research Paper on Gender Issue In Bangladeshi Social Context"，访问日期：2021 年 4 月 20 日，https：//www. assignmentpoint. com/arts/law/research-paper-on-gender-issue-in-bangladeshi-social-context. html。

④ Bangladesh Bureau of Statistics（BBS），*Report on Violence against Women（VAW）Survey 2015*，August 2016，p. 47.

⑤ Sustainable Development Goals Fund，*Case Study：Addressing violence against women in Bangladesh*，SDG Fund 2017，p. 4.

⑥ "What's the Child Marriage Rate? How Big of an Issue is Child Marriage？"，July 6，2020，访问日期：2021 年 4 月 20 日，https：//nigeriafemaleyouth. org/whats-the-child-marriage-rate/。

拉国仍是父权制社会结构，社会准则和行为使任何年龄的女性面临着暴力的高风险，针对妇女的暴力是个严重的社会、文化和经济的问题，同时也是个高度敏感和污名化的议题。

（一）家庭暴力

家庭暴力在孟加拉国是个显著的社会问题，是专门针对妇女的基于性别的暴力，尽管是违法的，但是很难禁止，尤其是在农村地区。2000 年，联合国人口基金会（UNFPA）的报告指出，该国 47% 的成年妇女遭受过配偶的身体虐待。[1] 2007 年的一项调查表明，49% 的受访妇女经历过来自配偶的身体暴力，18% 经历过婚内强奸、53% 经历过一些身体或性暴力，等等。[2] 2015 年针对妇女暴力的第二轮调查显示，该国妇女经历的任何伴侣暴力下降至 72.6%，相比 2011 年的79.4%，亲密伴侣暴力最高的是在农村地区（74.8%），城市地区为54.4%。[3] 根据世界卫生组织 2005 年的数据，孟加拉国是亲密伴侣暴力高发国家之一，受害者妇女只有 33% 选择报案，在调查期间的12 个月内，15—49 岁的妇女有 48% 经历过来自亲密伴侣的身体暴力或性暴力，或两者兼有。[4]

在孟加拉国，丈夫或其他家庭成员是施暴者，其影响不仅对妇女，还有孩子、家庭及社会，社会准则认为家庭暴力、亲密伴侣暴力是私事，很多妇女受害者并不举报遭受的家庭暴力，主要由于她们认为没有必要，担心对家庭带来社会污名，并可能影响孩子的未来，实际案件数量不得而知。2015 年该国统计局的调查中，39.3% 的受访

---

① "Research Paper on Gender Issue In Bangladeshi Social Context"，访问日期：2021 年 4 月 20 日，https：//www.assignmentpoint.com/arts/law/research-paper-on-gender-issue-in-bangla-deshi-social-context.html。

② Sohela Nazneen, Naomi Hossain and Maheen Sultan, "National Discourses on Women's Empowerment in Bangladesh：Continuities and Change", IDS Working Paper 368, July 2011, p. 13.

③ Bangladesh Bureau of Statistics (BBS), *Report on Violence against Women (VAW) Survey 2015*, August 2016, p. 63.

④ Claudia García-Moreno, Henrica A. F. M. Jansen, Mary Ellsberg, Lori Heise and Char-lotte Watts, *WHO Multi-country Study on Women's Health and Domestic Violence against Women：Initial Results on Prevalence, Health Outcomes and Women's Responses*, Geneva：Switzerland, WHO, 2005, p. 33.

者认为没有必要报告家庭暴力，这一情况在农村和城市地区的比例相近，15.6%的受访者认为可能会对家庭带来坏名声（农村地区16.2%、城市地区13%），12%的受访者因害怕丈夫（农村地区12.3%、城市地区11.1%）的变本加厉而不敢举报。亲密伴侣的身体暴力发生率最高的是25—34岁年龄段，只有2.6%的妇女采取法律行为反击来自伴侣的身体暴力或性暴力，在法律措施中，最常见的是调解，但在全国的平均值也只有1.1%。[①] 妇女年龄越大，受教育程度越高，案发率就越低，文盲妇女遭遇了最高比例的亲密伴侣暴力（53.6%），来自最贫困家庭的未婚妇女经历了最高比例的身体暴力，非伴侣的身体暴力在青春期女孩（15—19岁）中的发生率最高。[②] 2001—2014年因嫁妆问题至少导致2800名妇女被杀、1833人遭受虐待、204人自杀，[③] 在农村地区是普遍存在的默许行为，很多受害者家庭并不起诉，警察就算知道案件也不作为或者在受贿之后取消案件。2017年该国报告了近750宗家暴案件，还有很多案件并未报道，其中303起与嫁妆相关（2016年为239起）。[④]

（二）性骚扰

性骚扰包括恶言相辱、性暗示、诱拐、泼硫酸和强暴等多种形式，会对女性的生理和心理造成永久性伤害，包括一种持久的不安全感和自尊的丧失。然而，性骚扰的受害者通常得不到父母和社区的理解与支持，反而因此受到责备与羞辱，很多女性因遭受性骚扰选择自杀。在孟加拉国，青少年谈论性是个禁忌，但在手机视频和色情杂志中充斥着大量容易获取的与性相关的信息，"夏娃戏弄"是该国特有的对青春期女孩（12—18岁）进行性骚扰的形式，也是一种男孩的

---

① Bangladesh Bureau of Statistics（BBS），*Report on Violence against Women（VAW）Survey 2015*，August 2016，pp. 33 – 34.

② Bangladesh Bureau of Statistics（BBS），*Report on Violence against Women（VAW）Survey 2015*，August 2016，p. 45.

③ Nusrat Nasim Meraji，"The Fight for Women's Rights in Bangladesh"，September 19，2018，访问日期：2021年4月20日，https：//theasiadialogue. com/2018/09/19/the-fight-for-womens-rights-in-bangladesh/。

④ "Domestic Violence Against Women Continues"，July 3，2018，访问日期：2021年9月1日，https：//www. dhakatribune. com/bangladesh/2018/07/03/domestic-violence-against-women-con-tinues。

性感情宣泄，他们从中获得乐趣并显示自己的男子汉气概，是在该国社会文化规范下，因缺乏性与生殖健康信息和服务所产生的结果。女孩们不喜欢"夏娃戏弄"，害怕被认为是自己的轻佻行为诱发男孩"戏弄"。"夏娃戏弄"来源于一项关于青少年性行为的定性及参与式研究，该研究强调了开展综合性性教育的重要性，不仅关注健康，还注重解决性别规范并帮助青少年获得社会性别互动的技巧。① 2010 年 7 月 21 日，在孟加拉国的诺尔辛迪区大街上有数百人集会，其中多数为青少年，号召共同抵制"夏娃的诱惑"，特指男性在公共场合对女性的骚扰行为。②

　　孟加拉国的强奸案件历年来居高不下。2017 年，至少有 818 名妇女被强奸，47 人遭到强奸后被杀害，104 人为强奸未遂的受害者，11 人被强奸后选择自杀。2018 年，63 名妇女遭遇强奸后被杀害，103 人为强奸未遂的受害者，7 人在被强奸后自杀。2019 年，该国强奸案数量比 2018 年增长了近一倍，至少有 1413 名妇女遭到强奸。与此形成鲜明对比的是，该国强奸罪定罪的比例很低，尽管有受害者报案，但警方偏见、受害者污名化等因素，往往让施暴者逍遥法外，导致性侵案件高发。独立以来，政府针对妇女性侵案的量刑经历了三次修订，但定罪率仍然很低，受害者在举证和诉讼等方面面临各种各样的难题，如 1972 年颁布的《证据法》第 155 条第 4 款声明，"如果一名男子被控强奸，这可能意味着女起诉人具有某些非道德特质"。2000 年通过的《预防妇女和儿童压迫法》包含了几项重要的条款，如认定性骚扰和压迫是可以惩罚的罪行，但是很难实施，尤其是处于传统治理下的农村地区。2006 年制定了《证人保护法》草案旨在法庭做出裁决前对受害者、证人提供必要保护，但至今仍未通过，由于缺乏证人保护机制，受害者因害怕遭到报复而不敢举报。根据联合国 2013 年的调查，孟加拉国承认犯下性侵案件的男性，88% 的农村罪犯与 95% 的城市罪犯均未受到法律制裁。在 2004—2020 年的 16 年

---

① 《孟加拉国特有的对少女性骚扰的背景因素》，《中国计划生育学杂志》2014 年第 2 期。
② 《政府、非政府组织伙伴和青少年共同抵制"夏娃的诱惑"》，访问日期：2021 年 9 月 1 日，联合国儿童基金会网站，https：//www.unicef.org/chinese/adolescence/bangladesh_55216.html。

间，报告的强奸案多达 4541 起，但只有 60 起被定罪。2018 年，全国强奸案件的定罪率仅为 0.3%。① 在部分农村地区，社会陋习和性别歧视使得女性受害者难以通过诉讼方式维权、惩罚施暴者，甚至被强制性安排给施暴者。

2019 年 4 月，一名 19 岁少女努斯拉·加罕·拉菲举报校长对她进行性骚扰，却遭到同校学生泼煤油重度烧伤而亡。这一暴行激怒了民众，人们走上街头抗议，并通过社交网络串联活动。在社会舆论的压力下，2019 年 10 月 24 日，法院宣布 16 名被告全部被判处死刑，包括该校长、2 名教师、11 名学生和 2 名当地政客。法庭的判决根据是 2000 年的《预防妇女和儿童压迫法》第 4 款第 1 条：用燃烧物或腐蚀性有害物质造成或试图造成妇女或儿童死亡者，处死刑或终身监禁。案件从立案到宣判，只花了 62 天就走完全部司法流程，该国总检察长表示这一案件"是国家的一块里程碑"，在此之前，这个国家没有人会站在受害者一边。② 政府及其他公民社会组织没有为受害者提供足够的服务和帮助，也没有收集足够的信息、记录案件并总结根源，绝大多数妇女没有意识到这一权利，也就无法获得足够的帮助。该国警方认为，强奸案不能被称为法律或秩序问题，而是个社会问题，警方的处理有限，社会控制比法律控制更加有效，需要社会、家庭、邻居、学校共同履行义务。③ 联合国人口基金会（UNFPA）与孟加拉国妇女与儿童事务部合作，在 44 个村建立数据库，收集受害者的信息，并为其提供服务。

（三）童婚

1. 童婚现象

童婚，被定义为 18 岁以前的正式婚姻或非正式的结合，联合国公约认为童婚是违反人权的有害行为，它限制了女孩全面参与家庭、经济和民事行为。④ 很多研究注意到童婚对女孩及社区的负面影响，

---

① 贡水：《孟加拉国严惩强奸犯》，《检察风云》2021 年第 5 期。
② 《孟加拉少女遭校长侵犯后被同学谋杀，法官：全部死刑》，访问日期：2021 年 4 月 20 日，腾讯网，https://new.qq.com/omn/20191106/20191106A0OYG100.html。
③ "4 Women Raped Every Day on Average in Bangladesh Amid Covid-19 Pandemic"，访问日期：2021 年 4 月 20 日，https://www.dhakatribune.com/bangladesh/2020/09/29/4-women-raped-every-day-on-average-during-coronavirus-pandemic。
④ UNFPA APRO and UNICEF ROSA, *Child Marriage in Humanitarian Settings in South Asia: Study Results from Bangladesh and Nepal*, 2020, p. 1.

是妨碍女孩决定自身性健康和福利的一种行为，女孩在性和生殖健康方面，如早孕和意外怀孕、童婚新娘和孩子的发病率与死亡率。相比非童婚的女孩，童婚女孩更可能遭受亲密伴侣的暴力、导致女孩负面的心理健康、减少了自主权和决策权、自我认知降低和压力等，较早结婚意味着教育的终结，限制了就业机会并导致社交网络狭窄。童婚率反映童婚的真实发生程度，主要通过两个指标来进行测量：完全童婚，指 20—24 岁群体中在 18 岁、15 岁以前结婚的比例；正在经历的童婚，指 10—19 岁群体中已经结婚的比例。[①] 在发展和人道主义的背景下，童婚根源与性别不平等及文化和社会准则、贫困和缺乏机会的延续等，在人道主义危机时期则可能放大先前存在的根源或者产生新的根源，危机通常伴随着增加的性别暴力，法治、家庭和社会秩序的破坏、流离失所等。在微观层面上，农村地区家中有男孩的家庭，女孩童婚的概率高，而在宏观层面上，经济行为的增加有助于降低童婚。更高的受教育程度、更高的收入、更多参与工作的家庭成员、女性户主家庭、在家庭资源决策中的性别公正等，童婚概率就低。根据 2017 年世界银行的估算，结束童婚将使妇女收入和生产力增长 12%，女孩接收教育、获得现代生计技能的培训可减少 1/3 的童婚。接受中等教育的女孩每增加 1%，童婚率将下降 25%。[②] 童婚的影响包括因早孕导致妇女健康问题、没有能力管理婚姻关系，更大的社会影响是更高的人口增长、疾病的广泛传播和更多的孤儿。2016 年，通过对该国 77 个村庄的考察发现，20—24 岁妇女有 69.9% 在 18 岁以前结婚，童婚与亲密伴侣暴力存在直接关系，15—19 岁的已婚妇女有 44.5% 遭受过这一暴力类型。[③]

　　研究表明，童婚率在不安全环境下发生的概率更高，存在最高童婚率的国家，绝大多数属于最易受到自然灾害影响的国家及"失败

　　① UNFPA APRO and UNICEF ROSA, *Child Marriage in Humanitarian Settings in South A-sia：Study Results from Bangladesh and Nepal*，2020，p. 23.

　　② "What's the Child Marriage Rate? How Big of an Issue is Child Marriage？"，6 July，2020，访问日期：2021 年 4 月 20 日，https：//nigeriafemaleyouth. org/whats-the-child-mar-riage-rate/。

　　③ UNFPA APRO and UNICEF ROSA, *Child Marriage in Humanitarian Settings in South A-sia：Study Results from Bangladesh and Nepal*，2020，pp. 26，40.

国家"。妇女难民委员会（Women's Refugee Commission，WRC）发布的 *A Girl No More* 报告指出，在童婚率最高的 10 个国家中，有 9 个是脆弱的或受冲突影响的，童婚率排在前 25 名的国家中，大多数面临自然灾害的高风险。《南亚人道主义背景下的童婚：来自孟加拉国和尼泊尔的研究结果》（*Child Marriage in Humanitarian Settings in South Asia：Study Results from Bangladesh and Nepal*）报告从性别视角来理解人道主义危机对童婚的影响，考察了受冲突影响、来自缅甸并居住在孟加拉国的罗兴亚难民及受地震影响的尼泊尔社区，分析了不同背景下的相似性和差异性，认为人道主义危机加剧了经济和人身安全的风险，对妇女、女孩、男性和男孩的影响不同，可能恶化既有的性别与权力的不平等，导致童婚增加。[①] 人道主义背景包括的范围广泛，如冲突、被迫迁移、自然灾害和传染病等，结合多个背景的研究表明，童婚行为在人道主义危机时期增加，但在人道主义背景下，研究童婚存在显著的价值伦理和逻辑困境。该报告对比了人道主义背景下南亚地区及地区外的童婚根源，其中，南亚地区内的童婚根源包括经济不安全、人身不安全、社会准则与青少年性行为、人口贩卖、教育障碍、社会制度的弱化、自我驱动的、危机影响的严重程度。[②]

　　孟加拉国拥有亚洲最高童婚率，也是全球童婚率高发的国家之一，虽然规定了 18 岁的最低结婚年龄，但是法律之外存在着默许。该国 59% 的女孩在 18 岁前结婚（农村 60%、城市 55%），22% 在 15 岁前结婚，是全球第三大童婚国家；只有 4% 的男孩在 18 岁前结婚。拉杰沙希城市地区的童婚是全国最高的，10 个女孩中 7 个在 18 岁前结婚。[③] 1993—2011 年，18 岁以下女孩的结婚率达 93%。农村地区 13—17 岁女孩童婚的比例更高，有趣的是，12 岁女孩的结婚率在农村地区为 5.4%，城市略高，为 5.6%。2011 年，孟加拉国的人口与健康调查证实，受访者的受教育程度、就业状况、丈夫的受教育程度

　　① UNFPA APRO and UNICEF ROSA，*Child Marriage in Humanitarian Settings in South Asia：Study Results from Bangladesh and Nepal*，2020，p. 1.

　　② UNFPA APRO and UNICEF ROSA，*Child Marriage in Humanitarian Settings in South Asia：Study Results from Bangladesh and Nepal*，2020，p. 26.

　　③ "What's the Child Marriage Rate? How Big of an Issue is Child Marriage?"，July 6，2020，访问日期：2021 年 4 月 20 日，https：//nigeriafemaleyouth. org/whats-the-child-marriage-rate/.

和财富状况与童婚密切相关，教育提高了女孩的结婚年龄，增加了自信和关于婚姻与生育孩子的决定权，童婚显著发生在与未受过教育的丈夫、穆斯林及贫困群体中，未受教育的妇女更可能比受过中等和更高教育的妇女更早结婚。2019 年，多指标类集调查（Multiple Indicator Cluster Survey，MICS）发现，20—24 岁妇女中有 15.5% 在 15 岁前结婚，54.1% 在 18 岁以前，不同社会群体童婚的根源包括：社会因素方面，年轻妇女的受教育程度及其父亲的受教育程度，女孩的受教育程度与其婚姻有负面的联系，86% 未接受过教育的女孩在 18 岁以前结婚，完成了中学及更高教育群体的童婚率是 26%。经济因素方面，孟加拉国童婚的根源是贫困，在很多情况下，父母不能负担孩子的教育支出，过早安排女孩结婚，与嫁妆相关的经济压力也是根源之一。男孩家庭将嫁妆视为资本积累的一种方式，对女孩家庭而言，嫁妆成为一个沉重的负担，随着女孩的年龄增长而增加，越年轻的女孩，新郎家要求的嫁妆越低。童婚和家庭财富之间是一种负相关的关系，女孩通常被认为是经济负担，嫁出去可缓解家庭经济，嫁妆数额随着女孩年龄增大而增加。年轻妇女的就业率也是因素，就业女孩中童婚率是 57%，未就业女孩的童婚率高达 70%，在富裕家庭、拥有更多就业成员的家庭中童婚的发生率极低。在传统性别准则与宗教方面，女性纯洁通常被认为是控制女性性行为的一种方式，宗教信仰同样影响着童婚行为，该国穆斯林相比其他宗教群体更可能发生童婚。伊斯兰法律允许童婚，对处女的严格要求，女孩在月经初潮后二三年是最适合的结婚时期，童婚被认为是维持性纯洁和家庭荣誉的一种途径，可保护女孩的名声、性纯洁，避免婚外怀孕的污名。在男性成年人数量偏高的地区，童婚也最普遍，更年轻的女孩成为缓解婚姻市场紧缩的替代品。2013 年，国际计划（Plan International）的一份报告全面在总结了孟加拉国童婚的根源包括贫困、低受教育程度、家庭内及公共场所安全的缺乏、嫁妆、传统准则及相关社会压力，父母保护女孩性纯洁的焦虑等。[①]

[①]　UNFPA APRO and UNICEF ROSA，*Child Marriage in Humanitarian Settings in South Asia: Study Results from Bangladesh and Nepal*，2020，p. 40.

在人道主义危机时期恶化的经济状况，是促进童婚的最常见根源，危机时期基于性别的暴力可能促使家庭通过婚姻来寻求保护女儿的方式。研究证实，根深蒂固的童婚根源很难在危机时期发生改变，经济不安全、人身安全和社会准则是人道主义背景下童婚的推动力。一项针对孟加拉国气候变化性别化影响的 3 年研究发现，气候变化加剧了经济困难，45% 的受访者认为女孩被迫童婚是灾害事件及随后而来的贫困所导致的直接结果。女孩童婚成为一种生存战略和短期的解决方式，可缓解家庭的食物不足及经济压力。2007 年，西德尔飓风（Cyclone Sidr）导致孟加拉国女孩辍学率、童婚率增加，2018 年对该国易受洪水影响地区的研究表明，相比其他地区，男女结婚早、受教育程度有限。2019 年，一项研究分析了该国 2 个地区极端天气事件、性暴力和童婚之间的关系，女孩童婚是个应对策略，可使家庭开支最小化。[①]

2018 年 4 月，英联邦学习共同体（Commonwealth of Learning, COL）官网报道了孟加拉国、印度、巴基斯坦、莫桑比克和坦桑尼亚的童婚率居高不下。该组织与这 5 个国家的相关机构开展为期 2 年的"女童激励计划"（GIRLS Inspire Project）项目，通过向女性传授谋生技能，防止童婚、早婚及强迫婚姻现象的发生。该项目覆盖了 17.7 万多名社区居民，多方宣传童婚的不良影响，阻止了 453 桩童婚。在孟加拉国、莫桑比克和印度三国主要提供木工、电气安装、信息通信技术方面的培训课程，共惠及 3.5 万多名妇女，其中近 7000 名妇女通过培训掌握了谋生技能并获得经济收入。[②] 政府通过 2010 年《家庭暴力预防与保护法》，承诺为妇女参与政治、商业等政府部门创造更多的机会，将采取行动根除所有针对妇女的歧视和暴力形式，为其促进更安全的环境。在联合国儿童基金会的支持下，孟加拉国社会服务局（Department of Social Service）设立了"儿童热线服务电话 1098"（the Child Helpline 1098）。

①　UNFPA APRO and UNICEF ROSA，*Child Marriage in Humanitarian Settings in South Asia：Study Results from Bangladesh and Nepal*，2020，p. 34.

②　陈露璐编译：《"女童激励计划"帮助减少童婚及性别歧视》，《世界教育信息》2018 年第 10 期。

2. 孟加拉国境内罗兴亚人社区的童婚现象

长期以来，缅甸境内罗兴亚人与佛教徒之间的冲突导致大批罗兴亚人逃到孟加拉国寻求庇护，1978 年的暴力冲突导致 20 万人逃到该国，之后返回了大部分，20 世纪 90 年代初期约 30 万、2012 年约 10 万外逃的绝大多数罗兴亚人进入孟加拉国。2016 年 10 月至 2017 年 1 月，65000 名罗兴亚人逃到该国，2017 年 8 月有 70 万人进入，加上之前就已存在的 30 万，共计 91 万多，很多人没有获得难民资格。[①] 罗兴亚人聚集在孟加拉国考克斯巴扎尔地区的库图帕隆（Kutupal-ong）和纳亚帕拉（Nayapara）难民营，共有 20 多个营地，是世界上最大的难民集中地。居民分为两种，一种是 2016 年 10 月以前就进入孟加拉国的罗兴亚人，有些获得了难民身份；另一种是 2016 年 10 月以后进入的罗兴亚人，被称为"被迫迁移的缅甸国民"（Forcibly Displaced Myanmar National，FDMN）。[②]

2017 年，联合国妇女署出版了一份《应对孟加拉国罗兴亚难民危机的性别简报》（Gender Brief on the Rohingya Refugee Crisis Response in Bangladesh），指出，童婚在罗兴亚人中普遍存在，13—20 岁的女性到达孟加拉国时已经有 2—4 个孩子，还有一些怀有身孕。[③] 被迫迁移恶化了现存的童婚根源，被迫迁移的负面效应是社会制度被打乱，如营地缺乏一个司法系统。暴力事件比在缅甸的村庄中更多，生活困难尤其缺乏教育和工作与暴力的增加直接相关，也缺乏正规的教育机会。营地中缺乏婚姻限制，没有关于婚姻和家庭登记的正规机制，大多数营地的居民在 2019 年 3 月以前并不了解孟加拉国的婚姻制度，在实施后，童婚有所下降，对违反者的惩罚包括监禁、罚款和取消配额卡。2016 年 10 月前进入孟加拉国的罗兴亚人几乎都知道该国的法定结婚年龄，2016 年 10 月后进入的罗兴亚人中有近一半不知道，在进入后的前 18 个月中结婚或童婚行为发生在该国的法律体系之外，之

---

①　UNFPA APRO and UNICEF ROSA, *Child Marriage in Humanitarian Settings in South Asia：Study Results from Bangladesh and Nepal*, 2020, pp. 35 – 36.

②　UNFPA APRO and UNICEF ROSA, *Child Marriage in Humanitarian Settings in South Asia：Study Results from Bangladesh and Nepal*, 2020, p. 6.

③　UNFPA APRO and UNICEF ROSA, *Child Marriage in Humanitarian Settings in South Asia：Study Results from Bangladesh and Nepal*, 2020, p. 69.

后开始实施禁止 18 岁以前的童婚和一夫多妻制。2017 年 10 月，联合国儿童基金会（UNICEF）资助的《人道主义行动中的社会学》（*Social Science in Humanitarian Action*）报告指出，罗兴亚人中童婚、早婚、被迫结婚和一夫多妻现象普遍存在。人口理事会（Population Council）2018 年开展的一项对罗兴亚青少年、性和生殖健康的定性研究指出，因难民营缺乏管理、婚姻行为的非正式性，与缅甸若开邦的严格限制和征税形成极大的反差，若开邦的罗兴亚人在早婚、一夫多妻制及生育孩子等方面受到严格限制，到孟加拉国后不受管制，童婚、一夫多妻及孩子数量增加，营地中的童婚更多涉及女孩而不是男孩。①

2018 年，妇女难民委员会（WRC）、约翰斯·霍普金斯大学（JHU）、联合国儿童基金会南亚区域办公室（UNICEF ROSA）及联合国人口活动基金会亚太区域办公室（UNFPA APRO）在"全球终结童婚项目"下联合开展了一项研究，议题包括：评估人道主义背景下南亚地区的童婚模式；探求受冲突影响和气候影响社区童婚的根源；提出政策建议。该研究使用综合的方式，关注不同相关利益群体，通过收集家庭信息，对青少年开展结构性调查和定量访问。在孟加拉国，该研究涉及 400 个登记难民家庭、800 户 2016 年 10 月后迁移来的罗兴亚家庭。童婚在孟加拉国的罗兴亚社区中显著存在，在到达后的前 2 年中显著增加，直到孟加拉国开始在营地实施更严格的婚姻法。2018 年 8 月，牛津大学"反饥饿行动与拯救儿童"（Action Against Hunger and Save the Children）出版了罗兴亚人性别分析报告，同样发现难民营中盛行童婚、早婚和一夫多妻，62% 的女性受访者在 18 岁时结婚，19% 的受访者在 15 岁时结婚。②

性别歧视、营地中法律和政策实施不充分、经济机会缺乏及不安全是导致罗兴亚人童婚的主要原因。与其他迁移模式不同，被迫迁移易于增加贫困和经济不安全，罗兴亚人迁移后缺乏经济机会，经济状况恶化、失去生计来源。在不安全的新背景下，倾向于将童婚作为解

---

① UNFPA APRO and UNICEF ROSA, *Child Marriage in Humanitarian Settings in South Asia: Study Results from Bangladesh and Nepal*, 2020, p. 3.

② UNFPA APRO and UNICEF ROSA, *Child Marriage in Humanitarian Settings in South Asia: Study Results from Bangladesh and Nepal*, 2020, p. 5.

决来自外部威胁和不安全问题的一种途径。营地的童婚是节约成本的一种途径，花费少于缅甸境内，将年轻女儿嫁出去是减少家庭资源负担的一种途径，一些父母希望女孩们通过婚姻获得更好的生活。营地援助分配的特性也促进了童婚，援助根据平均每个家庭 5 人的规模发放，6 人以上的家庭人均份额更少，使得一些家庭将童婚作为寻求额外食品援助的一种途径。将女孩嫁出去出，新成立的家庭有资格获得自己的援助分配，减少了双方家庭的负担。

迁移之后的罗兴亚社区，固有和明显的性别歧视剥夺了女孩在选择配偶方面的自主权和决定权，父母在孩子的婚姻中拥有主导权，将青春期的女孩嫁出去，也符合若开邦的习俗和宗教信仰。营地中人口稠密、社交边界缺乏，劣质的建筑材料使父母担忧女孩的人身安全，已婚妇女不是攻击的主要目标，未婚的青少年尤其是女孩很容易成为性犯罪的受害者，童婚成为保护女孩纯洁及家庭荣誉的一种途径，父母认为丈夫能为女孩提供人身安全保障。青少年受访者提到在孟加拉国自主婚姻增加，父母及年长者承认在营地的环境下孩子更有可能违背传统制度。与若开邦相比，手机在营地的使用更加广泛，青少年通过使用社交媒体增加了异性之间的互动，父母社区领导人认为手机是年轻人产生自发关系的一种途径。童婚的离婚率也较高，普遍认为年轻夫妇缺乏对婚姻生活和离婚后果的认知，或者是缺乏收入，离婚的过程也比缅甸更简单，根据宗教原则就可结束婚姻，不需要缴纳罚款和贿赂。

（四）针对妇女的暴力的应对措施

孟加拉国制定、颁布了许多法律和法令保护妇女和儿童免遭暴力，其中包括《刑法典》第 375 条和 376 条，1980 年制定、1986 年和 2018 年先后修订的《禁止嫁妆法》（Dowry Prohibition Act），规定嫁妆习俗是犯法的，违反者将处以罚款和监禁；1983 年颁布《虐待妇女（威慑惩罚）法》。1995 年通过了《反压迫妇女儿童法》，规定严厉惩罚违反者，如强迫妇女不愿意的婚姻、因嫁妆导致的妇女伤害或死亡。2000 年修订的《预防妇女和儿童压迫法》以快速的调查和审判著称，对强奸和致人重伤等案件处以极刑。2010 年制定《家庭暴力（预防和保护）法》（Domestic Violence Act），首次承认家庭暴力问题，为妇女和儿童建立平等权利、确保保护妇女和儿童不受家庭暴力，为了有效实施该法，2013 年制定了《家庭暴力（预防和保护）规定》。其他重要的法律还包括 2002 年《硫酸犯罪控制法》（Acid Crime Control Act）、2006 年《孟加拉国劳动法》、2012 年《人口贩卖（预防与取缔）法》、2012 年《色情控制法》（Pornography Control Act）、2014 年《脱氧核糖核酸法》（Deoxyribonucleic Ccid Act）、2017 年《童婚约束法》（Child Marriage Restraint Act）等。

2010 年，在高等法院的指导下，孟加拉国多个政府部门和大学组建了性伤害预防委员会，在保护妇女权利和维持性别平等方面的法律和管理环境实现了较大的改观，在所有分县和乡开设了非正式的教育、职业培训和广泛的意识提高活动。2010—2013 年，政府实施针对妇女暴力的项目，通过提高政府能力来支持幸存者，为幸存者提供医疗、救济和康复；改善信息收集、并与 NGOs 和公民社会分享；积极投资于改变民众的态度与行为，以此减少针对妇女的暴力及歧视行为如嫁妆、早婚和人口贩卖等。妇女与儿童事务部负责协调针对妇女和儿童暴力的预防，对受害者提供所需的支持，组建了分县和乡级的防止虐待妇女儿童小组（Woman and Child Abuse Prevention Cell）及防止虐待妇女委员会（Women Aabuse Prevention Committee）。政府在 7 个专区（division）建立了 80 个一站式危机中心，分散在 40 个县级医院、20 个乡级健康综合中心，为受害者提供医疗、法律支持、政策援助和康复，为有效开展基于性别的违法行为调查，在少数几个国立医院建立了 DNA 分析实验室和 DNA 筛查实验室。① 此外，还有全国免费援助热线 119、手机 App、国家法律援助服务组织和妇女儿童康复中心等。妇女与儿童事务部在《2015—2030 年可持续发展目标》中设定了预防童婚的目标，在乡村建立了 4884 个青少年俱乐部，设置了预防童婚的全国免费援助热线 "109"。在全国建立了 44 个妇女儿童虐待和压迫特别法庭（Women and Children Abuse and Repression Tribunals），通过妇女事务局下属的国家创伤咨询中心（National Trauma Counseling Centre）对受害者妇女进行社会心理学咨询服务，

---

① "Development of Women Empowerment in Bangladesh"，访问日期：2021 年 11 月 16 日，https：//cri. org. bd/2014/09/01/development-of-women-empowerment-in-bangladesh/。

还提供职业培训为她们创造就业机会。2020 年，孟加拉国警方组建了一个由妇女组成的机构，支持妇女的警察网络（Police Cyber Support for Women，PCSW），口号是"safe cyberspace for women"，受害者无须到警察局、通过网络就可获得法律援助，设置了脸书网页（cybersupport. women@ police. gov. bd）和服务热线（01320000888）及全国紧急热线（999）。根据警察总部的统计，第一个月有 5666 名访客（3453 人通过脸书、3254 人通过服务热线、136 人通过电子邮件），至 2020 年 12 月，至少有 1936 名受害者获得服务，1796 人获准使用必要的信息，1934 人参与线上讨论解决办法。①

在联合国儿童基金会的支持下，孟加拉国妇女与儿童事务部出台了期待已久的《结束童婚国家行动计划（2018—2030）》（National Action Plan to End Child Marriage 2018 - 3030）（以下简称《行动计划》），目标是根除 15 岁以下女孩的婚姻，至 2021 年将 18 岁以下的女孩结婚减少至 1/3，至 2041 年彻底消除童婚。《行动计划》包含了几个战略：按照儿童及青少年的需求采取措施实施部门特定政策；确保法律的颁布和实施，制定适当的政策和问责机制；引导积极的社会价值导向；确保青少年作为社会变革能动者的赋权；改善青少年教育、法律、生殖健康及儿童社会保护体系数字化。为了实施《行动计划》，2017 年在预算分配框架内了开展了终止童婚的范围分析，结果表明，该国只需要投入所有预算的 1.2% 就可结束童婚，2018—2019 财年是实施这一行动计划的基础年。② 《国家青少年健康战略（2017—2030）》（National Adolescent Health Strategy）认为童婚是对青少年的一种暴力形式，也设定了终止童婚的战略目标。同时，政府通过电台、电视和出版媒体、社交媒体等开展提高全民意识的运动。

在国际层面上，孟加拉国参与了"南亚终止暴力侵害儿童倡议"（South Asian Initiative to End Violence Against Children，SAIEVAC）、

① Meherun Naher Meghla，"As Cybercrimes Abound in Bangladesh, An All-women Police Team Wins Trust"，访问日期：2021 年 11 月 16 日，https：//bdnews24. com/bangladesh/ 2020/12/20/as-cybercrimes-abound-in-bangladesh-an-all-women-police-team-wins-trust。

② "What's the Child Marriage Rate? How Big of an Issue is Child Marriage？"，July 6，2020，访问日期：2021 年 4 月 20 日，https：//nigeriafemaleyouth. org/whats-the-child-marriage-rate/。

"2015—2018 年终止童婚的地区行动计划",同意 2014 年"加德满都呼吁采取行动结束亚洲童婚"(Kathmandu Call to Action to End Child Marriage in Asia);加入了"她的选择联盟"(Her Choice Alliance),该组织的目标是努力实现儿童婚姻自由,有 11 个成员国。该国还是"联合国人口基金—联合国儿童基金会加速废除童婚全球方案"(UNICEF-UNFPA Global Programme to Accelerate Action to End Child Marriage)的核心国家之一,这一方案在 12 个国家(孟加拉国、布基纳法索、埃塞俄比亚、加纳、印度、莫桑比克、尼泊尔、尼日尔、塞拉利昂、乌干达、也门和赞比亚)开展多边捐助、多个利益相关者的项目。2019 年 11 月,在国际人口与发展大会(ICPD)25 周年峰会上,孟加拉国承诺减少基于性别的暴力,包括童婚和被迫结婚。

孟加拉国政府承诺根除所有针对妇女暴力的形式,优先化建立法律框架和制度安排援助受害者,因政府机制、服务设施的缺乏,很多女性受害者很难进行申诉,也没有建立足够的收容受害者的庇护所,导致更少的申诉、更多的虐待。

第三节 妇女与气候危机

气候变化是对人类安全的一大威胁。从性别维度来看,在灾害面前,无论是发达国家还是发展中国家,妇女更容易成为灾害的受害者和牺牲品。[1] 针对 1981—2002 年间 141 个国家因灾害致死数据的分析,妇女的死亡数量与其经济社会权利状况直接相关,在男女比较平等的社会中,男女死亡率基本相当,而在不平等社会中则存在男女死亡率的明显差异,如在抢险救灾中更重视男孩,灾后妇女和女童遭受食物和经济资源的短缺等。[2] 不同研究表明,妇女比男性更易遭受短

---

[1]　赵群、王云仙主编:《社会性别与妇女反贫困》,社会科学文献出版社 2011 年版,第 139 页。

[2]　Eric Neumayer and Thomas Plümper, "The Gendered Nature of Natural Disasters: The Impact of Catastrophic Events on the Gender Gap in Life Espectancy, 1981 – 2002", *Annals of the Association of Amercian Geographers*, Vol. 97, No. 3, 2007, p. 551.

期气候事件和长期气候变化的影响，现存的社会和性别不平等在危机时期被放大，加之高度的贫困、国家的弱治理能力，理解气候变化的性别维度对实现性别平等的适应计划是重要的，需要考虑社会规范、权力关系和决策进程等。社会资本在易受气候影响的地区不断弱化，气候变化的递增影响包括干旱、盐化和土地侵蚀，降低了社会资本并增加了对稀缺资源的争夺，受影响的家庭可能采取极端应对措施（包括男孩女孩的早婚、变卖土地和财产、孩子辍学等）将导致长期和代际间的弱势。[1]

　　孟加拉国妇女首先要面对的挑战是气候变化影响，政府也意识到将妇女融入灾害导致的风险和气候变化适应战略中的重要性。[2] 该国处于低海拔的三角洲地形，2/3 的地区海拔不到 5 米，是全球 10 个最易遭受气候危机影响的国家之一，全球暖化、海平面上升、气候多变等威胁着民众的生活和生计。1985 年以来，自然灾害发生的频率增加。[3] 2002—2017 年间，孟加拉国因自然灾害导致 470 万人迁移，至 2050 年，每 7 人中将有 1 人因气候变化而被迫迁移。[4] 根据世界银行的预测，至 21 世纪 50 年代，海平面上升 27 厘米，该国约 18% 的土地将被淹没，海平面上升和海水的侵蚀将使可耕地减少，影响 3300 万人口的生存；温度将上升 1.5℃、湿度提高 4%，气候风险将进一步恶化，洪水、土地侵蚀、旱灾、盐化、内涝、排水堵塞等将更严重和频繁。[5] 有学者从气候变化的性别维度来研究制度对减少孟加拉国

---

① Nilufar Ahmad, "Gender and Climate Change in Bangladesh: The Role of Institutions in Reducing Gender Gaps in Adaptation Program", *Social Development Working Papers*, A summary of ESW report No. P125705 Paper No. 126/March 2012, World Bank, pp. 2 – 3.

② "Women in Bangladesh Build Resilience against Climate Change", September 11, 2015, 访问日期：2021 年 4 月 20 日，https://www.unwomen.org/en/news/stories/2015/9/bangladesh-climate-change。

③ Nilufar Ahmad, "Gender and Climate Change in Bangladesh: The Role of Institutions in Reducing Gender Gaps in Adaptation Program", Social Development Working Papers, A Summary of ESW Report No. P125705 Paper No. 126/March 2012, World Bank, p. 5.

④ Abdul Awal Khan, "Social and Legal Barriers to Improving Human Rights of Climate Change Displaced People in Bangladesh", *The Journal of Interrupted Studies*, Volume 2, Issue 1, 2019, p. 103.

⑤ World Bank, *Economics of Adaptation to Climate Change: Bangladesh*, 2010, Washington, DC, Executive Summary, p. xii.

性别差距的影响，于2010年3月至2011年5月在该国选择了20个研究点（600个城市和农村家庭），使用定性和定量研究方法，将气候变化的性别维度限定为三个关键命题。

第一，灾害影响的性别化。调查结果支持了这一命题，因社会准则、根深蒂固的性别不平等和生育义务等，限制了妇女的流动性和生存选择，在自然灾害中遭受不成比例的影响。气候变化加剧了一些地区的干旱和盐化程度，淡水和薪柴短缺，妇女要花费更多的时间、走更远的路去寻找，增加了暴力风险。在所有家庭中，无论贫困还是非贫困，食物开支在灾害期间及灾后减少，妇女的食物开支少于男性，增加了营养不良。定性和定量的分析表明，在灾害期间及灾后，因经济状况恶化、收入锐减可能增加家庭的紧张关系，妇女和女孩经历的暴力也随之增加，城市和农村中等收入群体的妇女遭遇最多的是言语虐待（约30%），农村和城市地区极端贫困家庭中的妇女遭遇身体暴力（约20%）。应对措施也是性别化，易受气候影响地区的很多贫困家庭将年幼的孩子婚配，父母希望通过这一途径减少家庭开支并确保孩子的安全；40%以上的农村家庭和85%的城市家庭在灾害期间让孩子辍学，农村家庭的永久辍学率更高，女孩的辍学率又高于男孩。[1]

第二，适应能力的性别化。因妇女控制资源有限、受教育程度低、技能发展和经济机会有限、在家庭决策中无发言权、承担照顾家庭的负担等因素减少了适应和克服灾害的能力，极端贫困的妇女群体因财产基础最差、适应能力最差，对灾害风险的适应能力也最差。个体、家庭和社区层面的成功适应策略依赖于资产程度和将资产转化为收入的能力，妇女对资源和禀赋的控制有限，很难将资产进行有效的转化，气候导致一些自然资源稀缺增加了妇女的工作负担、减少了创收的时间和机会。尽管绝大多数家庭在灾后会获得一些制度和物资支持，但无论城市还是农村地区，对政府应急救灾措施和服务的满意度都很低，分别是社会福利33%、非政府组织31%、地方政府

_____

① Nilufar Ahmad，"Gender and Climate Change in Bangladesh：The Role of Institutions in Reducing Gender Gaps in Adaptation Program"，*Social Development Working Papers*，A summary of ESW report No. P125705 Paper No. 126/March 2012，World Bank，p. 10.

12.5%，而妇女获得的公共服务大约只占 10%。[①] 妇女获得的公共制度、适应支持和信息有限，也影响了其适应能力的建立和提高。

第三，恢复能力建设的性别化。在应对气候危机方面，孟加拉国妇女发展了一些革新性的适应行为，如在城市和农村地区利用自己的社会网络传播信息、组织动员、储存种子和谷物等。很多年轻妇女被培训为志愿者，在灾害预报中充当播报员，负责管理妇女和儿童的避难所并提供支持。在自然灾害期间，越来越多的妇女和儿童进入庇护所避难，显著减少了受害者的数量。1991 年，台风导致的死亡人数超过 14 万，男性与女性的比例是 1∶14，在 2007 年，台风导致的死亡人数和男女比率分别下降至 3000 和 1∶5，主要归因于妇女在灾害管理中的积极参与及海岸地区建立了多个避难所。[②]

气候变化直接间接影响着人们的生活和生计，应对能力受到各种因素的制约，与国家综合的条件和政治意愿相联系。为了应对气候变化，孟加拉国政府制定并实施了一些气候恢复和妇女赋权方面的措施，包括 2009 年《孟加拉国气候变化战略及行动计划》（Bangladesh-Climate Change Strategy and Action Plan，BCCSAP）、《气候变化及性别行动计划（2013—2018 年）》（Climate Change and Gender Action Plan，CCGAP）、第 7 个"五年计划"及《2100 年三角洲计划》（Delta Plan 2100）等。其中，《气候变化及性别行动计划（2013—2018 年）》是将性别结合到适应和缓解计划中，为各部门以性别敏感方式应对气候变化提供指导。该国于 2018 年开始制定气候预算，要求 25 个部门对气候变化适应和缓解分配预算，气候预算分配涉及 6 个优先领域：粮食安全与社会保护、综合灾害管理、基础设施、研究与知识管理、低碳发展、能力发展和制度强化。气候变化预算没有制定目标，2019—

————————

① Nilufar Ahmad，"Gender and Climate Change in Bangladesh：The Role of Institutions in Reducing Gender Gaps in Adaptation Program"，*Social Development Working Papers*，A summary of ESW report No. P125705 Paper No. 126/March 2012，World Bank，p. 16.

② Nilufar Ahmad，"Gender and Climate Change in Bangladesh：The Role of Institutions in Reducing Gender Gaps in Adaptation Program"，*Social Development Working Papers*，A summary of ESW report No. P125705 Paper No. 126/March 2012，World Bank，p. 18.

2020财年的预算只占所有预算支出的7.8%。[①] 总体来看，孟加拉国政府的项目规划、预算分配和综合的灾害管理适应决策在政府中央层面制定并向下传达，计划过程并未关注灾害产生的性别影响及地方层面男女需求的差异，是一种自上而下的性别盲点方式。

[①]　Tanjir Hossain, Anhara Rabbani and Md. Tariqul Hasan Rifat, "Gender-responsive climate change budgeting in Bangladesh: Exploring opportunities toward an inclusive climate resilient future", International Budget Partnership, IIED, HEINRICH BÖLL STIFTUNG, April 2021, p. 2, https://www.internationalbudget.org/wp-content/uploads/gender-climate-budgeting-bangladesh-april-2021.pdf.

第 六 章

疫情下的妇女

　　2020 年 3 月 11 日，世卫组织宣布新冠肺炎（COVID-19）为全球传染性疾病、"国际关注的突发公共卫生事件"（Public Health Emergency of International Concern，PHEIC），被称为二战以来人类社会遭遇的最大挑战，超过了历史上所有的灾害。此次疫情已作为重大的国际事件进入世界历史进程，足以成为当下乃至今后很长一段时间内国际问题研究的一个重大课题。在全球产业链供应链密不可分、传统安全与非传统安全相互交织、局部问题和全球问题彼此转化的时代背景下，新冠肺炎疫情的全球暴发几乎让世界每个角落都感受到了这只"黑天鹅"的影响，任何一个国家都无法置身事外。经济学研究指出，疫情同时带来三方面的冲击：需求冲击，随着隔离措施如社交距离和商业活动的中断导致总体需求萎缩；供应冲击，因限制流动和关闭边界导致供应打断，尤其是全球价值链最集中的亚太地区；对金融市场的冲击，很多国家的市场失去活力，导致金融市场在宏观和微观层面出现流动性起伏，这三方面冲击产生的影响存在巨大的性别差异。① 大多数发展中国家因由于医疗水平低下、对负面冲击的应对和治理能力弱，遭遇了疫情的严重影响。

第一节　"女性主义的灾害"

一　疫情加剧了妇女处境的脆弱性

　　在公众媒体中，新冠肺炎疫情被称为"女性主义的灾害"（a dis-

---

① Sandeep Mohapatra, "Gender Differentiated Economic Responses to Crises in Developing Countries: Insights for COVID-19 Recovery Policies", *Review of Economics of the Household*, Vol. 19, 2021, p. 291.

aster for feminism），表明疫情对妇女造成了多方面不成比例的影响，①疫情加深了早已存在的性别不平等，揭露了妇女在社会政治和经济体系中的弱势性。妇女不是一个统一的人口群体，围绕疫情的女性主义讨论如果不综合考虑种族主义、父权制和体能歧视等方面的相互交叉，就不足以理解妇女在疫情中的脆弱性，需要将妇女作为一个独立的群体来分析疫情的综合影响。李英桃认为，公共卫生意义上的健康脆弱性、社会脆弱性在国际关系、国家、种族、性别、年龄、财富、健康等因素的交叉影响下，形成了独具特色的、与新冠肺炎相关的"脆弱性"（vulnerability）和"脆弱群体"（vulnerable groups）问题。② 考虑到性别化的时间使用模式，疫情更可能减少妇女的工作时间或迫使她们退出劳动力市场，在教育、医疗、劳动力市场和家庭决策中一直存在的性别不平等更可能使她们在危机时期难以获得所需的资源，缺乏足够的数据用于衡量疫情的影响，在经济应对措施中也没有关于性别差异的经验证据。妇女在疫情中增加了脆弱性，学者担忧应对政策中忽略了社会和性别议题，疫情对妇女的就业机会产生不成比例的负面效应，有学者呼吁首先要承认疫情暴发对性别的影响，其次应该分析多重的性别化影响，最后是将妇女的呼声结合到应对政策中。③

由于职业性别分化的加剧，妇女在劳动力市场中面临巨大挑战，在低收入国家，妇女基本上参与非正规工作和其他不稳定的就业如自雇等，难以得到正规的社会保障。在 2020 年 4 月和 5 月疫情严重时期，因封锁和关闭等措施使全球劳动力市场受到严重冲击，至 2020年 6 月，大多数国家的劳动力市场逐渐恢复，但是已经不能"一如往常"。国际劳工组织（ILO）估计，在 2020 年第二季度，全球工作

① Suze G. Berkhout and Lisa Richardson, "Identity, Politics, and the Pandemic: Why is COVID19 a Disaster for Feminism（s）?", *History and Philosophy of the Life Sciences*, Vol. 42, 2020, p. 1.
② 李英桃：《新冠肺炎疫情全球大流行中的"脆弱性"与"脆弱群体"问题探析》，《国际政治研究》2020 年第 3 期。
③ Minakshi Dahal, Pratik Khanal, Sajana Maharjan and Bindu Panthi, "Mitigating Violence Against Women and Young Girls During COVID-19 Induced Lockdown in Nepal: A Wake-up Call", *Globalization and Health（2020）*, Vol. 16, No. 84, 2020, p. 3.

时间相比 2019 年同期减少了 18%，男女均受到疫情的影响，但是对妇女的影响和冲击更大，预测所有就业的妇女将有 5% 失业，而男性为 3.9%。首先，她们受雇于服务业或非正规部门，通常经历更高的失业率和更慢的再就业，其次妇女的劳动力参与在疫情开始时比男性下降更快。疫情期间失业不仅关乎生计，中期和长期的失业可能导致失去技能或工作网络。① 疫情导致就业中的性别鸿沟加大，尤其是妇女占主导的行业，女性在医疗卫生行业中所占比重大，面临感染病毒的新风险。

新冠肺炎疫情的暴发以一种史无前例的方式对全球产生了影响，但是对不同的国家和地区，对每个人的影响方式不同，妇女和女童以不同的方式经历危机影响。国际劳工组织和联合国儿童基金会 2020 年 6 月 11 日发布的简报指出，新冠肺炎疫情对家庭收入造成了严重冲击，使全球逾百万儿童沦为童工。童工成了许多家庭的应对机制，导致近 20 年来世界童工数量的首次增长，而已经从事童工的儿童可能面临更长的工时和更恶劣的工作条件，在健康和安全存在诸多隐患。据统计，学校临时关闭的举措影响了 130 多个国家和地区的十多亿名学生，更多儿童可能被迫从事被剥削和危险的工作，女童尤其容易遭到剥削。② 2020 年世界人口日的主题是："终止新冠肺炎疫情：当下该如何保障妇女和女童的健康和权利？"

性与生殖健康是一个重要的公共卫生问题，受疫情影响世界各地的供应链受到破坏，性与生殖健康的服务被边缘化。根据联合国人口基金的研究，如果封锁措施持续 6 个月，卫生服务将严重中断，低收入和中等收入国家将有数千万妇女可能无法获得现代的避孕药具，导致数百万妇女意外怀孕，以致增加其生活及心理负担。③

---

① World Economic Forum, "Global Gender Gap Report 2021: Insight Report", March 2021, p. 43.

② 《新冠肺炎疫情或导致全球百万儿童沦为童工》，访问日期：2021 年 6 月 15 日，人民网，http://world.people.com.cn/n1/2020/0613/c1002-31745430.html。

③ 《联合国人口基金驻华代表：新冠肺炎疫情加剧意外怀孕风险》，访问日期：2021 年 6 月 15 日，搜狐网，https://www.sohu.com/a/407039626_255783?_trans_=000014_bdss_dklzxbpcg。

二 针对妇女的暴力案件增加

疫情对世界经济产生巨大影响的同时，妇女和女童面临高风险，对疫情的担忧和不确定性加剧了性别的不平等，很多报告显示世界范围内因社会隔离等措施，针对妇女暴力的案件增加。在疫情期间，家暴率在全球显著增加，社交活动的缺乏和经济压力增加了家庭内的矛盾，男人因失去工作而沮丧，对妇女和孩子施暴成为一种宣泄途径，包括身体虐待、精神虐待和性虐待，所有社会和经济阶层的妇女都遭到来自丈夫及其他家庭成员的虐待。媒体报道的案件不断增加，实际的案件数量更加庞大，家暴依然被认为是私人问题，被社会所忽略。疫情使很多国家采取了限制流动的措施，居家限制可能恶化针对妇女和女童的暴力，因与施暴者的近距离相处。新冠肺炎疫情与家庭暴力之间的关系，疫情可能是暴力的一个间接原因，因休假、失去收入、在家时间延长，导致家庭暴力的增加，暴力的形式和严重程度，而家庭暴力又间接推动了经济和社会危机，社交隔离使受害者远离支持网络。[1] 病毒传染的悖论效应，当家庭成员有更多时间在一起，家庭暴力就会增加，从社会学和性别学的研究来看，存在一种直接的关系。学者提出低收入与家庭暴力的增加相关：首先，即使家庭没有虐待的历史，疫情期间因资金压力和缺少社会支持可能引发暴力，夫妻间有较高压力导致暴力概率相对于低压力的夫妻增加3.5倍。其次，家庭暴力可能因责任的转移所引发，传染病导致家庭成员长时间的近距离接触，暴露了家庭成员之间的不协调和不同的习惯，压缩了安全空间，增加了暴力发生的概率。在疫情之前，受害者可以寻求家庭成员和亲友的帮助甚至是法律援助，在社交隔离下，受害者不能离开家，遭遇的暴力频次和强度都可能增加，也很难获得类似的帮助或援助。[2] 持续不断的压力、社会和保护网络的失序增加了经济困难，减

---

① Caroline Bradbury-Jones RN and Louise Isham, "The Pandemic Paradox: The Consequences of COVID-19 on Domestic Violence", *Journal of Clinical Nursing*, Vol. 29, 2020, p. 2048.

② Arjan de Haan, "Labour Migrants during the Pandemic: A Comparative Perspective", *Indian Journal of Labour Economics*, Oct. 19, 2020, p. 3.

少了能获得的服务。在疫情期间，家暴、精神失常、焦虑、沮丧和自杀在全球范围内增加，联合国识别了基于性别的暴力是疫情对妇女的影响之一，其他还包括经济、健康、无报酬的看护工作和人道主义、脆弱的处境及人权。

三 疫情对国家治理提出新要求

新冠肺炎疫情的大流行为建立包容性和社会经济的发展增加了多方面的新障碍，已存在的性别差距扩大了男女之间危机的不对称。各国面临前所未有的机会探索实施更加有弹性和性别平等的经济恢复策略，通过投资包容性的劳动力市场、创造更加平等的医疗体系并促进妇女进入领导层和决策层等。①

相关研究表明，在疫情期间，女性领导的国家好于男性领导的国家，妇女能更好地掌控危机，更有同情心、更悉心和更为谦逊，虽然只有7.2%的国家领导人、6.2%的政府领导人是妇女，18%的卫生部长是妇女。② 很多媒体报道全球妇女领导者在应对新冠肺炎疫情中比男性做得更好，对疫情应对得更快、沟通更好，认为她们能更快限制公民的流动或更好预测的疫情严重性并告诫公民遵守防疫义务。但是，这一结论的背景来自极少数的发达民主国家。有学者研究了妇女领导的国家与男性领导的国家在疫情应对方面的差异，通过分析领导者与立法者的性别与应对政策措施（公共信息发布、居家防疫和关闭学校等）之间的关系，结果显示，妇女领导的国家与男性领导的国家在疫情应对模式、应对措施方面并没有存在较大差异。部分研究认为妇女领导人可能在危机时期采取不同于男性的选择，男性和女性的政策倾向差异可能导致不同的政策结果，这些结论是理解危机应对中的潜在性别化特征的重要一步，政府中性别构成的差异，提供了理解疫情期间领导模式的一种研究路径。③ 妇女相对男性而言，面临更

---

① World Economic Forum, "Global Gender Gap Report 2021: Insight Report", March 2021, p. 4.

② UN Women, *COVID-19 Bangladesh Rapid Gender Analysis*, Gender in Humanitarian Action (GIHA) Working Group, May 2020, p. 22.

③ Andrea S. Aldrich and Nicholas J. Lotito, "PandemicPerformance: Women Leaders in the Covid-19 Crisis", *Politics & Gender*, Vol. 16, No. 960 – 967, 2020, pp. 1 – 2.

多的风险，尤其是处于压力或做出政治决策时，不愿意接受健康风险，更愿意快速应对。在应对疫情时期，一些女性领导人因展现了出色的领导能力，在媒体中的形象更加突出，如德国的默克尔、新西兰的阿德恩。①

第二节 疫情下的妇女

一 疫情对孟加拉国的综合影响

2020 年 3 月 8 日，孟加拉国首次确诊 3 例新冠肺炎感染病例，患者年龄在 20—35 岁之间，其中 2 人刚从意大利回国。3 月 23 日，健康与家庭福利部将新冠肺炎列为传染病，将其作为公共健康突发事件，政府随即宣布 3 月 26 日至 4 月 4 日为全国公共假期，后又延期至 5 月 30 日，所有教育机构延期关闭至 6 月 15 日。根据 2020 年 5 月开展的"风险沟通与社区参与"（Risk Communication and Community Engagement，RCCE）的调查，在获取疫情信息方面，该国男女的认知没有太大的差异，受访者中 98.1% 表示了解病毒，约 90% 的受访者表示知道如何保护，也知道病毒的症状和传播要素，另有 60.1% 的受访者表示需要更多的治疗信息。② 2021 年 6 月，该国新冠疫情再次恶化，在与印度接壤的北部和西南部地区出现了新冠变异病毒德尔塔（Delta）毒株的感染病例，政府于 6 月 16 日将全国范围内的封锁延长了一个月，直至 7 月 15 日。

孟加拉国不是第一次遭遇人道主义危机，但是新冠肺炎疫情的暴发以一种完全不同的规模影响着经济、健康卫生、社会和教育领域。政府为抑制疫情蔓延，2020 年、2021 年采取封锁、居家隔离的措施，国内商业和经济活动停止，导致了大量劳动力临时及长期失业，因缺乏有效的社会保障措施，很多人陷入贫困，收入下降最快的是极

---

① Andrea S. Aldrich and Nicholas J. Lotito, "PandemicPerformance：Women Leaders in the Covid-19 Crisis", *Politics & Gender*, Vol. 16, No. 960 – 967, 2020, p. 7.

② UN Women, *COVID-19 Bangladesh Rapid Gender Analysis*, Gender in Humanitarian Action（GIHA）Working Group, May 2020, p. 21.

端贫困、中度贫困人口及在非正规部门就业的群体，储蓄减少、债务增加，城市贫困人口遭受了不成比例的影响。疫情不仅对孟加拉国的经济产生了严重冲击，还导致了一系列的社会问题。

（一）经济受到冲击、贫困问题加剧

孟加拉国人口稠密，疫情危机不仅与健康危机相关，还与维持社会关系、生产、分配、市场、工作及多层面的服务密切相关，强制封锁、社交距离等导致巨大的社会关系影响和绝大多数人生计的冲击。对主要由于疫情开始以来的封锁措施打乱了经济活动，很多人失业或者没有收入，制造业商品需求的降低，尤其是出口导向的制衣业部门，影响了城市地区的就业，非正规服务部门的收入减少，国际汇款减少等。2020年成衣业的出口收入下降了17%，国外汇款也受到影响，收到汇款的家庭中有80%反映数额减少。[1] 在城市地区，正规和非正规行业都受到疫情的影响，2020年，该国超过260万人因疫情而失业，占劳动力总量的4.3%。在封锁开始之后，城市72%、农村54%的家庭失去了主要的收入来源。服务业部门是非正规的，没有相关工作保障，疫情重创了服务行业，超过110万名工人失业，从业者的收入下降了17.6%，工作时间被压缩了21.6%。[2]

疫情对经济产生了多维度影响，尤其是就业、贫困和不平等，破坏了数十年来取得的减贫成效。2020年初，联合国开发计划署（UNDP）调查了第一波疫情对该国的影响，涉及2500个UNDP项目的受益家庭，疫情不仅严重冲击了家庭收入，还放大了现存多维度的不利条件。疫情对该国贫困和弱势群体的冲击最严重，贫民窟群体的人均收入从2020年2月的1.3美元下降至4月初期的0.32美元，相比农村贫困人口（从1.05美元下降至0.39美元）减少了79%。因食物、生产和供应被打断，粮价上涨导致孟加拉国民众的生活成本增加6.88%，是近三年来的最高值，至2020年底，大米价格平均上涨

---

① *COVID-19 Fallout on Poverty and Livelihoods in Bangladesh*, Results from SANEM's Nation-wide Household Survey（November-December 2020），September 2021, p. 38.

② 《孟加拉国疫情封锁可能减缓经济复苏》，访问日期：2021年11月16日，中国驻孟加拉国大使馆经济商务处，http://bd.mofcom.gov.cn/article/jmxw/202107/20210703175346.shtml。

了 20%。根据统计局的估算，家庭月收入平均下降了 4000—15000
塔卡。[①] 疫情对该国贫困的影响是短期内在已有贫困群体之外出现了
大量"新贫"人口（new poor），据孟加拉国《每日星报》2020 年 5
月 21 日报道，一项名为"新冠肺炎疫情下的生计与抗疫"的研究认
为，疫情下，孟贫困人口已达 7000 万，占总人口比重的 43.4%，其
中 20.5% 是孟官方所称的贫困率，另外 22.9% 的是疫情期间新增贫
困人口。[②] 非官方的估计认为疫情导致的"新贫"人口数量约 1600
万至 4200 万之间，贫困率从疫情之前的 20% 增加至 44%。[③] 2021 年
4 月，孟加拉国"权力参与研究中心"与"孟乡村进步治理和发展研
究机构"联合发布的研究报告指出，称疫情使孟新增 2450 万贫困人
口，占孟全国人口比例的 14.75%。受访人员的收入比疫情前下降了
7%，农村贫困人口在疫情中受的影响轻于城市贫困人口，城市贫困
人口在过去一年中收入下降了 13.7%；女性失业比例高于男性；城
市居民受疫情影响削减了 17% 用于食品的开支；城市贫民窟居民收
入比疫情前下降了 14%。[④]

　　孟加拉国知名智库"南亚经济模型研究网络"（South Asian Net-
work on Economic Modeling，SANEM）在 2020 年 11—12 月开展了题
为"COVID-19 对孟加拉国贫困和生计的影响"全国调查，触及 5540
个家庭，分布在 8 个专区的 500 个村庄，从家庭的经济状况、社会面
临的新挑战及家庭对恢复进程的观点等方面综合评估疫情背景下的贫
困、不平等和就业，疫情持续的时间及诸多不确定性决定了不能直接

---

　　① "Cost of living in Dhaka goes up 6.88% in 2020"，June 16th，2021，访问日期：2021
年 11 月 16 日，https：//www. dhakatribune. com/business/economy/2021/06/16/cost-of-living-
in-bangladesh-went-up-6-88-in-2020。

　　② 《研究认为当前孟加拉国约 7000 万贫困人口》，访问日期：2021 年 11 月 16 日，中
国驻孟加拉国大使馆经济商务处，http：//bd. mofcom. gov. cn/article/jmxw/202005/
20200502967271. shtml。

　　③ SANEM，"SANEM researchers Assess Poverty Impacts of COVID-19"，SANEM，Dhaka，
May 1，2020，访问日期：2021 年 11 月 16 日，https：//sanemnet. org/sanem-researchersas-
sess-poverty-impacts-of-COVID-19/。

　　④ 《孟加拉国智库研究显示疫情使孟新增 2450 万贫困人口》，访问日期：2021 年 11
月 16 日，中国驻孟加拉国大使馆经济商务处，http：//bd. mofcom. gov. cn/article/jmxw/
202104/20210403054341. shtml。

评估对国家的影响。孟加拉国的家庭调查结果表明，"新贫"人口集中于中小企业（SMEs）和服务业部门，中小微企业为 2030 万人提供了就业岗位，对本国的就业发挥着关键作用。世界银行国际金融公司、英国外交和联邦事务部于 2020 年 6 月共同开展了一项调查表明，疫情使该国中小微企业 37% 的员工暂时或永久失业，94% 的中小企业因疫情导致销售额骤降。[①]

为了应对疫情的冲击，孟加拉国政府出台了总额达 80 亿美元（占 GDP 的 2.5%）的大规模救济、复兴和刺激的一揽子计划，通过非政府组织、私人部门、志愿者团体和个体为弱势群体提供支持，包括粮食和其他必需品，以现金转移和扩大社会保障项目如弱势群体喂养（VGF）、弱势群体发展项目等形式，并以低价开放大米市场。但是，救济和援助项目没有触及偏远地区（如沙洲、山区等），没有在当前居住区登记投票者身份的制衣业工人、性工作者和家务工人不能获得当地的救济，大多数弱势群体被排除在外，女性户主家庭也不是优先类型。此外，救济信息的发布缺乏透明度，大多数有资格获得救济的群体没有意识到救济服务的登记过程，在物资发放过程中存在非正规操作和腐败行为。

（二）社会关系遭到破坏

与病毒相关的限制措施如社交距离、居家防疫等对经济可持续性的影响，同时引发了心理调节困难，如沮丧、担忧、恐惧、愤怒、不安、无助、孤独和紧张等，甚至出现了因新冠肺炎疫情导致的自杀，2020 年 4 月在 3 周内发生了 8 起自杀事件，实际上的自杀率更高，一些家庭成员并不希望报告亲人的死亡。因缺乏信息、错误信息泛滥及对医疗体系的不信任导致了社会污名的兴起，污名是一种社会心理疾病，是对某些不体面的人的简化描述，被污名化代表着对有效群体功能的威胁，导致人们害怕、恐慌、疑虑，认为被感染者要承担责任，因疫情形成的污名包括谣传污名（rumor-prone stigma）、组织污名（organizational stigma）、社区污名（community-stigma）、居住地污

[①] 《调查显示孟加拉国中小微企业 37% 员工失业》，访问日期：2021 年 9 月 1 日，中国驻孟加拉人民共和国大使馆经济商务处网站，http://www.mofcom.gov.cn/article/i/jyjl/j/202010/20201003009896.shtml。

名（residential stigma）和冷漠污名（apathetic stigma）等，社会污名的大规模效应是灾害性的，以一种令人震惊的方式打破了以前的社会准则、社会价值、社会关系及社会资本，加深了社交距离、社会疏离和排斥等，导致不可估量的沮丧、疏离和感情隔阂，社区安康受到威胁。强化的污名文化催生了对感染者的情感抗议甚至反对建立医院治疗病人。孟加拉国政府初期决定将病患的尸体埋在达卡市的 Khilgaon-Taltola，遭到当地人的强烈抗议，坚持在达卡外找到安全的地点。由于历史和社会的歧视，居住在卡达市的比哈尔人社区被污名化，被当地医院抛弃的确诊病人被迫在拥挤的居住地自我隔离。居住地污名（residential stigma）是疫情期间新出现的，有媒体报道，2010 年 3 月中旬，在达卡医学院工作的 1 名女医生遭到公寓邻居的威胁，让她离开公寓或工作，否则将被驱逐。4 月 13 日，Sakhipur 乡 1 名 50 岁的母亲因症状被她的 1 个儿子、2 个女儿和女婿丢到灌木丛中。

二　新冠肺炎疫情对孟加拉国妇女的影响

结合性别、健康状况、族群、社会经济阶级、年龄等方面的因素来综合考量，新冠肺炎疫情对个体及群体产生的影响不同，与大多数人道主义危机一样，疫情放大了现存不平等的根源，成为一个"巨大的平衡器"（great equaliser），不平等和疫情影响在两个方向同时运行。① 疫情蔓延及相关的限制或封锁措施最大化地展示了对经济、社会和不同性别的影响，妇女在更加脆弱的环境中加剧了不利处境。

（一）经济状况恶化、家务负担增加

与大多数国家一样，孟加拉国妇女在疫情期间承担了大量的经济压力和社会压力，不同研究表明妇女是更大的受害者，工作负担增加、暴力、失业、得不到医疗服务、限制了在公共领域的流动性等。2021 年 1 月，疫情发生前就业的年轻妇女有三分之一失业，这一比例高于年轻男性的 3 倍，2020 年 4 月第一次封锁期间，年轻男性和女性是平等的，之后就产生了巨大差距。失业后再次获得工作的女性，工作时

---

① Arjan de Haan，"Labour Migrants during the Pandemic：A Comparative Perspective"，*Indian Journal of Labour Economics*，Oct. 19，2020，p. 3.

间减少 15%，收入也减少，相当于疫情之前的 21%，是年轻男性减少
的 2 倍。2021 年 3 月，女性家庭户主的失业率是男性家庭户主的 5 倍。
在该国，90% 工作妇女集中在非正规部门，超过 2/3 是家庭帮工，是
低收入和不稳定的。妇女的就业模式及缺乏选择是现存性别准则的结
果，此外，妇女更多承担家庭琐事和护理工作，照顾家庭被认为是她
们的首要义务。① 孟加拉国农村促进委员会（BRAC）在 2020 年 3 月
28 日至 4 月 9 日开展了"快速评估该国妇女在疫情期间的潜在风险"
调查，557 名受访者，79% 为妇女。调查结果显示，91% 的妇女家务
和护理工作的负担比疫情之前增加，89% 的报告说没有闲暇时间。②

　　2019 年，孟加拉国 74.8% 的家庭有基本的洗手设施，而在 2020
年疫情期间这一比例锐减，在一些城市地区以及人口密集的贫民窟供
水很少或者没有，很难保证日常清洁卫生，在拉杰沙希、锡尔赫特、
库尔那和吉大港专区，一半的人口没有卫生物资，如肥皂、口罩等。
城市贫民窟的状况更加严重，5—8 个家庭共用 1 个厕所，卫生设施
的严重不足影响妇女的健康和安全，也增加了暴力风险。该国的妇女
和女孩在 90% 以上的家庭中承担着取水义务，很难遵守留在家里、
保持社交距离的要求。妇女被迫在家生产，面临生产和婴儿的健康风
险。2020 年 4 月，联合国妇女署亚太地区局开展了一项调查，该国
妇女不得不等待更长时间获得治疗，获得药品的难度也更大。在正常
条件下，妇女的健康需要通常不是优先事项，疫情期间，51.7% 的
妇女抱怨难以获得足够的个人医疗卫生条件。③ 获得性健康及生育健
康的服务减少，56% 的妇女无法获得避孕措施，5 人中有 2 个意外怀
孕，68% 的孕妇和哺乳期妇女得不到足够的营养。④

① "Bearing the brunt: The impact of Covid-19 on women's employment in Bangladesh"，访问日期：2021 年 11 月 16 日，https://www.covid-collective.net/bearing-the-brunt-the-impact-of-covid-19-on-womens-employment-in-bangladesh/。

② Sameeha Suraiya and Sarah-Jane Saltmarsh，"COVID-19 will change many women's lives forever in Bangladesh"，June 29，2020，访问日期：2021 年 11 月 16 日，http://blog.brac.net/covid-19-will-change-many-womens-lives-forever-in-bangladesh/。

③ UN Women，*COVID-19 Bangladesh Rapid Gender Analysis*，Gender in Humanitarian Action (GIHA) Working Group，May 2020，p. 18.

④ Sameeha Suraiya and Sarah-Jane Saltmarsh，"COVID-19 will change many women's lives forever in Bangladesh"，June 29，2020，访问日期：2021 年 11 月 16 日，http://blog.brac.net/covid-19-will-change-many-womens-lives-forever-in-bangladesh/。

（二）针对妇女的暴力行为增多

疫情对孟加拉国妇女影响还突出表现为家庭暴力和性暴力的增加（见表6.1）。2020年3月，在博格拉、杰马勒布尔和考克斯巴扎尔地区发生了64起强奸案和300多起家庭暴力事件，约4249名妇女成为不同暴力形式的受害者，大部分来自农村地区。[①] 2020年4月，该国有4249名妇女、456名儿童遭到家暴，其中1672名妇女和424名儿童是首次遭遇暴力，统计数字不能展示真实的情况，实际的案件数量更高。[②] 2020年1月—6月，该国共发生601起强奸案，因家庭暴力导致107起妇女死亡案件，103起性虐待案件导致9起自杀案件。根据达卡大学"孟加拉国和平瞭望者"（Bangladesh Peace Observer）的研究，2020年3月26—5月31日，家庭暴力案件增长了10%。[③] 孟加拉国的人权组织Aino Salish Kendra根据不同媒体的报道进行了统计，2020年4—8月间共报告了632起案件，平均每天有4人被强奸，同期有142起强奸未遂。根据达卡大都会警察局（Dhaka Metropolitan Police，DMP），2020年4—8月，达卡市登记了184起强奸案件，其中4月份发生12起、5月15起、6月46起、7月53起、8月58起。[④] 仅在2020年8月就发生了975起强奸案，此外，平均每个月有111名妇女被强奸，大多数是农村妇女和女童。[⑤] 根据人权组织的调查，2020年1月至9月，该国共发生了1000起性侵案件，其中

---

① "Covid：Bangladesh women bear the economic and social brunt the most"，15th October，2020，访问日期：2020年9月1日，https：//www. daily-sun. com/post/512057/Covid：-Bangladesh-women-bear-the-economic-and-social-brunt-the-most。

② Matiur Rahman and Shishir Reza，"Domestic Violence During Covid-19 Pandemic In Bangladesh"，27 May，2021，访问日期：2021年11月1日，https：//www. msn. com/en-xl/asia/bangladesh/domestic-violence-during-covid-19-pandemic-in-bangladesh/ar-AAKpJRZ。

③ "Covid-19：A Step Back for Women's Empowerment in Bangladesh？"，August 31，2020，访问日期：2021年6月15日，https：//www. bd. undp. org/content/bangladesh/en/home/presscenter/articles/2020/08/31/covid-19--a-step-back-for-womens-empowerment-in-bangladesh--. html。

④ "4 Women Raped Every Day on Average in Bangladesh Amid Covid-19 Pandemic"，访问日期：2021年4月20日，https：//www. dhakatribune. com/bangladesh/2020/09/29/4-women-raped-every-day-on-average-during-coronavirus-pandemic。

⑤ "Covid：Bangladesh Women Bear the Economic and Social Brunt the Most"，15th October，2020，访问日期：2021年9月1日，https：//www. daily-sun. com/post/512057/Covid：-Bangladesh-women-bear-the-economic-and-social-brunt-the-most。

轮奸比率高达 20%，除了家庭社会和道德的退化，这些罪行的高发也反映了国家机构职能在疫情期间的失效。2020 年 9 月 25 日，在锡尔赫特的穆拉里·钱德（MC）学院，一名家庭妇女遭到轮奸，引起了全国的强烈谴责，10 月 5 日，首都达卡与多个城市出现首次长时间、大规模的抗议性暴力活动，民众高举"吊死性侵犯""性侵犯天地不容"等标语，要求政府伸张正义、对性侵犯实施更严厉的惩罚。司法部于 10 月 12 日向内阁正式提请修改法律，将强奸案的最高刑罚从终身监禁提高至死刑，批准后于 10 月 13 日正式生效。法律学者指出，对性侵犯施加死刑，或许能对性侵案件有所遏制。①

表 6.1　　　　　2019—2020 年同期针对妇女暴力类型的对比　　　　单位：起

类型	2019 年			2020 年			变动（%）
	3 月	4 月	共计	3 月	4 月	共计	
人权违反	111	228	339	215	363	578	71
针对妇女和儿童的暴力	97	198	295	178	268	446	51
针对妇女和女童的暴力	93	162	255	172	259	431	69

资料来源：孟加拉国农村促进委员会（Bangladesh Rural Advancement Committee，BRAC）。

限制流动、减少社区接触、关闭商业活动和服务等，不仅增加了针对妇女和女孩的暴力，同时也限制了受害者远离施暴者并获得外部的支持。② 在此背景下，居家隔离和生计的丧失不可避免成为针对妇女和女孩暴力的催化剂，只有 49.2% 的妇女和女孩感到安全和保障。在居家防疫的条件下，妇女和女孩与施暴者处于同一屋檐下，没有电话或手机可联系相关的援助机构，当遭到家庭成员的虐待或不当对待时，至少有 33% 的妇女和女孩没有意识到寻求帮助。③

---

① 《孟加拉拟修法，性侵犯将被判处死刑》，访问日期：2020 年 11 月 1 日，搜狐网，https://www.sohu.com/a/424428223_100028045。

② UN Women, *COVID-19 Bangladesh Rapid Gender Analysis*, Gender in Humanitarian Action（GIHA）Working Group, May 2020, p. 9.

③ UN Women, *COVID-19 Bangladesh Rapid Gender Analysis*, Gender in Humanitarian Action（GIHA）Working Group, May 2020, p. 18.

结　　语

一　孟加拉国妇女发展取得了成效，但仍面临结构性的阻力与障碍

独立后，孟加拉国经历了第一阶段恢复后，国家的政治必要是为一个正义和平等主义的社会创建坚实的基础，在宪法目标下制定了新立法，将妇女发展融合到国家的经济发展规划中。政府致力于缩小性别鸿沟，国家政治与政策机制发挥了重要作用，包括实施普及初等教育和中等教育、医疗卫生、人口控制政策、边缘妇女群体的提升、通过公共和私人部门的努力提升妇女劳动力参与（短期及长期）、禁止公共领域的暴力和性伤害、促进妇女参与政治等。该国取得了妇女发展与赋权的进步，成为全球尤其是南亚地区的一个典型代表，在一些性别指标方面获得了国际的认可，随着妇女对公共领域参与的增加，对国家经济发展做出巨大贡献的同时，也逐渐改变着家庭和社会传统观念，经历了性别准则方面积极的代际间变化，妇女发展成效与性别平等相关的准则、态度和行为的变化具有深远的影响。

从辩证的角度来看，孟加拉国妇女的经历不能简单解读为进步，也不能错误地认为妇女的地位发生了根本性的转变。该国的妇女发展仍有较大的提升空间，歧视性的社会结构因素仍使她们继续面临营养、健康、教育、就业与参政等方面的挑战，如妇女参与劳动力市场的比例依然很低、妇女对国家社会经济的贡献没有获得承认，产妇健康、儿童及育龄妇女的营养不良问题、妇女和女孩在家庭内部及外部面临严重暴力风险、妇女在家庭内外的发声还很弱等。作为"典型父权制地带"最贫困的国家之一，孟加拉国有着独特的社会文化、宗教、政治经济和制度，形塑、建构了妇女的地位与角色并长期影响着妇女，

折射出经济发展与结构调整之间的不匹配、政策与现实之间的差距。政府绝大多数的治理目标、体制和所有层面的服务是在男性主导的概念下进行定义、设计和管理，反映的是男性优先的观点，不是性别回应的，直接导致了治理改革低估并排除了妇女的现实和需求。妇女在政治领域中的比例增加，但是性别平等问题仍没有成为主流政治，保护妇女权利和地位的立法和政策存在漏洞且实施不充分等。

独立以来，孟加拉国处于相互重叠的背景中，正规的国家法律与政策、宗教/私法、习俗/传统等综合影响着妇女的发展。该国仍是一个宗教和传统势力基础厚重的国家，宗教观念至今仍是束缚妇女的桎梏，在全球对伊斯兰极端主义焦虑的氛围下（包括宗教及宗教政治中原教旨主义的转型），担忧这一反冲力量可能影响性别平等和妇女发展的进展，同时也存在攻击妇女权利的反转现象和行为。宗教和文化的影响依然限制着妇女与男性一样参与社会，男女之间不平等的权力关系将是可持续发展的主要障碍。总之，结构性的困境导致妇女在发展道路上仍面临诸多的阻碍与束缚。

二 妇女全面参与是国家可持续发展的前提，政府需采取措施促进妇女发展

近年来，孟加拉国在多个发展指标方面表现突出，世界经济论坛将其标注为一个新的"亚洲之虎"，2000—2010 年间，GDP 年均增长 6%，2017—2018 财年首创 7.9% 的新高，人均寿命、识字率和人均粮食生产都取得了显著进步。在工业部门发展的推动下（特别是由 80% 妇女劳动力构成的制衣业），该国于 2015 年 7 月跨过了中低收入国家的门槛，2018 年人均收入达 1751 美元，相比 2000 年的 405 美元增长了 3.3 倍，[①] 完成了最不发达国家毕业所要求的三项指标。政府计划于 2026 年从最不发达国家毕业、至 2031 年成为中上等收入国家、2041 年跻身高收入国家。妇女在发展进程中发挥着关键作用，促进妇女发展和性别平等是国家实现发展愿景的关键，妇女既是发展

---

① UNICEF, *Developing Skills in Youth to Succeed in the Evolving South Asian Economy: Bangladesh Country Report*, 2019, p. 2.

的目标也是发展的能动者，她们养育下一代，事关国家未来的发展，对所有发展领域具有多层面的效应。

（一）在国家发展议程体现性别敏感与性别平等机制

马克思、恩格斯充分肯定了妇女在推动社会发展中的作用，认为"没有妇女的酵素就不可能有伟大的社会变革"，同时指出"妇女解放的先决条件就是一切女性重新回到公共事业中去"。为实现国家发展愿景、确保可持续发展，孟加拉国在发展路径中需包括妇女发展与赋权，将性别议题融入国家发展议程，在法律和政策框架中增加性别敏感性是对性别不平等的一种解构，确保性别敏感和权利基础上的政策和行为是促进妇女发展的关键要素。为妇女发展创造有利环境，除了基础设施之外，还需要制度层面的发展，在发展项目中承认妇女特定的需求和优先性，将性别平等和消除针对妇女的暴力结合到实现可持续发展目标中，在就业、教育、政治参与和法律权利等方面提高大众意识。性别平等与当地治理是相互联系的，性别回应的地方治理是治理的一种形式，也是良治的一个基础部分，考虑妇女不同的需求、利益和优先性问题，将这些因素结合到治理进程中，包括决策、计划、预算分配、项目制定、地方服务提供和监督等环节，有助于解决现存的性别不平等。该国已经制定了多个保护妇女免遭暴力的法律，更重要的是加强执行力度，培训执法人员，更好处理基于性别的暴力问题。独特的社会和历史背景要求特定的政策应对，客观、真实的性别分类数据是准确判断形势、制定适当措施的前提，在孟加拉国的减贫及应对气候变化适应能力建设方面同样重要，建立性别及性别差异的数据收集系统，有助于在相关措施和项目实施中瞄准目标群体，提高有效性。

（二）提升妇女教育与技能、创造体面就业机会

妇女参与社会的程度与效果取决于个体及群体的素质与能力，客观上要求国家为妇女的全面发展创造制度环境并提高妇女参与社会的能力。男女劳动力都需要正规体面的就业机会来发展、提升市场化的技能，性别回应的劳动力市场政策有助于促进所有人更平等的就业机会和体面工作。对妇女进行投资并不只是一项社会支出，而是对国家整体经济的投资，妇女的经济参与取决于可获得的资源及是否具备使

用资源的技能，受过教育的妇女是潜在的劳动力资源，通过投资教育、技能发展、创造大量的就业机会，将妇女转变为劳动力市场的人力资源，参与的国家经济发展进程，有技能的人力资源是加快国家增长并确保可持续发展所不可替代的。教育是解决性别不平等的最好方式之一，教育可提升妇女的身心发展，成为有技能的劳动力，通过就业获得更高收入，从而减少对家庭和男性的依附性。

人口红利是促进经济发展的机会窗口，大批工作年龄的人口意味着一旦获得体面的工作机会，国家将提高生产力、增加国际竞争力，很多拥有年轻化人口的国家意识到人口结构的变化，制定倾向于年轻人就业的政策机制，在孟加拉国，年轻人口占比大，15—24 岁的人口占总人口的 18.16%，① 年轻男女的数量相近。年轻人口的增长、年轻人就业和经济发展之间不是直接的因果关系，政府应该正视作为人口大国的现实，为了使人口红利最大化，国家应关注促进生产力、扩展劳动力市场以便创造更多的就业机会。一方面鼓励更多的劳动密集型产业接纳女性就业；另一方面应对市场需求提升妇女的教育与技能培训。一项研究指出，孟加拉国的制衣行业至 2021 年对熟练工人的需求是 366 万，至 2026 年的需求量是 530 万；农产品加工是容纳该国劳动力最多的劳动密集型行业，至 2025 年，该行业大概需要440 万有相关技能的工人。② 此外，IT 服务业、通信、健康医疗服务等部门仍存在大量专业人才的缺口。该国的妇女教育取得了显著成效，但是受教育程度的提升与经济机会的获得并不匹配，很多受过教育的妇女没有就业或者在就业岗位上不能充分发挥潜能，政府有必要采取针对性措施促进妇女参与正规劳动力市场、提供非传统及创新的工作形式、缩小薪资待遇及升迁中的性别歧视、进一步提升妇女的教育和技能并创造家庭内外的安全保障环境等。孟加拉国的技术和职业

---

① Pushpita Saha, Saskia Van Veen, Imogen Davies, Khalid Hossain, Ronald van Moorten and Lien van Mellaert, "Paid work: the magic solution for young women to achieve empowerment? Evidence from the Empower Youth for Work Project in Bangladesh", *Gender & Development*, Vol. 26, No. 3, 2018, pp. 551 – 568, 553.

② UNICEF, *Developing Skills in Youth to Succeed in the Evolving South Asian Economy: Bangladesh Country Report*, 2019, p. 2, https://www.unicef.org/rosa/media/4476/file/Bangladesh% 20Country% 20Report. pdf.

培训仍存在巨大的发展空间，政府在第七个"五年计划"中制定了促进职业教育提升20%的目标，将技能培训与普通学校和大学教育的发展同步。未来，国际移民仍是该国就业人口转移的一个重要渠道，将继续保持全球第五大移民输出国的地位，有必要针对移民妇女提供特定的技能培训并加强对移民的保护和保障措施。

（三）积极应对疫情的影响和冲击

当前，新冠肺炎疫情持续的时间及诸多不确定性决定了不能简单评估疫情对不同国家的影响。不可否认的是，疫情也为各国政府提供了一种全球性的机会去审视、反思国家发展进程中的脆弱性和包容性不足等方面的缺陷，为了促进可持续的经济恢复和发展，需要一种更加包容性的发展议程并实施基于实证的弹性政策，这对国家的宏观经济政策、经济结构与转型提出了客观要求，宏观经济优先包含了增加国内收入、扩展和促进贸易多样化、加强基础设施建设和服务提供等。对孟加拉国而言，积极有效的抗疫和经济恢复是优先的，因全球出口市场的不确定性，经济恢复的政策和战略应优先化国内市场导向的经济活动，将中小企业的恢复放在重要位置。中小型企业的发展是该国私人部门发展的关键要素，这一部门涉及关键的性别平等议题，如中小企业为大量妇女提供的就业机会、微型企业及家庭作坊的生产力和创收能力，应有针对性增加对妇女中小型企业的支持，为妇女经营的企业提供所需的信息、培训、贷款和商业协会的支持等，创造更多帮扶妇女就业和创业的政策。社会保障网络的覆盖面在该国是个关键的政治—经济议题，这一部门的预算和投入很低（只占GDP的1%），还存在腐败、目标不准和管理不善等问题，应有效识别贫困人口和弱势群体。在疫情的特殊时期，扩展社会保障网络的覆盖面应重点关注贫困群体——尤其是贫困妇女的困境和需求。

妇女发展、妇女社会地位的提高不仅是法律问题，还是观念问题、政治问题和经济问题，同时也取决于妇女自身的觉悟和努力。

参考文献

中文著作（含译著）

畅引婷：《社会性别秩序的重建——当代中国妇女发展路径的探索与实践》，人民出版社 2018 年版。

陈晖：《性别平等与妇女发展：理论与实证》，中国民主法制出版社 2018 年版。

陈英、陈新辉：《女性视界：女性主哲学的兴起》，中国社会科学出版社 2012 年版。

杜芳琴：《贫困与社会性别：妇女发展与赋权》，河南人民出版社 2003 年版。

范若兰：《暴力冲突中的妇女——一个性别视角的分析》，时事出版社 2013 年版。

金一虹：《父权的式微》，四川人民出版社 2000 年版。

李楠：《繁荣与贫困：经济发展的历史根源》，中国社会科学出版社 2020 年版。

李银河：《女性主义》，山东人民出版社 2005 年版。

李英桃：《社会性别视角下的国际政治》，上海人民出版社 2003 年版。

李英桃、王海媚：《性别平等的可持续发展》，社会科学文献出版社 2016 年版。

林志斌、李小云：《性别与发展导论》，中国农业大学出版社 2001 年版。

刘建：《列国志：孟加拉国》，社会科学文献出版社 2010 年版。

马元曦主编：《社会性别与发展译文集》，生活·读书·新知三联书店 2000 年版。

邱仁宗：《女性主义哲学与公共政策》，中国社会科学出版社 2004
年版。

商务部国际贸易经济合作研究院、中国驻孟加拉国大使馆经济商务
处、商务部对外投资和经济合作司编：《对外投资合作国别（地
区）指南：孟加拉国（2020 年版)》，2020 年版。

宋建丽：《正义与关怀：女性主义的视角》，厦门大学出版社 2018
年版。

谭兢嫦、信春鹰：《英汉妇女与法律词汇释义》，中国对外翻译出版
公司 1995 年版。

谭琳、陈卫民：《女性与家庭：社会性别视角的分析》，天津人民出
版社 2001 年版。

谭琳、姜秀花主编：《性别平等与文化构建》（上、下册），社会科学
文献出版社 2012 年版。

谭琳、周颜琳主编：《全球背景下的性别平等与社会转型》，社会科
学文献出版社 2011 年版。

王天玉：《西南地区的妇女发展与社会稳定问题研究》，中国社会科
学出版社 2020 年版。

王逸舟、张小明、庄俊举主编：《国际关系理论前沿问题和新的路
径》，上海人民出版社 2018 年版。

王政、杜芳琴主编：《社会性别》，浙江大学出版社 2004 年版。

杨企光：《发展型家庭生活教育：理论、实践与制度创新》，上海交
通大学出版社 2017 年版。

于海燕编著：《世界社会林业发展概论》，中国科学技术出版社 2007
年版。

詹心丽、林丹妮主编：《妇女性别研究》（第 5 辑刊），厦门大学出版
社 2018 年版。

张妮妮、康敏、李鸽：《女性经验的生态隐喻：女性生态主义研究》，
北京大学出版社 2018 年版。

赵群、王云仙主编：《社会性别与妇女反贫困》，社会科学文献出版
社 2011 年版。

郑宝华等主编：《中国农村反贫困词汇释义》，中国发展出版社 2004
　　年版。

郑新蓉、杜芳琴主编：《社会性别与妇女发展》，陕西人民出版社
　　2000 年版。

中国人口与发展研究中心编著：《国际人口政策参考》，华文出版社
　　2017 年版。

［澳］马尔科姆·沃特斯：《现代社会学理论》，杨善华、李康等译，
　　华夏出版社 2000 年版。

［丹麦］埃丝特·博斯拉普：《妇女在经济发展中的角色》，陈慧平
　　译，译林出版社 2010 年版。

［德］汉斯·冈特·布劳赫等编：《面对全球环境变化：环境、人类、
　　能源、食品、健康和水安全的观念》，杨潇雨译，南京出版社 2014
　　年版。

［法］西蒙娜·德·波伏娃：《第二性》，舒小菲译，西苑出版社 2009
　　年版。

［美］海蒂·卡伦：《致命天气》，顾康毅译，译林出版社 2015 年版。

［美］苏珊·穆勒·奥金：《正义、社会性别与家庭》，王新宇译，中
　　国政法大学出版社 2017 年版。

［孟］戴利、张淑兰、刘淼编著：《"一带一路"国别概览——孟加拉
　　国》，大连海事大学出版社 2017 年版。

［英］W. H. R. 里弗斯：《社会的组织》，胡贻穀译，商务印书馆
　　1990 年版。

［英］西尔维亚·沃尔拜：《女权主义的未来》，李延玲译，社会科学
　　文献出版社 2016 年版。

中文论文（含译文）

陈冲：《武装冲突与妇女赋权——基于两项自然实验的实证研究》，
　　《国际安全研究》2021 年第 4 期。

陈露璐编译：《"女童激励计划"帮助减少童婚及性别歧视》，《世界
　　教育信息》2018 年第 10 期。

陈松涛：《孟加拉国的人口流动问题》，《东南亚南亚研究》2015 年

第 2 期。

邓梵、蒋莱：《德国性别预算模式解读及其启示》，《中华女子学院学报》2013 年第 4 期。

范謇：《社会性别概念的确立与解构》，《学海》2019 年第 5 期。

巩辰：《政治权力的反思与重构——基于女性主义国际关系理论视角》，《太平洋学报》2014 年第 5 期。

郭夏娟：《女性赋权何以可能？参与式性别预算的创新路径》，《妇女研究论丛》2015 年第 2 期。

黄河：《妇女/性别研究的缩影及发展理路》，《中华女子学院学报》2020 年第 6 期。

寇征、周春燕：《妇女研究方法及学科建设》，《社会科学论坛》2002 年第 9 期。

李强、许松：《走向增权的妇女发展西方妇女增权理论研究述评》，《南京人口管理干部学院学报》2010 年第 3 期。

李小云、张瑶：《贫困女性化与女性贫困化：实证基础与理论悖论》，《妇女研究论丛》2020 年第 1 期。

李英桃：《新冠肺炎疫情全球大流行中的"脆弱性"与"脆弱群体"问题探析》，《国际政治研究》2020 年第 3 期。

刘曙雄、曾琼：《南亚女性执政及源头参与》，《南亚研究》2009 年第 4 期。

刘志强：《性别平等如何可能——周安平〈性别与法律——性别平等的法律进路〉读后》，《南京大学法学评论》2009 年春季卷。

卢云、李雪芹：《当代印度穆斯林妇女运动及其组织——以"穆斯林妇女权利网络"和"印度穆斯林妇女权益运动"的发展为例》，《妇女研究论丛》2019 年第 5 期。

马蔡琛、张莉：《南亚地区的社会性别预算改革及其对中国的启示——基于印度、巴基斯坦和孟加拉国的考察》，《南亚研究》2014 年第 4 期。

任柏熹：《社会性别预算问题研究》，《公共经济与政策研究》2015 年下。

石红梅：《改革开放以来中国妇女/性别理论发展的回顾与展望》，

《山东女子学院学报》2019 年第 2 期。

唐雪琼、朱竑、王浩：《从国家社科基金资助情况看中国女性研究的
　　发展态势》，《妇女研究论丛》2008 年第 5 期。

王婧：《边缘与困境中的女性——妇女贫困问题的社会和文化分析》，
　　《妇女研究论丛》2003 年第 12 期。

薇兰婷·M. 莫哈丹：《女性主义、法律改革和中东北非的妇女赋权
　　运动：研究、实践和政策相结合》，黄觉译，《国际社会科学杂志》
　　（中文版）2008 年第 2 期。

闫冬玲：《浅论社会性别主流化与社会性别预算》，《妇女研究论丛》
　　2007 年第 1 期。

杨菊华、王苏苏：《国际组织性别平等指数及其对中国的启示》，《妇
　　女研究论丛》2018 年第 4 期。

曾璐：《国际发展援助中妇女发展的目标分析——以范式变迁与制度
　　安排为视角》，《妇女研究论丛》2010 年第 6 期。

张浩淼、田华丽、秦嘉：《南亚地区女性社会救助政策的经验与启
　　示》，《西部发展研究》2017 年第 1 期。

张萍：《国际关系理论中的个人——女性主义视角下的国际关系主体
　　再探讨》，《山东女子学院学报》2021 年第 2 期。

［孟］赛义达·拉兹纳·卡比尔：《关于孟加拉国、印度和巴基斯坦
　　三国妇女在公共事务中的领导地位之比较研究》，和红梅译，《东
　　南亚南亚研究》2015 年第 1 期。

［孟］瓦伦迪娜·M. 莫甘达姆、鲁西·桑福特娃：《测量妇女赋
　　权——妇女的参与以及她们在公民、政治、社会、经济和文化领域
　　内的权利》，毕小青译，《国际社会科学杂志》（中文版）2006 年
　　第 2 期。

［英］妮亚·余娃–大卫：《妇女、全球化和社会变迁》，《思想战
　　线》2009 年第 5 期。

学位论文

陈静：《当代中东妇女发展问题研究》，西北大学，博士学位论文，
　　2003 年。

［孟］Shamsun Nahar Ahmed：《就业与妇女的能力：以孟加拉成衣制造业为例》，中国农业大学，博士学位论文，2014 年。

英文著作、研究报告

ADB, *Bangladesh: Gender, Poverty and the MDGs*, Manila, 2004.

ADB, *Country Gender Assessment: Bangladesh*, Mandaluyong City, Philippines: Asian Development Bank, 2010.

Amrita Basu (ed.), *The Challenges of Local Feminisms: Women's Movement in Global Perspective*, Boulder: Westview Press, 1995.

Augusto Lopez-Claros and Saadia Zahidi, *Women's Empowerment: Measuring the Global Gender Gap*, Geneva Switzerland: World Economic Forum, 2005.

Baby Parveen, *Gender Responsive Budgeting in Bangladesh: An Assessment of Challenges and Opportunities in Health Sector*, North South University, Dhaka, June 2010.

Binayak Sen and David Hulme (eds), *Chronic Poverty in Bangladesh: Tales of Ascent, Descent, Marginality and Persistence*, Dhaka: BIDS, 2006.

Claudia García-Moreno, Henrica A. F. M. Jansen, Mary Ellsberg, Lori Heise and Charlotte Watts, *WHO Multi-country Study on Women's Health and Domestic Violence against Women: Initial Results Onprevalence, Health Outcomesand Women's Responses*, Geneva: Switzerland, WHO, 2005.

Country Assistance Strategy for The People's Republic of Bangladesh for the Period FY 11-14, Document of the World Bank, Report No. 54615-BD, July 30, 2010.

Department of State, "United States of Amercia", *Trafficking in Persons Report*, June 2020.

ESCAP, *Gender Equality and Women's Empowerment in Asia and the Pacific*, Perspectives of Governments on 20 Years of Implementation of the Beijing Declaration and Platform for Action, 2015.

ESCAP, *Gender Responsive Budgeting in the Asia-Pacific Region: Key Concepts and Good Practices*, United Nations, 2018.

Firdous Azim and Niaz Zaman (eds.), *Infinite Variety: Women in Society and Literature*, Dhaka: University Press Limited, 1994.

Gender in Humanitarian Action (GIHA), *COVID-19 Bangladesh Rapid Gender Analysis*, Working Group, May 2020.

International Laobour Organization (ILO): *World Social Protection Report 2017 – 19: Universal social protection to achieve the Sustainable Development Goals*, Geneva: ILO, 2017.

Irene Tinker (ed.), *Persistent Inequalities: Women and World Development*, New York: Oxford University Press, 1990.

Kaniz Siddique, *A Case Study of Gender Responsive Budgeting in Bangladesh*, The Commonwealth, 2013.

Kelly O'Neill (ed.), *Conflicting Identities: The Nexus between Masculinities, Femininities and Violent Extremism in Asia*, UNDP and UN Women 2020.

Mehtabul Azam, Yana Rodgers, Michael Stewart-Evans and Inkeri von Hase, *Migrant Women & Remittances: Eeploring the Data from Selested Countries*, Policy Brief, UN Women, 2020.

Mohammad Samiul Islam, *Women's Empowerment in Bangladesh: A Case Study of Two NGOs*, Bangladesh Development Research Working Paper Series (BDRWPS), September 2014.

Rian Voet, *Feminism and Citizenship*, London: Sage Publications, 1998.

SANEM (South Asian Network on Economic Modeling), *COVID-19 Fallout on Poverty and Livelihoods in Bangladesh*, Results from SANEM's Nation-wide Household Survey (November-December 2020), September 2021.

Sarah Sabin Khan and Sarah Amena Khan, *Addressing COVID-19's Uneven Impacts on Vulnerable Populations in Bangladesh: The Case for Shock-responsive Social Protection*, UNDP Global Policy Network Brief, September 2021.

Sohela Nazneen, Maheen Sultan and Maitrayee Mukhpadhyay, *Mobilizing for Women's Rights: the Role of Resources*, Synthesis Report-Bangladesh，Pathways of Women's Empowerment and BrAC Development Institute（BDI）：Dhaka，February 2011.

Sohela Nazneen，*The Women's Movement in Bangladesh：A Short History and Current Debates*，Friedrich-Ebert-Stiftung，Dhaka，2017.

UN Women and UNFPA，*Case Study：Bangladesh Funding for Gender Equality and the Empowerment of Women and irls in Humanrian Programming*，June 2020.

UN Women，*Country Overview：Women and Migration in Bangladesh*，2018.

UN Women，*COVID-19 Bangladesh Rapid Gender Analysis*，Gender in Humanitarian Action（GIHA）Working Group，May 2020.

UN Women，*Gender-responsive Humanitarian Response to the COVID-19 Pandemic：Saving Lives，Reducing Impact & Building Resilience*，July 2020.

UN Women，*Women's Economic Empowerment in the Indian Ocean Rim：Progress and Challenges*，2020.

UNDP and UN Women，*Conflicting Identities：The Nexus between Masculinities，Femininities and Violent Extremism in Asia*，2020.

UNDP，*Human Development Report 2020：The Next Frontier Human Development and the Anthropocene*，New York，2020.

UNDP，*Tackling Social Norms——A Game Changer for Gender Inequalities*，2020 Human Development Perspectives.

UNFPA APRO and UNICEF ROSA，*Child Marriage in Humanitarian Settings in South Asia：Study Results from Bangladesh and Nepal*，2020.

UNICEF，*Developing Skills in Youth to Succeed in the Evolving South Asian Economy：Bangladesh Country Report*，2019.

UNICEF，*Gender and Social Protection in South Asia：An Assessment of the Design of Non-contributory Programme*，Brasília and Kathmandu：International Policy Centre for Inclusive Growth and UNICEF Regional Office South Asia，2019.

UNICEF，*Megatrends in South Asia：A Report by The Economist Intelligence Unit for UNICEF ROSA*，28 February，2020.

UNICEF, *Nutritional Care of Pregnant Women in South Asia: Policy Environment and Programme Action*, UNICEF Regional Office for South Asia: Kathmandu, Nepal, 2019.

UNODC, *Global Report on Trafficking in Persons 2020*, United Nations, January 2021.

UN Women, *Women's Economic Empowerment in Fisheries in the Blue Economy of the Indian Ocean Rim: A Baseline Report*, 2020.

USAID, *Bangladesh: Nutrition Profile*, February 2018.

Vandana Desai and Robert B. Potter (eds.), *The Companion to Development Studies*, London and New York: Routledge, 3rd Edition, 2014.

Veena Sikri, Jaishri Jethwaney, Ratan Kumar Roy, *Report on the Status of Women in Media in South Asia*, South Asia Women's Network (SWAN), March 2020.

World Bank, *Bangladesh Poverty Assessment: Facing Old and New Frontiers on Poverty Reduction*, Washington, D. C., 2019.

World Bank, *Bangladesh, Country Assistance Strategy 2006 – 2009*, Dhaka and Washington DC., 2006.

World Bank, *Bangladesh-Development Policy Review: Impressive Achievements but Continuing Challenges*, Washington, D. C., 2004.

World Bank, *Economics and Governance of Nongovernmental Organizations in Bangladesh*, Washington, D. C., 2006.

World Bank, *Economics of Adaptation to Climate Change: Bangladesh*, Washington, D. C., 2010.

World Bank, *Survey of Gender Norms*, Dhaka, 2006.

World Bank, Whi*spers to Voices: Gender and Social Transformation in Bangladesh*, Bangladesh Development Series Paper, No. 22, March 2008.

World Bank, *World Development Report 2000/2001: Attacking Poverty*, NewYork: Oxford University Press, 2001.

World Economic Forum, "Global Gender Gap Report 2021: Insight Report", March 2021.

WorldHealth Organization (WHO), *WHO Multi-country Study on Women's*

Health and Domestic Violence against Women, Geneva, 2005.

英文论文

Abdul Awal Khan, "Social and Legal Barriers to Improving Human Rights of Climate Change Displaced People in Bangladesh", *The Journal of Interrupted Studies*, Volume 2, Issue 1, 2019.

Andrea S. Aldrich and Nicholas J. Lotito, "PandemicPerformance: Women Leaders in the Covid-19 Crisis", *Politics & Gender*, Vol. 16, 2020.

Anweshaa Ghosh, "Recognizing Invisible Work: The Women Domestic Workers' Movement in Bangladesh", *Asian Journal of Women's Studies*, 2021.

Arjan de Haan, "Labour Migrants during the Pandemic: A Comparative Perspective", *Indian Journal of Labour Economics*, Oct. 19, 2020.

Caroline Bradbury-Jones RN and Louise Isham, "The pandemic paradox: The consequences of COVID-19 on domestic violence", *Journal of Clinical Nursing*, 2020, 29.

Dalia Debnath, Md. Sadique Rahman, Debasish Chandra Acharjee, Waqas Umar Latif and Linping Wang, "Empowering Women through Microcredit in Bangladesh: An Empirical Study", *International Journal of Financial Studies*, 2019, 7 (37).

Dina M. Siddiqi, "Transnational Feminism and 'Local' Realities: The Imperiled Muslim Woman and the Production of (In) Justice", *Journal of Women of the Middle East and the Islamic World*, 2011 (9).

Elora Halim Chowdhury, "Feminism and its 'other': Representing the 'new woman' of Bangladesh", *Gender, Place and Culture*, Vol. 17, No. 3, June 2010.

Eric Neumayerand Thomas Plümper, "The Gendered Nature of Natural Disasters: the Impact of Catastrophic Events on the Gender Gap in Life Espectancy, 1981 – 2002", *Annals of the Association of Amercian Geographers*, 2007, 97 (3).

Firdous Azim and Perween Hasan, "Language, literature, education, community: the Bengali Muslim women in early twentieth century",

Women's Studies International Forum, Volume 45, July-August 2014.

Gowranga Kumar Paul, "Dhaneswar Chandro Sarkar and Shayla Naznin, Present Situation of Women Empowerment in Bangladesh", *International Journal of Mathematics and Statistics Invention*, Volume 4, Issue 8, October 2016.

Iman Bibars, "Microcredit and Women's Empowerment: A Case Study of Bangladesh", *Book Reviews*, *Gender & Development*, Vol. 20, No. 1, March 2012.

Isahaque Ali and Zulkarnain A. Hatta, "Women's Empowerment or Disempowerment through Microfifinance: Evidence from Bangladesh", *Asian Social Work and Policy Review*, 2012 (6).

James Atta Peprah and Isaac Koomson, "Economic drivers of domestic violenceamong women: A case study of Ghana Violence and Society: Breakthroughs in Research and Practice", *Globalization and Governance in the International Political Economy*, 2014.

K. M. Rabiul Karim, Maria Emmelin, Line Lindberg & Sarah Wamala, "Gender and Women Development Initiatives in Bangladesh: A Study of Rural Mother Center", *Social Work in Public Health*, Vol. 31, No. 5, 2016.

Lamia Karim, "Demystifying Micro-Credit: The Grameen Bank, NGOs, and Neoliberalism in Bangladesh", *Cultural Dynamics*, Volume 20, Issue 1, 2008.

Lamia Karim, "Politics of the Poor: NGOs and Grass-roots Political Mobilization in Bangladesh", *Political and Legal Anthropology Review*, Volume 24, Issue 1, January 2008.

Manjurul Hossain Rezal and Nilufar Yasmin, "Empowering Women: Empowering Bangladesh", *Open Journal of Women's Studies*, Volume 1, Issue 1, 2019.

Md. Asaduzzaman, Mohammad Shajahan Kabir and Mirjana Radovic Markovic, "Gender Inequality in Bangladesh", *Journal of Women's Edecation*, 2015, No. 3 – 4.

Minakshi Dahal, Pratik Khanal, Sajana Maharjan and Bindu Panthi,

"Mitigating Violence Against Women and Young Girls During COVID-19 Induced Lockdown in Nepal: A Wake-up Call", *Globalization and Health* (2020) 16.

Mohammad A. Hossain and Clement A. Tisdell, "Closing the Gender Gap in Bangladesh: Inequality in Education, Employment and Earnings", *International Journal of Social Economics*, Vol. 32, No. 5, 2005.

Mohammad A. Hossain and Clement A. Tisdell, "Closing the Gender Gap in Bangladesh: Inequality in Education, Employment and Earnings", *International Journal of Social Economics*, Vol. 32, No. 5, 2005.

Naila Kabeer, "Gender Equality and Women's Empowerment: A Critical Analysis of the Third Millennium Development Goal", *Gender & Development*, 2005 (13: 1).

Nidhi Tandon, "New South Asian Feminisms: Paradoxes and Possibilities", *Book Reviews*, *Gender & Development*, Vol. 21, No. 2, 2013.

Nilufar Ahmad, "Gender and Climate Change in Bangladesh: The Role of Institutions in Reducing Gender Gaps in Adaptation Program", *Social Development Working Papers*, A summary of ESW report No. P125705 Paper No. 126/March 2012, World Bank.

Pranab Pandayand Linda Che-lan Li, "Women's Political Participation in Bangladesh: Role of Women's Organizations", *International Journal of Public Administration*, 37: 724 – 736, 2014.

Pushpita Saha, Saskia Van Veen, Imogen Davies, Khalid Hossain, Ronald van Moorten and Lien van Mellaert, "Paid work: the magic solution for young women to achieve empowerment? Evidence from the Empower Youth for Work Project in Bangladesh", *Gender & Development*, Vol. 26, No. 3, 2018.

Ric Makita, "The visibility of women's work for poverty reduction: implications from non-crop agricultural income-generating programs in Bangladesh", *Agric Hum Values* (2009), 26.

Saifa Binte Sanawar, Mohammad Amirul Islam, Shankar Maiumder and Farjana Misu, "Women's Empowerment and Intimate Partner Violence in

Bangladesh: Investigating the Complex Relationship", *Journal of Biosocial Science* (2019), 51.

Salma Ahmed and Pushkar Maitra, "Gender Wage Discrimination in Rural and Urban Labour Markets of Bangladesh", *Oxford Development Studies*, Vol. 38, No. 1, March 2010.

Sandeep Mohapatra, "Gender differentiated economic responses to crises in developing countries: insights for COVID-19 recovery policies", *Review of Economics of the Household* (2021) 19.

Sidney Ruth Schuler, Rachel Lenzi, Shamsul Huda Badal and Sohela Nazneen, "Men's Perspective on Women's empowerment and intimate partner violence", *Culture, Health and Sexuality*, Jun 2017, 20 (1).

Simeen Mahmud, Nirali M. Shah, Stan Becker, "Measurement of Women's Empowerment in Rural Bangladesh", *World Development*, Vol. 40, No. 3, 2012.

Sohela Nazneen and Maheen Sultan, "Struggling for survival and autonomy: Impact of NGo-ization on women's organizations in Bangladesh", *Development* 52 (2) 2009.

Sohela Nazneen, Naomi Hossain and Maheen Sultan, *National Discourses on Women's Empowerment in Bangladesh: Continuities and Change*, IDS Working Paper 368, July 2011.

Suze G. Berkhout and Lisa Richardson, "Identity, politics, and the pandemic: Why is COVID 19 a disaster for feminism (s)?", *History and Philosophy of the Life Sciences*, (2020) 42.

Tania Haque and Abu Saleh Mohammad Sowad, "Impact of NGOization on Women's Movement Organizations: A Critical Analysis from Bangladesh Perspective", *Social Science Review*, Vol. 33, No. 2, December 2016.

Tanjir Hossain, Anhara Rabbani and Md. Tariqul Hasan Rifat, "Gender-responsive climate change budgeting in Bangladesh: Exploring opportunities toward an inclusive climate resilient future", International Budget Partnership, IIED, HEINRICH BÖLL STIFTUNG, April 2021.

孟加拉国政府文件

Bangladesh Bureau of Statistics (BBS), *Gender Based Education*, Policy Brief Issue 01, June 2020.

Bangladesh Bureau of Statistics (BBS), *Gender Based Employment and Wage*, Policy Brief Issue 02, May 2021.

Bangladesh Bureau of Statistics (BBS), *Report on Violence Against Women (VAW) Survey* 2015, August 2016.

Bangladesh Bureau of Statistics (BBS), *Women and Men in Bangladesh: Facts and Figures* 2018, March 2019.

Department of Environment Ministry of Environment and Forests, *Gender Policy*, Government of People's Republic of Bangladesh, July 2016.

Government of Bangladesh (GoB), *Bangladesh-Unlocking the Potential: National Strategy for Accelerated Poverty Reduction*, Dhaka: General Economics Division (GED), Planning Commission, 2005.

Ministry of Women and Children Affairs, *National Women Development Policy 2011*, Government of the Peoples's Republic of Bangladesh, March 2011.

Ministry of Women and Children, *National Action Plan to Prevent Violence against Women and Children 2018 – 2030*, Government of People's Republic of Bangladesh, November 2018.

后　　记

　　《孟加拉国妇女发展问题研究》是笔者从事孟加拉国研究的第一本专著，前期对该国研究的论文成果涉及外来发展援助、国内人口流动、贫困问题及治理、妇女赋权等议题，随着对孟加拉国了解的加深，萌发了写一本专著的念头，但是在选题、内容方面一直举棋不定。

　　2018 年 11 月，有幸跟随云南大学"企聚丝路：海外中国企业高质量发展调查"小组赴孟加拉国实地调查，这是我第一次踏足这个国度，短短十余日，亲身体验和感受让我受益匪浅。工作小组调查的在孟中国企业包括国企和私企，雇用了当地很多员工，在制衣业、制鞋、餐饮业、酒店宾馆和家政中有很多女性面孔，她们的热情友好和积极认真的工作态度给我留下了深刻印象。回国后，结合调查的一些感悟，我重点关注孟加拉国的劳动力问题及人口问题，该国人口密集，2018 年官方统计男女性别比为 100.2∶100，是全球为数不多的男女数量相近的国家之一，20 世纪 80 年代以来，随着国家经济结构的转型，妇女对劳动力市场的参与逐渐增加，最显著的是制衣业（占80％以上）。在收集、整理大量的资料后，围绕"妇女发展"确定了写作的题目。

　　感谢云南大学周边外交研究中心的支持，使此书得以出版。在此也感谢学校社科处认真精心的工作，从组织专家论证到申请的细节填写，指出了我自己看不到的一些问题和不足，在后期修改中事半功倍。

　　本书是云南大学哲学社会科学创新团队"中印关系与中国边疆安全研究"（CY2262420211）、云南省哲学社会科学创新团队"中印关系与中国国家安全研究"（2021CX03）、教育部"区域与国别研究中心—云南大学孟加拉国研究中心"的阶段性成果。

陈松涛

2022 年 3 月于云南大学东陆园